大学语文教育视域下的文学素养培养

邱 欣◎著

吉林出版集团股份有限公司

图书在版编目（CIP）数据

大学语文教育视域下的文学素养培养 / 邱欣著. —

长春 ： 吉林出版集团股份有限公司，2022.9

ISBN 978-7-5731-2319-0

Ⅰ. ①大… Ⅱ. ①邱… Ⅲ. ①大学语文课—教学研究

Ⅳ. ①H193

中国版本图书馆 CIP 数据核字 (2022) 第 179379 号

大学语文教育视域下的文学素养培养

著　者	邱　欣
责任编辑	滕　林
封面设计	林　吉
开　本	787mm×1092mm　　1/16
字　数	240 千
印　张	11
版　次	2022 年 9 月第 1 版
印　次	2022 年 9 月第 1 次印刷

出版发行　吉林出版集团股份有限公司

电　话　总编办：010-63109269

　　　　　发行部：010-63109269

印　刷　廊坊市广阳区九洲印刷厂

ISBN 978-7-5731-2319-0　　　　　　　　　定价：68.00 元

前　言

　　语文教育要又好又快地走上健康发展的大道，并把学生塑造成创造性的人才和"健全的人格"，即促使学生探索品质的养成、道德意识的觉醒和自由心灵的建构，就应当且必须谋求语文教育中国化的方向，也就是要在语文教育中摒弃那种忽视学生读、写、听、说能力训练的想法和做法，从而回归"本色语文"；在语文教育中摒弃那种把简单问题搞繁复、弄杂乱的想法和做法，从而崇尚"简约语文"；在语文教育中摒弃那种以强调理性因素为主的认识主义占绝对统治地位的想法和做法，从而构建"和谐语文"；在语文教育中摒弃那种淡化形象感染、弱化情感熏陶的想法和做法，从而追求"诗意语文"；在语文教育中摒弃那种割裂课堂与自然、社会的关系的想法和做法，从而呼唤"生态语文"。

　　近年来，受到社会上实用主义风气的影响，教育的工具性和功利性愈加明显，相当一部分当代学生体现出文学视野狭窄、素养不高的特点。在课堂上提起《围城》《飘》等名著，或者沈从文、奥斯卡·王尔德等中外文学大家，换来的经常是学生茫然的表情；诺贝尔奖虽然让莫言"火"了一把，看过电视剧《红高粱》的学生或许不少，但读过原著的却没有几人。"高学历、低文化"的标签对于部分大学生来说不是讽刺，而是事实。尽管正在接受或者已经完成高等教育，但文学、历史知识贫乏，人文素养严重缺失者不在少数。因此，加强文学教育，提高大学生文学素养，向学生传播优秀的人文文化，培养全面发展的人才，仍然是各级院校乃至全社会亟待解决的问题。

　　本著作由内蒙古财经大学的郝晓辑独立完成。由于语文教育与文学素养研究内容广泛，具有较强的综合性和应用性，加之笔者水平有限，时间仓促，书中缺点错误和不妥之处在所难免，敬请读者批评指正，以便今后进一步修改，使之日臻完善。

编　者

目 录

第一章 概述

关于语文课程性质，无论是《义务教育语文课程标准（2011年版）》还是《普通高中语文课程标准（实验）》都明确指出：语文是最重要的交际工具，是人类文化的重要组成部分。工具性与人文性的统一是语文课程的基本特点。

第一节 语文课程性质

性质是指事物的根本属性。人们对自然物的性质的认定可以通过实验等手段加以证实，但语文课程不同于自然物，对它性质的认定长期以来争论不休。自1904年语文独立设科，现代语文教育已经走过了百年历史。在语文教育观念体系中，学科性质观是最为核心的观念，它统率语文教育的全局，决定语文教育的发展方向。由于"语文"课程是个不断发展变化的概念，而且不同的人具有不同的"语文"学习经验、对"语文"的不同认识，因此，关于"语文科性质"的争论成了一个旷日持久的世纪性难题。

一、20世纪前50年——"文言"与"白话"之争

从1904年语文独立设科到新中国成立，语文学科的性质，并没有作为一个问题被提出来。当时争论的焦点主要集中在教学目标，而争论的话题则具体表现为文言文与白话、文字与文学、国语与国文、技术训练与精神训练等。在民国时期，国文课的主要教学目标有四项：使学生从本国语言文字上了解固有文化，以培养其民族精神；养成用语体文及语言叙事说理表情达意之技能；养成了解平易的文言文之能力；养成阅读书籍之习惯与欣赏文艺之兴趣。当时讨论的最敏感问题，是关于"固有文化"和"文言文"，并由此形成了许多不同的学术流派。尤其是五四运动后，随着文白两种语体之争，争论双方的注意力最初都放在"语体文"上。语体是近代文化变革的产物，它反映了挣脱封建精神束缚之后的普通民众，正在寻求一种新的方式来表达其精神生活的诉求以及语言生活本身所蕴含的活力。在语体的变迁中，传统的文言形式越来越被边缘化。在生活化的价值导向下，特别是口头语言为取向的白话语体以一种崭新的形式出现了。之后，新派人物由"文言语体"而深入到它所表达的封建伦理道德的旧传统、旧观念，进而为守护"白话语体"而大力宣传用"白话语体"表达的科学与民主的新文化、新观念；旧派人物则

从卫护"文言语体"出发坚守封建伦理道德的旧传统、旧观念，进而抨击新文化、新观念，双方对立，壁垒分明。可是他们的注意力都不约而同地集中到"道"上来。因此，从近代中国语文教育的文化转型看，白话文代替文言文，既表征着语体（文）的变革，更表征着思想意识、精神观念（道）的变革。

总结该时期的争论，尽管各个流派在语文课程与教学的具体取向上存在很大分歧，并形成了许多个性鲜明的课程改革方案，但基本共识还是有的：第一，本期的语文教育改革家都认同培养学生理解能力和表达能力是主要的；第二，绝大多数又不赞成以语文的本身为国文教学的唯一目的。也就是说，大家都同意培养学生的听说读写能力是语文学科的应有之义，同时兼顾开发智慧、培养民族精神和思想品德等。

传统语文教育的"文""道"观，表明了语文学科就是通过语文的学习，从形式与内容两个侧面发展学生的语文能力，兼具"形式训练"与"实质训练"的双重特点。这一点，即使在旧中国的课程目标讨论中也已经达成了共识。假如把"文"视为"工具性"，把"道"视为"人文性"，那么当时的这些争论似乎也可以归入"语文科性质"的争论。

二、20 世纪后 50 年——从"文道之争"到"工具性"与"思想性"的统一

直接的语文学科性质之争主要在新中国成立后。中华人民共和国的成立标志着我国新民主主义革命的结束，社会主义革命的开始。语文课程与教学也经历了许多重大变革。

新中国成立之初，语文教育现代性的追求首先表现在为学科正名。新中国成立之前，我国中小学语文学科的名称长期以来是"国语"与"国文"并存。新中国成立之后，一律使用"语文"一词。这是因为，"口头为'语'，书面为'文'，文本于语，不可偏指，故合言之"（叶圣陶语）。语文学科这一正名，与时俱进，反映了"语"和"文"不可分割的新的课程理念。

新中国成立之初，因批判旧有道德观念和封建买办思想，宣传新的道德观念和社会主义政治方向，需要在语文教育的课程教材建设中突出政治性和思想性。所以，关于语文课程的取向问题，新中国成立初期的主话题是"文"与"道"，也就是语文教育与政治思想教育的问题，而切入口是教学，这就导致了所谓"文道之争"。

20 世纪 50 年代中期的汉语、文学分科改革的尝试，从严格意义上说，是新中国成立后语文课程内容最大的一次变革。所谓"分科"，实际上就是把原来的一门"语文科"，分成两门相对独立的"汉语科"和"文学科"，并编制了《初级中学汉语教学大纲（草案）》《初级中学文学教学大纲（草案）》和《高级中学文学教学大纲（草案）》。1956 年的分科教学大纲则明确规定："汉语是对青年一代进行社会主义教育的一种重要的有力工具"，文学"是帮助年青一代认识社会生活的重要手段，是对年青一代进行社会主义教育的有力工具。"

1959 年 6 月，《文汇报》开展了"关于语文教学的目的和任务"的讨论，并发表了

上海育才中学刘培坤老师的《"文"与"道"——关于语文教学目的和任务之我见》，文章认为，语文教学的任务本来就是通过语言文学的教养进行政治思想教育，教学生"学会了文"是语文教学的基本任务，"学通了道"是自然的结果，语文教学必须兼取其文，而且以取文为前提。

1961年，继《关于语文教学目的和任务问题的讨论》后，《文汇报》又展开了"怎样教好语文课"的讨论，12月发表社论《试论语文教学的目的任务》。社论指出："语文教学的目的任务应当是：使学生正确、熟练地掌握与运用祖国的语言文字，培养与提高学生的阅读和表达能力，并通过教学内容的教育和感染，培养学生正确的观点、健康的思想和高尚的品德。"，"就一篇课文来说，内容和形式、思想和语言原是密切联系，谁也离不开谁。"，"根据语文教学的要求，教师指导学生学习课文，不仅要使学生知道所学的课文表达了什么思想，更重要的是要使学生懂得是如何运用语文这个工具来表达其思想的，并通过基本训练，使学生学会如何运用语文来表达自己的思想。"

1963年新大纲的编制。20世纪60年代前期，随着我国国民经济的调整巩固，"左"倾错误得到了纠正。在教育界，语文作为中小学教育中"最基本的工具"的地位被重新加以确立，语文基础知识的教学和基本技能的训练得到了切实加强。其重要标志就是1963年《全日制小学语文教学大纲（草案）》和《全日制中学语文教学大纲（草案）》的颁布。这两个大纲在总结新中国成立以来语文教学正反两方面经验的基础上，比较正确地体现了语文教学的特点和规律，明确了语文的工具性，提出了文质兼美的选材标准，规定了适当增加课文的数量，采取了多读多写、读写结合等许多行之有效的教学措施。该阶段的语文教育，在我国百年语文教育发展史上占有重要的地位。

动乱的十年使我国的语文教育遭受了十年浩劫，蒙受了巨大损失。十一届三中全会以后，我国的语文教育又进入了一个新的发展时期。为了尽快恢复被"文革"破坏的局面，提高语文教育的效率，培养服务于国家现代化建设需要的各级各类人才，语文教育界大力呼唤语文教学的个性"回归"，努力探求改革创新之路。进入20世纪80年代，语文教育界再次确认"文"与"道"的关系，不过，当时明确使用的是"工具性"和"思想性"这样两个概念。在"教育要面向现代化，面向世界，面向未来"方针的指引下，语文教育制定了加强基础、培养能力、发展智力的目标，对改变当时令人忧虑的语文教学状况，扭转学生语文能力低下的局面，起到了积极的作用。语文教材也开始实行编审分开制度，并逐步形成了"在统一基本要求的前提下实现教材多样化"的改革新格局。"教是为了达到不需要教"（叶圣陶语），不仅使人们明确了语文教学为什么教，教与学是什么关系，而且更是在语文教学中重新确立了长期以来受到忽视的学生主体性。"大语文教育"的提出，加强了学校语文教学与生活的联系。这一切，为进入新时期的语文课程教材建设开创了大好局面，语文教师的积极性空前高涨，教学改革非常活跃。进入20世纪90年代，一方面，九年制义务教育语文教学大纲和高中语文教学大纲的相继颁布，时代要求我们站在素质教育的高度重新审视我们的语文教学；另一方面，由片面追求升学率而引发的应试教育也愈演愈烈，阻碍着语文教育前进的步伐。1996 年《全日制普通高级中学语文教学大纲》提出了"语文是最重要的交际工具，也是最重要的文化载体"。但当时人们对后者，即语文是"最重要的文化载体"的表述也有质疑，认为语言不仅是文化载体，它本身也是文化。这就启示我们：用一个并不成熟的概念来给学科定性，并不是一个妥当的做法；我们应尽量减少人为的主观随意，多一点尊重客观的科学理性。紧接着，引发了 1997 年 11 月开始的那场关于语文教育的大讨论。客观地说，目前要对这场讨论的是是非非做出结论还为时尚早，但是反思我们语文教育走过的路还是十分必要的。

纵观 20 世纪后 50 年的语文课程发展，从"文"与"道"之争到"工具性"与"思想性"的统一，这是我国特殊历史时期社会政治的回响，与其说它是个"理论研究"的问题，不如说是"统一认识"的运动。

三、21 世纪以来——工具性与人文性统一

世纪之交，教育部于 1999 年 5 月启动了我国基础教育新一轮课程改革。这是新中国成立以来第八次课程改革。本次课改的酝酿准备过程大致如下：1996 年 7 月至 1997 年底，教育部基础教育司组织 6 所大学及中央教科所的课程专家，对实施九年义务教育课程的情况进行大规模调查，为新一轮基础教育课程改革提供了依据。1998 年开始又组织教育专家进行广泛的国际比较研究，了解世界各国课程改革的经验和策略，在此基础上，明确了我国基础教育课程改革的基本理念，开始了基础教育课程改革工作的指导性文件——《基础教育课程改革纲要》的起草工作。2000 年初，教育部组织了基础教育课程改革项目的申报、评审和立项工作，确立了课程改革的项目共 9 类 78 项。与此同时，着手了义务教育阶段 18 科课程标准的研制及教材的编写工作。2001 年 5 月，教育部组织专家对 18 科课程标准进行审议。2001 年 6 月，通过广泛的讨论和反复修改，经教育部党组审定，《基础教育课程改革纲要（试行）》颁布。2001 年秋季，义务教育各学科课程标准（实验稿）及其 20 个学科的 49 种新课程实验教材在 38 个国家课程改革实验区试用。

新的语文课程标准对语文课程性质的定位是：语文是最重要的交际工具，是人类文化的重要组成部分。工具性与人文性的统一，是语文课程的基本特点。

对于这一点，有关专家的解释是："工具性"着眼于语文课程培养学生语文运用能力的实用功能和课程的实践性特点；"人文性"，着眼于语文课程对于学生的思想感情的熏陶感染的文化功能和课程所具有的人文学科的特点。指明语文课程的"工具性"和"人文性"，目的在于突出这两方面的功能。我们相信，科学与人文的统一、工具性与人文性的统一，可以成为人们的共识，也反映了社会各界对语文教育的共同期望。"工具性与人文性"的提法符合当前课程改革的基本理念，也有利于课程目标的展开和实施。但有些同志认为它"更加准确地揭示了语文学科的本质属性"，这是言过其实的。

这一语文课程性质的定位也明显存在着可商榷之处。首先，"工具性与人文性的统

一"这一表述讲的是语文课程的"基本特点"，放在"课程性质与地位"一节显然不合适，因为"基本特点"与"本质属性"不直接等同。人们质疑：语文是人文学科，人文学科当然有人文性，但人文学科并非只有语文一科，为什么音乐课程不讲音乐性与人文性的统一，美术课程不讲审美性与人文性的统一呢？

其次，"工具性与人文性的统一"这一表述不能解释语文课程和教学中的许多现象，因而并不严密。举一个简单的例子，文化有人文文化和科学文化之分，语文（这里还是取新中国成立初期学科正名时的内涵，即口头语言与书面语言）既可以表达人文文化，也可以表达科学文化。最典型的是语文教材中有一部分课文是以传播科学思想、科学方法论、培养科学意识、科学精神为目的的科普文、科技文等，这些课文及其教学恐怕要强调工具性与科学性的统一了，而不能简单地归于"工具性与人文性的统一"。有鉴于此，我们与其把它看成是对学科性质的一锤定音，还不如把它视为对 20 世纪末关于语文教育讨论的总结更恰当些。因为这是一个可以讨论的观点，而不是终结人们对语文学科性质认识的最终结论，它直接承接于 20 世纪末那场空前规模的语文教育大讨论。当时，有一种态度比较偏激，即否定"工具性"，弘扬"文学性"；接着，则改"文学性"为"人文性"。同时，也有意见认为，以前讲语文的思想性太窄了，容易简单地理解成政治思想，改为人文性，它的内涵就丰富了。于是有了工具性与人文性的提法。

其实，语文教育，对于我们整个中华民族来说，指的是汉语文教育。因此，语文教育应当包含双重含义：教学汉语和使用汉语教学。语文学科的重要任务之一，就是培养学生系统地学习汉语，提高学生正确理解和运用汉语的能力，以加深对祖国语言的科学认识。这一任务是其他学科所没有的。说语文具有工具性，是指语言是人类社会交际的工具，是思维的工具，也是传承文化的工具。同时，语文学科还要培养学生在这个过程中逐渐形成尊崇母语的文化认同和文化自觉。这就不是一个简单的人文性所能包含的，否则就容易造成语言功能的负面影响。

一般而言，人文性相对于科学性而言，正如人文精神相对于科学精神、人文思想相对于科学思想、人文主义相对于科学主义一样，因而工具性与人文性并不属于一对范畴。即使以文学（通常人们总是把文学与人文性联系在一起）与语言而论，两者也显然不在同一个层次上。法国结构主义人类学家列维·斯特劳斯曾对语言与文化的关系作过这样的归纳：语言作为文化的一个结果；语言作为文化的一个部分；语言作为文化的一种条件。第一种、第二种观点比较普通，也被人们广为接受；第三个观点比较特殊，值得我们注意。列维·斯特劳斯从两个方面来说明这一观点："首先，这是从历时性方面来看文化的条件，因为我们学习我们自己的文化大多是通过语言"，"另外，从理论性更强得多的观点来看，语言之所以可以说是文化的条件，是因为语言所赖以建立的材料同文化所赖以建立的材料是属于同一类型的：逻辑关系、对位、相关性，等等。由此观点来看，语言好像是为那些相应于与文化的不同方面的更复杂的结构奠定了一种基础。"列维·斯特劳斯的意思是说，语言不仅可以理解为是文化的产物，或者是文化的组成部分，语言还可以理解为是文化的一种基础、一种条件，语言是比文化更基础的东西。人类文化活动和文化成果就是建立在语言的基础之上的，是由语言提供基本成分和结构的。如果说，语言是文化的产物，强调的是文化对语言的决定作用；语言是文化的一个部分，强调的是语言对文化的从属关系；那么，语言是文化的一种条件这一观点，强调的则是文化对语言的依赖性，强调的是语言对文化的决定作用。

美国人类学家本杰明·沃尔夫也同时提出了与列维·斯特劳斯相同的思想，他使用的概念要比列维·斯特劳斯的更富有启发性，所做出的论证也更为充分。他认为语言是文化的"背景"，他称之为"背景现象"或"背景知识"。人类活动根据其性质是可以分为"背景"与"领域"的。语言属于"背景"性质，而文学与科学、哲学、宗教、道德、政治、经济等，则属于这个"背景"下的不同文化领域。所谓科学，就是在科学这个方面、这个领域形成的一种文化活动；所谓哲学，就是在哲学这个方面、这个领域形成的一种文化活动；同样，文学就是在文学这个方面、这个领域形成的一种文化活动。所以文学才与科学、哲学、宗教、道德、政治、经济等并列，处在同一个层次上。从传承文化的视角看，一方面，无论是口头语言还是书面语言（语文），它们都只是一种媒介，既可以表达科学、哲学，也可以表达宗教、道德，还可以表达政治、经济等。简单地把语文的工具性理解成科学性是片面的。另一方面，人文性一旦离开了语文因素，脱离了语文学科特点，那也不是我们语文教育真正需要的人文精神，因为人文性并非语文学科所独有，政治、历史、公民、人文地理等学科同样具有人文性，同样需要培养学生的人文精神。范畴是反映事物本质联系的思维方式，也许正是因为缺少这种本质的联系，工具性与人文性的争论常常导致争论双方产生焦点的转移。

事实上，语文作为人们用来彼此沟通思想的工具，无论是该表之情、应达之意，还是所载之道，都属于思想的范畴，只要不把思想狭隘地理解成政治思想，那么讲语文具有思想性并没有错误。思想性的内涵远比人文性丰富。语文的工具性、思想性（文化性、人文性等）的确是一个硬币的两面。语言文字为表，思想内容为里。对于一个成熟的作者或成熟的读者来说，两者是合二为一的。但对于一个初读者或不成熟的读者来说，情况会有所不同。这里确实存在着一个层次问题，他理解语言文字所包含的思想内容的确有一个由表及里的过程。语言是思想的"物质"外壳。所谓披文入情，就是先解决"物质"外壳层面的问题，然后才能深入探讨内涵的思想情感问题。举一个简单的例子：《荷花淀》中有一段夫妻对话，水生嫂对丈夫说："你总是很积极的。"这句话共七个字，连一年级学生都认识。但一个年轻妻子对丈夫特有的感情，既既支持丈夫带头报名参军，又埋怨丈夫这么大的事情也不预先告诉一声的嗔怒，恐怕高中生也难以一下子读懂。反过来说，如果连基本的字面意思都不能理解的话，他就根本不可能把握语言材料所蕴含的思想内涵。所以，对一个缺乏听、说、读、写基本语文能力，不具备驾驭语文工具的人来说，无论文学作品具有多么伟大的人文精神，多么崇高的思想境界，都是不起作用的，都是外在于他的精神世界的。犹如一个缺乏音乐细胞的人是无法感受伟大的音乐作品一样，再美的音乐对他都是不起作用的，他都无法深刻理解音乐的内涵。

四、关于语文学科性质的国外经验

对于语文学科的性质问题，国外的一些做法有一定的启发意义。对语文学科性质的认识，各国也很不一致，但争论并不激烈。一般来说，实行分科教育的国家，争议很少，如前苏联语文学科分俄语和文学，前者属于科学，后者属于艺术，性质非常清楚，无须争论。在语文属于综合学科的国家，争论稍大些，如英国、法国等。但英国对这个很有争议的问题采取了很宽容的做法。20世纪90年代，英国官方公布了一个权威性的语文教学大纲指导报告，关于语文学科的性质，报告没有做出"定于一尊"的规定，只是列举了各种观点。这些观点有："个人发展"观，着眼于语文在儿童发展中的作用；"学科交叉"观，强调语文课既是一门独立的学科，又是其他学科的基础工具；"成人需要"观，着眼于学校之外的交际，强调语文教师有责任帮助学生适应成人社会的需要；"文化遗产"观，即语文课有责任引导学生来欣赏优秀的文化遗产；"文化分析"观，认为语文课的作用是帮助学生以批判的眼光来认识他所处的世界与文化环境。这些观点从不同的角度来表述语文学科的性质，揭示了它的不同功能，呈"多元并存"的状态。这种做法是比较科学而符合实际的，一是它反映了语文学科性质复杂综合性强的特点；二是它肯定了种种观点的合理性，同时又留下了继续探索的可能，体现了开放发展的特点。

综上所述，关于语文学科性质问题的讨论，我们至少可以获得以下认识：

第一，关于语文学科性质问题的学术争鸣是必要的，也是必需的。随着时间的推移和研究的深入，人们对语文学科性质的认识在不断地深化，越来越逼近它的本质。

第二，从以往的历史经验看，对语文学科性质认识的问题并不单纯是一个学术问题，它与政治形势、政治运动、文化发展潮流息息相关。包括语文性质观在内的我国语文教育的诸多"理论"，本质上是适应社会变革、回应社会思潮、在既定的历史条件和学术背景下，对语文课程与教学"应该如何"的意见和构想。语文教育的发展固然不能脱离社会的、时代的要求，但是提高它的学术"品位"仍然是当务之急。

第三，由于中国特殊的国情，对语文学科性质这样的学术问题习惯于"定于一尊"，在某段时间里有一个明确的权威的认定（时代确定性）。这样做固然有它的现实意义；但从长远来看，对语文学科性质"多元并存"的认识可能更符合语文教育的实际，也更应有利于学术的健康发展。

第二节　语文课程理念

理念，按字面的通俗理解，指的是观念和理性信念，它体现着一定的价值追求，因此课程理念一般是指人们对课程的价值追求。比如问，我们为什么要学语文？有人认为是为了将来能识字写字，读书作文；有人则认为学语文就是学做人，通过语文课程为学生打好精神的底子。这不同的回答反映了不同的价值追求，说明他们具有不同的语文课程理念。以前我们通常不用理念一词，并不是说没有课程理念，而是一个语言习惯问题，课程理念一般为教育思想等代替。只是随着时代的发展，课程文化的交融、词汇的创新，课程理念才逐渐为人们所接受和运用。

一、改革应试教育的课程体系

20 世纪 90 年代以来，基础教育改革在世界各地受到前所未有的重视。同样，进入 21 世纪的中国大陆也涌动着基础教育课程改革的热潮。国务院颁布的《关于基础教育改革和发展的决定》高瞻远瞩地指出：“基础教育是科教兴国的奠基工程，对提高中华民族素质，培养各级各类人才，促进社会主义现代化建设具有全局性、基础性、先导性的作用。”2001 年教育部颁布了《基础教育课程改革纲要》和各科课程标准（实验稿），标志着新一轮的课程改革已经实质性地启动。语文课程是整个基础教育课程中的一种，要认识语文课程的变革，必须首先对基础教育课程改革有个全面的了解。

本次课程改革与以往的不同之处，最突出的一点就是具有非常明确的课程理念，旨在促进每一个学生的发展。长期以来，我国的基础教育课程体系数十年如一日地为基础知识与技能所主宰、为升学考试所左右。所以，我国原有的课程体系基本上是应试教育课程体系。它的主要特征是课程目标：知识技能取向；课程内容繁、难、偏、旧，且过于注重书本知识；课程结构严重的“分科主义”倾向；课程实施过于强调接受学习、死记硬背、机械训练；课程评价选拔取向。在应试教育视野中，课程是使学生在考试，尤其是中考、高考中获得成功的手段。至于课程本身的引人入胜之处、课程对于人的发展的价值则被漠视或未得到应有的体现。这是诸多教育悲剧产生的根源。在基础教育的各门课程中，语文课程在这方面的问题应该说是比较典型的，这已经为 20 世纪 90 年代末关于语文教育的社会大讨论所证明了。由此观之，确立包括语文课程在内的体现时代精神的基础教育课程新的价值观、根治应试教育课程体系的弊端、构建符合素质教育要求的新的基础教育课程体系，是本次课程改革的根本任务。

新课程的基本价值取向是：为了每一个学生的发展。这是贯穿《基础教育课程改革纲要》的基本精神，是本次课程改革的灵魂。“为了每一个学生的发展”，意味着我国基础教育课程体系必须走出目标单一、过程僵化、方式机械的"生产模式"，让每一个学生的个性获得充分发展，培养出丰富多彩的人格。这是我国素质教育课程体系的根本要求。素质教育课程体系当然承担社会所赋予的人才选择功能，但它把课程本身的引人入胜之处、课程的个性发展价值视为根本，让每一个个性充分发展的人去健康地接受社会的选拔和其他的挑战。

"为了每一个学生的发展"意味着 21 世纪我国基础教育的课程必须顺应时代潮流，追求下列课程理念：

（一）教育民主

这意味着课程必须谋求所有适龄儿童平等享受高质量的基础教育。这种课程既是平等的，又是高质量的。在这里，平等与高质量是内在统一、须臾不可分离的。一方面，平等内在包括高质量，如果将高质量从平等中人为剔除、不顾教育质量，那么这种课程就是软弱无力的"平庸化课程"，它具有民主的形式，但从根本上背离了民主的要求；另一方面，高质量内在地包含平等，以平等（机会均等）为前提，如果只追求质量、不顾平等甚至践踏平等，那就会陷入精英主义的窠臼。

（二）国际理解

这意味着我国的课程体系必须追求国际性与民族性的内在统一，必须追求多样文化的教育价值观。这种价值观的具体要求是：通过课程教育公民尊重所属文化体系，使公民产生强烈的文化认同感和民族自豪感；通过课程教育公民面对其他文化，能够尊重不同人、不同民族和文化的尊严与差异，能够将自己的价值观和自己所属的文化体系相对化，发展尊重他人的能力和应对挑战的技能；通过课程教育公民在相互理解、尊重差异的基础上，以完全平等的地位与他人、他民族、他文化展开持续而深入的交往，发展同他人进行交流、分享和合作的能力。必须明确追求多样文化，并不牺牲原则和真理，它把在不同的社会文化环境下识别那些能被普遍认可的价值观念视为交往的共同基础，它把发展每个人的普遍价值观和各种行为方式并最终建立和平文化视为教育的终极目的。

（三）回归生活

回归生活世界的课程在目标上意味着要培养在生活世界中会生存的人，即会做事、会与他人共同生活的人。这种人既具有健全发展的自主性、善于自知，又具有健全发展的社会性、善于"发现他人"。回归生活世界的课程在内容上意味着要突破狭隘的科学世界的约束，要首先把科学世界理解为生活世界中的科学世界。生活世界尽管离不开科学世界，但却不只是科学世界，因此，除了科学以外，艺术、道德、个人世界、自由的日常交往都是重要的课程资源。这些资源在教育价值上丝毫不亚于科学，而且只有当科学与这些资源整合起来的时候，它才能在走向"完善的人"的心路历程上贡献积极的力量。回归生活世界的课程在范围上意味着要突破狭隘的学校课程的疆域，要具有一种"课程生态学"的视野，寻求学校课程、家庭课程、社区课程之间的内在整合与相互作用。

（四）关爱自然

这意味着课程必须把关爱自然、追求人与自然的可持续发展作为重要的价值追求。这种价值观一反传统课程体系中人与自然的二元对立、人控制和主宰自然的思维方式，运用整体主义的视野认识人与自然的关系，认为人是自然的人，自然由于人而使自身的意义得以显示与丰富，人不是自然的主宰而是自然的看护者，人与自然和谐统一。这是一种"生态伦理观"、一种"关爱伦理学"。这种价值观应成为变革现行课程体系的重要精神力量。

（五）个性发展

这意味着课程必须尊重每一位学生个性发展的完整性、独立性、具体性、特殊性，还要看到，个性发展包含了社会性，个性的成长是在生活中、在持续的社会交往中进行的，因此课程应创设有助于个性发展的社会情境；个性发展又是持续终身的、无止境的完善过程，因此要构建适应终身学习的课程体系。

上述五种理念是"为了每一个学生的发展"这一课程价值观的具体化，是新课程的基本价值追求。

二、语文课程标准提出的基本理念

（一）《全日制义务教育语文课程标准（实验稿）》提出的理念

从"基本理念"这一层面看，《全日制义务教育语文课程标准（实验稿）》提出的理念，可以概括为以下四点："一"就是一个根本出发点，面向全体学生，为了每一位学生的发展。"二"就是语文课程性质的二元融合，坚持工具性与人文性的统一。"三"就是语文课程的目标根据"知识与能力""过程与方法""情感态度价值观"三个维度设计，三个方面融为一体。"四"就是四个具体"理念"：全面提高学生的语文素养，正确把握语文教育的特点，积极倡导自主、合作、探究的学习方式，努力构建开放而有活力的语文课程。

下面主要是对以上四个具体理念的探讨。

1. 全面提高学生的语文素养

自 20 世纪 80 年代初，教育界提出"培养能力，开发智力"之后，"语文能力"一度是语文教学大纲的核心词。此次语文课程改革中，则诞生了一个新的中心概念——"语文素养"。从"语文能力"到"语文素养"，不仅仅是名称上的变动，它标志着语文课程培养目标的提升。

"能力"一词在《现代汉语词典》中被解释为"能胜任某项任务的主观条件"，在心理学中一般被认为是"使人成功地完成某种活动的心理特征"。在长期的语文教学理论研究和实践中，语文能力习惯上被理解为听说读写的能力。何谓素养？素，有"向来"

之意。故"素养",一般指平时的修养和训练。由此观之,语文素养的含义,也就是对语文有长久的修养和训练的意思。《全日制义务教育语文课程标准(实验稿)》指出:"九年义务教育阶段的语文课程,必须面向全体学生,使学生获得基本的语文素养。语文课程应培育学生热爱祖国语文的思想感情,指导学生正确地理解和运用祖国语言,丰富语言的积累,培养语感,发展思维,使他们具有适应实际需要的识字写字能力、阅读能力、写作能力、口语交际能力。语文课程还应重视如何提高学生的品德修养和审美情趣,使他们逐步形成良好的个性和健全的人格,促进德、智、体、美的和谐发展。"由于课程标准对"语文素养"的解释并不全是从操作层面给出的,所以第一线的教师觉得它是万宝全书,无所不包,或觉得它就是"三个维度"目标的不同表述,所以在课程实施时难以把握。那么如何确定语文素养的内涵呢?下面我们试从心理学的角度加以阐述。

依据心理学家加涅的观点,学习的结果可以分为五类:言语信息、智慧技能、认知策略、动作技能和态度。语文素养作为学习的结果,同样可以分为五类。前四者都属于能力范畴,但态度却不是能力问题,而是涉及愿意与不愿意的问题。如一个人在车上不愿给老人让座,并不是他不具备让座的能力,而是缺乏尊重老人的态度。语文素养用加涅的五类学习结果可作如下解释。

言语信息。这里讲的言语信息在语文课程中主要表现为以下一些类型的语文知识:文字知识、课文内容知识、课文背景知识。语文课程中的言语信息,大致相当于语文素养中的知识视野、思想观念和文化品位。

语文智慧技能。语文智慧技能是运用语言文字正确表述自己思想情感的技能,大致分为如下几方面:字词学习、句子学习、段落篇章学习。无论是从简单到复杂,或是从低级到高级,这些学习是在简单规则基础上形成新的规则。语文智慧技能相当于语文素养中字词句篇的积累、语感、识字写字、口语交际能力等。

语文认知策略。语文认知策略是一套学习语文的程序,支配了学生的学习过程并提高其学习的效率。它相当于语文素养中的思维品质,语文学习方法和习惯,阅读、写作能力的培养等。

语文动作技能。语文课程中的动作技能主要包括发音技能和书写技能。拼音、朗读中含有发音技能,它要求学生的听觉、视觉、口腔、舌头的肌肉协调。书写,尤其是用毛笔书写,要求手部的小肌肉协调能力。这些在规则支配下肌肉协调运动的能力属于心理学上的动作技能。语文素养中的写字及口语交际能力中都需要有动作技能的参与。

语文情感与态度。语文教材中的课文都是经过精心选择的,里面蕴含了许多情感和态度方面的内容:一是道德,课文中歌颂、赞美的人物可以作为学生模仿的榜样,从中习得为人处世的价值标准;二是审美,课文作者在文中表达的情感、描绘的美好意境,可以引起学生的共鸣,达到陶冶情操的目的。语文素养中的情感态度、审美情趣、文化品位等内容基本上属于情感态度范畴。

2. 正确把握语文教育的特点

《全日制义务教育语文课程标准（实验稿）》用三段文字对这一理念作了进一步说明和阐释：语文课程丰富的人文内涵对人们精神领域的影响是深广的，学生对语文材料的反应又往往是多元的。因此，应该重视语文的熏陶感染作用，注意教学内容的价值取向，同时也应尊重学生在学习过程中的独特体验。

语文是实践性很强的课程，应着重培养学生的语文实践能力，而培养这种能力的主要途径也应是语文实践，不宜刻意追求语文知识的系统和完整。语文又是母语教育课程，学习资源和实践机会无处不在、无时不有。因此，应该让学生更多地直接接触语文材料，在大量的语文实践中掌握运用语文的规律。

语文课程还应考虑汉语言文字的特点对识字写字、阅读、写作、口语交际和学生思维发展等方面的影响，在教学中尤其要重视培养良好的语感和整体把握的能力。

3. 积极倡导自主、合作、探究的学习方式

《基础教育课程改革纲要》最先提出了转变学习方式的任务，提倡自主、合作与探究的学习方式，逐步改变以教师为中心、课堂为中心和书本为中心的局面是各门课程都面临的新课题。

自主学习，是指学习主体有明确的学习目标，对学习内容有自觉的意识并积极主动地投入学习的过程。中小学生好奇心强，潜意识里有着较强的阅读求知和表达交流的欲望。若语文教学活动能挖掘、尊重和鼓励学生的这种阅读和表达愿望，学生就能跨出自主学习的第一步。

合作学习，通常是指学生在小组或团队中为了完成共同的任务，有明确的责任分工的互助性学习。在语文课程中，显性的合作学习通常是在阅读教学中给学生创造分组讨论的机会，或者在课余时间同学合作完成一个小课题。除此之外，我们还应该看到在语文学习中有着许多隐性的培养合作精神的机会，合作意识应该存在于运用语言文字进行交际的所有场合。

探究学习，是学生自主、独立地发现问题，并通过各种途径寻求问题的答案的学习方式。与接受性学习相比较，探究性学习的特点主要表现为：问题意识，探究性学习则要有问题意识，带着问题去学习；实践能力，探究性学习强调语文能力要在语文实践中培养，强调让学生在直接阅读课文及课外读物的过程中，去获得感受、理解、欣赏、评价等阅读能力。开放视野，探究性学习，重在探究的过程，不断地发现问题，引起思考，从而培养不迷信权威、不盲从成见的探索精神。

实施自主、合作、探究的学习方式，关键在于教师转变观念，建立民主、平等、和谐的师生关系。《全日制义务教育语文课程标准（实验稿）》的教学建议要求"充分发挥师生双方在教学中的主动性和创造实施性"，即教学应在师生平等对话的过程中进行。学生是语文学习的主人，语文教学应激发学生的学习兴趣，注重培养学生自主学习的意

识和习惯，为学生创设良好的自主学习情境，尊重学生的个体差异，鼓励学生选择适合自己的学习方式。教师是学习活动的引导者和组织者。教师应转变观念，更新知识，不断提高自身的综合素养；应创造性地理解和使用教材，积极开发课程资源，灵活运用多种教学策略，引导学生在实践中学会学习。

4.努力建设开放而有活力的语文课程

这一理念是着重针对课程内容和结构而言的，主要包含两层意思：第一，语文课程要沟通与其他学科之间的联系，沟通与生活的联系，沟通语文课程内部各部分之间的联系，即我们要树立和坚持"大语文观"。要实现这一理念，就必须切实增强课程资源意识，积极合理地引进现代教育技术，拓宽学语文、用语文的天地。"开放而有活力"的第二层意思是，语文课程应增加弹性，适应不同地区、不同学校、不同学生的需求。当前多样化的教材体系和新教材中适当的"空白"设计等均是语文课程"开放而有活力"的具体体现。

建设开放而有活力的语文课程，是针对以往语文课程的封闭和缺少活力而言的，它要求语文课程必须突破"三中心"，即"课堂为中心、教材为中心、教师为中心"的框框。建设开放而有活力的语文课程可以有多个角度、多种途径。比如，从课程形态看，语文课程不应该是单一的，而应该是多元的；从教材选文看，它应该文质兼美，在弘扬优秀文化传统的同时，与时俱进，突出时代性，包容民族和世界的先进文化；从课程内容看，它要贴近社会生活、反映社会生活、应用于社会生活；从促进学生发展看，它要贴近学生生活，符合学生的认知特点和经验；从课程资源看，它应该具有"大语文观"，广开社会教育资源。总之，建设开放而有活力的语文课程，有许多方面需要我们加紧努力建设。

（二）《普通高中语文课程标准（实验）》提出的基本理念

《普通高中语文课程标准（实验）》根据高中语文课程的特点，提出了三条"基本理念"：全面提高学生的语文素养，充分发挥语文课程的育人功能；注重语文应用、审美与探究能力的培养，促进学生均衡而有个性地发展；遵循共同基础与多样选择相统一的原则，构建开放、有序的语文课程。

全面提高学生的语文素养，充分发挥语文课程的育人功能这一理念是对《全日制义务教育语文课程标准（实验稿）》所提出的"全面提高学生的语文素养"的进一步强化，具体为以下两个方面：

高中语文课程应帮助学生获得较为全面的语文素养，在继续发展和不断提高的过程中有效地发挥作用，以适应未来学习、生活和工作的需要。

高中语文课程必须充分发挥自身的优势，弘扬和培育民族精神，使学生受到优秀文化的熏陶，塑造热爱祖国和中华文明、献身人类进步事业的精神品格，形成健康美好的情感和奋发向上的人生态度；应增进课程内容与学生成长的联系，引导学生积极参与实践活动，学习认识自然、认识社会、认识自我、规划人生，实现本课程在促进人的全面发展方面的价值追求。

对"语文素养",高中语文课程标准研制组专家作了进一步的界定:"语文素养是指学生在语文方面表现出的比较稳定的、最基本的、适应时代发展要求的学识、能力、技艺和情感态度价值观,具有工具性和人文性统一的丰富内涵。"鉴于过去一段时间的语文教育,片面追求所谓的"工具性",与《全日制义务教育语文课程标准(实验稿)》一样,《普通高中语文课程标准(实验)》强调了语文课程"人文性"的一面,强调了语文课程在育人中基础教育的共同价值。

有研究者认为:"语文课程的内在价值和意义集中体现在其人文性上。一方面,语文是一种文化的构成,负载着多姿多彩的人类文化,包含着无限丰富的人文精神。任何民族的语言都是该民族认识世界、阐释世界的意义符号体系和文化价值体系,语言的文化代码性质决定了它鲜明的人文属性,而汉语汉字的人文属性则尤为突出,它重人生、人伦、人情、人性,讲审美、体验、感悟、直觉,体现了汉族独特的心理结构和思维方式,积淀着汉族深厚的历史文化传统和丰富的民族情感。所以,从根本上说,学习汉语言就是让学生感受汉民族先贤智者伟大的心灵、深邃的思想、超凡的智慧、杰出的创造,就是接受汉民族博大精深的文化的熏陶和感染。语文人文性的另一层含义就是强调对人、对人的生命价值的尊重,强调对学生健康个性、健全人格的培养。语文教育活动绝不仅仅是一个纯粹的语言习得过程,更是教师与学生双向的、积极的生命运动过程。语言是人自身功能的一部分,语言活动是人生命活动的一种方式,任何一种语言形式背后都跃动着一种生命形式,学生阅读一个个文本的过程,就是以自己的全部生命体验、生命情感和生命意识与文本背后潜藏着的生命对话的过程,就是实现学生自我生命成长和提升的过程。正因为语文课程蕴含着这样高度的生命价值和意义,所以,尊重人、尊重人的生命价值、尊重人的独特体验和感受、尊重人的文化及其多样性,培养健康个性,形成健全人格,同样是语文课程人文性的应有之义。"注重语文应用、审美与探究能力的培养,促进学生均衡而有个性地发展。高中语文课程从语文的功能和人的主要行为取向,为促进学生均衡而有个性地发展,从三个方面加强对学生语文能力的培养。

应用能力。高中语文课程应注重应用,加强与社会发展、科技进步的联系,加强与其他课程的沟通,以适应现实生活和学生自我发展的需要。要使学生掌握语言交际的规范和基本能力,并通过语文应用学生养成认真负责、实事求是的科学态度。

审美能力。审美教育有助于促进人的知、情、意全面发展。文学艺术的鉴赏和创作是重要的审美活动,科学技术的创造发明以及社会生活的许多方面也都贯穿着审美追求。未来社会更崇尚对美的发现、追求和创造。语文具有重要的审美教育功能,高中语文课程应关注学生情感的发展,让学生受到美的熏陶,培养自觉的审美意识和高尚的审美情趣,培养审美感知和审美创造的能力。

探究能力。现代社会要求人们思想敏锐,富有探索精神和创新能力,对自然、社会和人生具有更深刻的思考和认识。高中学生身心发展渐趋成熟，已具有一定的阅读表达能力和知识文化积累，促进他们探究能力的发展应成为高中语文课程的重要任务。应在继续提高学生观察、感受、分析、判断能力的同时，重点关注学生思考问题的深度和广度，使学生增强探究意识和兴趣，学习探究的方法，使语文学习的过程成为积极主动探索未知领域的过程。

语文应用能力、审美能力与探究能力的培养，促使学生均衡地发展。另一方面，高中语文课程，尤其是在选修系列，要根据学生的基础和发展要求，在培养语文应用、审美与探究能力上有所侧重，促进学生有个性地发展。《普通高中语文课程标准（实验）》在"教学建议"中强调："学生经过义务教育阶段的学习，已具备一定的语文素养，语文学习中的个性倾向渐渐明显，不同学生的学习兴趣和需求的差异逐渐增大。高中语文的教学，要在保证全体学生达到共同的基本目标的前提下，充分关注学生在语文学习中面临的选择，努力满足其学习要求，支持其特长发展和个性发展。学生对于应用性目标、审美性目标、研究性目标可能各有侧重，教师应该指导他们通过适当的选修课实现其目标。"

高中语文课程应遵循共同基础与多样选择相统一的原则，精选学习内容，变革学习方式，使全体学生都获得必需的语文素养；同时，必须顾及学生在原有基础、自我发展方向和学习需求等方面的差异，激发学生的兴趣和潜能，增强课程的选择性，为每一个学生创设更好的学习条件和更广阔的成长空间，促进学生特长和个性的发展。

高中语文课程应该具有相对稳定的结构系统，并形成富有弹性的实施机制。学校应在课程标准的指导下，有选择、创造性地设计和实施课程，帮助教师提高水平、发展特长，开发和利用各方面的课程资源，建立互补互动的资源网络，建设开放、多样、有序的语文课程体系。

全体学生都获得必需的语文素养，必须为学生设置共同的、基础的语文课程；为促进学生特长和个性的发展，语文课程又必须具有多样性和可选择性。这两个要求，统一在高中语文新课程的"设计思路"上。

设置必修课程和选修课程，既是对国外母语课程的借鉴，也是对我国语文教育研究和实践的经验总结。我国大多数时期的高中语文课程结构都较为单一，基本上都是以统一必修课程的形式出现，对每个学生的要求都是明确、统一、固定的，在《语文教学大纲》里，课程结构部分也因此往往缺席。1996 年的《语文教学大纲》在课程结构方面进行了探索，把课程分为学科类课程和活动类课程，其中学科类课程由必修课、限定选修课和任意选修课组成，为学生的个性化选择留下了余地，但由于各种因素的影响，这个教学大纲在实施过程中并没有得到真正落实，这样的课程结构功能也就没有得到应有的发挥。课程标准遵循共同基础与多样选择相统一的原则，为实现学生的语文素养普遍获得进一步提高和为不同需求的学生提供选择性发展空间的目标，构建了开放而有序的课程结构。必修课由"语文 1"至"语文 5"五个模块组成，可在高一至高二两个学期半的时间里循序渐进地完成，也可以根据需要灵活安排。选修课设计诗歌与散文、小说与戏剧、新闻与传记、语言文字应用、文化论著研读五个系列，根据每个系列的目标可以设计若干个选修课模块，每个模块的具体名称、内容组合以及模块与模块之间的顺序编排，可以有选择地设计，既保证了模块设计的灵活性与选择性，又避免了模块设计的随意与混乱。可以说，《标准》对高中语文课程结构的设计克服了传统课程结构整齐划一的弊端，蕴含了极为鲜明的个性教育理念，体现了世界母语教育课程结构设计的总体趋势。

第三节　语文课程目标

学科课程目标也就是我们以前说的学科教育目标，它是学科教育的出发点和最后结果，并决定着学科教育的方向。众所周知，教育的根本问题是培养什么样的人和怎样培养人。这里的培养什么样的人，就是教育目标，即明确培养什么样的人这一方向以及人才培养规格。同样的道理，语文课程的培养方向和培养规格也就是语文课程目标。

一、语文课程目标在学校教育目标中的地位

根据马克思主义关于人的全面发展学说，我们党和国家制订的教育目标是以社会发展需要与受教育者个体发展需要相结合为基点的。而"人的全面发展"是指人的一切属性的发展。人具有自然属性和社会属性两种属性。人的社会属性的发展，实质是指人心理的发展。作为对客观现实反映的大脑机能，它一方面反映的是人与人的关系，即人的社会关系。这种社会关系体现在个体身上，表现为个体的政治品质、思想品质、道德品质以及个体的情感、意志、性格等个人心理品质，这些方面的总和就是我们平常所说的德育中的"德"。另一方面反映的是人与自然的关系。社会生产力的发达程度在个体身上的表现则是人对科学技术和文化知识的掌握程度，以及人的智力和能力发展程度。这些方面的总和即是我们平日所说的智育中的"智"。人的自然属性的发展既包括人的自然生长、发育和成熟，也包括生理结构的发展和运动机能的完善，这就是我们平时说的体育中的"体"。需要指出的是，随着现代教育的发展，作为人的一种心理属性，受教育者个体的审美心理发展正越来越受到重视，并具有相对的独立性，因此美育即审美教育对培养和造就全面发展的人具有特殊的重要意义。

在普通教育中，上述教育目标渗透于各门课程的教学活动中，并通过各门课程的教学过程来共同实现的。因此，语文课程目标可以在整个人才培养总目标中找到相应的地位和正确的内涵。当然，由于各门课程的具体分工不同，每门课程在制订它的目标时总会呈现出自己的个性特点。新中国成立以后，我国历次制订的语文教学大纲都规定了明确的教学目的，虽然由于历史的原因曾经出现过这样那样的问题，但这些教学目的事实

上均涵盖了德育目标、知识目标、能力目标、智力目标、美育目标等诸方面的内容。只不过在不同的历史阶段，教学目的的侧重点有所不同罢了。

二、新课程目标的重建

课程目标是课程价值观的具体化。为了促进每一位学生的发展，新课程的价值转型必然导致了目标重建。《基础教育课程改革纲要》指出："新课程的培养目标应体现时代要求。"这种"时代要求"主要体现在如下三个方面。

新课程确立起新的知识观，从而走出了课程目标的知识技能取向。现行课程体系过分强调了知识技能的确定性，把知识技能视为普遍的、僵化的、外在于人的、供人掌握的东西，由此导致课程目标的知识技能倾向和课程实施的"灌输主义"倾向。这种课程体系必然是"内容本位"、教师中心的。

新课程不再把知识技能视为凝固起来的供人掌握和存储的东西，它合理地承认了知识技能的不正确性，认为知识技能的本质在于人们通过它而进行批判性、创造性思考，并由此构建新的意义。基于这种新的知识观，新课程的目标超越了知识技能取向，使知识技能的获得过程同时成为学会学习和形成正确价值观的过程。通过确认知识的不确定性，新课程具有"探究本位"、学生中心的性质。

新课程各科课程标准皆从知识与技能、过程与方法、情感态度与价值观三个方面拟定课程目标。在这里，知识与技能是指一门课程中对学生而言最有价值的知识点。过程与方法是指对所选择的知识技能的反思、批判与运用。如此，知识技能的意义才能被不断重新构建出来。情感态度与价值观就一门课程而言是伴随着对该课程的知识技能的反思、批判与运用所实现的学生个性倾向性的提升。当每一门课程实现了三者真正统一的时候，我国基础教育课程体系就完成了知识观的转型，这是我国基础教育课程与教学摆脱僵死的机械论、控制论窠臼的唯一选择。

新课程确立起新的学生观，从而使个性发展成为课程的根本目标。新课程认为，学生不是被人控制、供人驱使和利用的工具，而是有其内在价值的独特存在，学生即目的。因此，个性发展是课程的根本目标。如何理解学生的个性发展？新课程认为，每一个学生的个性既是具有独特性、自主性的存在，又是关系中的存在。所以，新课程从三大关系上理解学生的个性发展、规划课程目标，即学生与自我的关系（即"具有健壮的体魄和良好的心理素质，养成健康的审美情趣和生活方式"等）、学生与他人和社会的关系（即"具有社会责任感，努力为人民服务"等）、学生与自然的关系（即"具有初步的创新精神、实践能力、科学和人文素养以及环境意识"等）。用一种整体的观点来全面把握学生的个性发展并将其视为课程的根本目标，这使我国基础教育课程体系有了新的起点。

新课程确立起课程与社会生活的连续性，从而使新课程植根于生活的土壤。新课程认为，课程不是孤立于生活世界的抽象存在，而是生活世界的有机构成；课程不是把学生与其生活割裂开来的屏障，而是使学生与其生活有机融合起来的基本途径。所以，回归生活世界是新课程的基本理念之一。帮助学生反思、体验、享受生活并提升、完善生活是新课程的基本追求。增进学校与社会的联系，增强学校生活的社会性，培养学生的实践能力、社会责任感和关心社会生活的态度，是新课程的目标、内容和实施过程的重要特色。

由此看来，新课程实现了基础教育课程概念的重建。课程是什么？课程是教师、学生、教材、环境四因素动态交互作用的"生态系统"。学生与教师的经验即课程，生活即课程，自然即课程。分门别类的教材只是课程的一个因素，只有在和其他因素整合起来、成为课程"生态系统"的有机构成的时候，这个因素才发挥应有的作用。

三、全日制义务教育语文课程目标

1999 年 6 月中央发布的《关于深化教育改革全面推进素质教育的决定》指出："素质教育要以培养学生的创新精神和实践能力为重点。"这为全面推进素质教育指出了明确的目标和努力的方向。

《全日制义务教育语文课程标准（实验稿）》对课程总目标是这样表述的：

在语文学习过程中，培养爱国主义感情、社会主义道德品质，逐步形成积极的人生态度和正确的价值观，提高文化品位和审美情趣。

认识中华文化的丰富博大，吸收民族文化智慧。关心当代文化生活，尊重多样文化，吸取人类优秀文化的营养。

培植热爱祖国语言文字的情感，养成语文学习的自信心和良好习惯，掌握最基本的语文学习方法。

在发展语言能力的同时，发展思维能力，激发想象力和创造潜能。逐步养成实事求是、崇尚真知的科学态度，初步掌握科学的思想方法。

能主动进行探究性学习，在实践中学习、运用语文。学会汉语拼音，能说普通话。认识 3500 个左右常用汉字。能正确工整地书写汉字，并有一定的速度。

具有独立阅读的能力，注重情感体验，有较丰富的积累，形成良好的语感。学会运用多种阅读方法。能初步理解、鉴赏文学作品，受到高尚情操与趣味的熏陶，发展个性，丰富自己的精神世界。能借助工具书阅读浅易文言文。九年课外阅读总量应在 400 万字以上。

能具体明确、文从字顺地表述自己的意思。能根据日常生活需要，运用常见的表达方式写作。

具有日常口语交际的基本能力，在各种交际活动中，学会倾听、表达与交流，初步学会文明地进行人际沟通和社会交往，发展合作精神。

学会使用常用的语文工具书。初步具备搜集和处理信息的能力。

其中，初中阶段语文课程目标是：

（一）识字与写字

能熟练地使用字典、词典独立识字，会用多种检字方法。累计认识常用汉字 3500 个，其中 3000 个左右会写。在使用硬笔熟练地书写正楷字的基础上，学写规范、通行的行楷字，提高书写的速度。临摹名家书法，体会书法的审美价值。

（二）阅读

能用普通话正确、流利、有感情的朗读。养成默读习惯，有一定的速度，阅读一般的现代文每分钟不少于 500 字。能较熟练地运用略读和浏览的方法，扩大阅读范围，拓展自己的视野。能通读课文的基础上，理清思想，理解主要内容，体会和推敲重要词句在语言环境中的意义和作用。对课文的内容和表达有自己的心得，能提出自己的看法和疑问，并能运用合作的方式，共同探讨疑难问题。在阅读中了解叙述、描写、说明、议论、抒情等表达方式。能够区分写实作品与虚构作品，了解诗歌、散文、小说、戏剧等文学样式。欣赏文学作品，能有自己的情感体验，初步领悟作品的内涵，从中获得对自然、社会人生的有益启示。对作品的思想感情倾向，能联系文化背景做出自己的评价；对作品中感人的情境和形象，能说出自己的体验；品味作品中富于表现力的语言。阅读科技作品，注意领会作品中所体现的科学精神和思想方法。阅读简单的议论文，区分观点与材料（道理、事实、数据、图表等），发现观点与材料之间的联系，并通过自己的思考做出判断。诵读古代诗词，有意识地在积累、感情和运用中，提高自己的欣赏品位和审美情趣。阅读浅易文言文，能借助注释和工具书理解基本内容。背诵优秀诗文 80 篇。了解基本的语法知识，用来帮助理解课文中的语言难点；了解常用的修辞方法，体会它们在课文中的表达效果。了解课文涉及的重要作家作品知识和文化常识。能利用图书馆、网络搜集自己需要的信息和资料。学会制订自己的阅读计划，广泛阅读各种类型的读物，课文阅读总量不少于 260 万字，每学年阅读两三部名著。

（三）写作

写作时考虑不同的目的和对象。写作要感情真挚，力求表达自己对自然、社会、人生的独特感受和真切体验。多角度地观察生活，发现生活的丰富多彩，捕捉事物的特征，力求有创意地表达。根据表达的中心，选择恰当的表达方式。合理安排内容的先后和详略，条理清楚地表达自己的意思。运用联想和想象，丰富表达的内容。写记叙文，做到内容具体；写简单的说明文，做到明白清楚；写简单的议论文，努力做到有理有据；根据生活需要，写日常应用文。能从文章中提取主要信息，进行缩写；能根据文章的内在联系和自己的合理想象，进行扩写、续写；能变换文章的文体或表达方式等，进行改写。有独立完成写作的意识，注重写作过程中搜集资料、构思立意、列纲起草、修改加工等环节。养成修改自己作文的习惯，修改时能借助语感和语法修辞常识，做到文从字顺。能与他人交流写作心得，互相评改作文，以分享感受，沟通见解。能正确使用常用的标点符号。作文每学年一般不少于 14 次，其他练笔不少于 1 万字。45 分钟能完成不少于 500 字的习作。

（四）口语交际

能注意对象和场合，学习文明得体地进行交流。耐心专注地倾听，能根据对方的话语、表情、手势等，理解对方的观点和意图。自信、负责地表达自己的观点，做到清楚、连贯、不偏离话题。注意表情和语气，使说话有感染力和说服力。在交流过程中，注意根据需要调整自己的表达内容和方式，不断提高应对能力。讲述见闻时，内容具体、语言生动。复述转述，完整准确、突出要点。能就适当的话题作即兴讲话和有准备的主题演讲，有自己的观点，有一定说服力。课堂内讨论问题，能积极发表自己的看法，有中心、有条理、有根据。能听出讨论的焦点，并有针对性地发表意见。

（五）综合性学习

能自主组织文学活动，在办刊、演出、讨论等活动过程中，体验合作与成功的喜悦。能提出学习和生活中感兴趣的问题，共同讨论，选出研究主题，制订简单的研究计划，从报刊、书籍或其他媒体中获取有关资料，讨论分析问题，独立或合作写出简单的研究报告。关心学校、本地区和国内外大事，共同关注的热点问题，搜集资料，调查访问，相互讨论，能用文字、图画、照片等展示学习成果。掌握查找资料、引用资料的基本方法，分清原始资料和间接资料的主要差别；学会注明所援引资料的出处。

四、目标设计的三个维度

为全面推行素质教育，新课程从知识和能力、过程和方法、情感态度和价值观这"三个维度"制订课程目标，打破了旧有课程的目标设计框架，尤其是强调学习过程与学习方法，有其革新创造的积极作用。与以往的语文教学《大纲》相比较，《全日制义务教育语文课程标准》的最大发展，就是系统地提出三个维度的课程目标，并使这三个方面的目标综合性地体现在各个阶段目标之中。这一设计框架，要求我们从"三个维度"去具体地把握语文课程与教学目标，包括"总目标"和"阶段目标"。

（一）凸显"情感态度和价值观"

语文知识、技能中同时包含着情感态度和价值观，而且后者往往更为关键。这是以往语文教学的失误给我们的教训，也是本次语文课程改革着意要改观的。正如学者所指出的那样，"通过语文教学，从小就应培养少年儿童通过听说读写主动获取信息，并能分辨正误、好坏，在日常言语交际中做到互相理解和关心；学习摆事实讲道理，独立思考，不屈服也不固执；确定文责自负、言而有信的基本态度等。这类目标已不单单是技能培养，而是一代好文风、一代好人风的培养。"日本语文教育专家时枝诚记说得好："即便写一篇报告，真实地记述、恳切地解说，这样的态度，也是国语教育的第一要事，这就是思想品德教育。对于他人的作品，哪怕主张和自己相反，也能按照原意，公正无误地理解，养成这种包容的态度，就是国语教育中的思想教育。"

按"三个维度"来设计语文课程目标，就是将过去在知识、技能中潜藏的、往往被掩盖了的情感态度和价值观凸显出来,从而引导教师直面正对。事实上,也只有树立了正面的情感态度和价值观,学生才能在知识和能力上获得长足的进步,知识和能力的培养才适得其所。

(二)关注"过程和方法"

语文学习是一个体验的过程,语文能力往往体现为掌握听、说、读、写的合宜方法。"过程和方法",本来就是语文课程目标的一个侧面,有时可能还是比偏重于结果的"知识和能力"更为重要的侧面。但在过去,由于语文课程目标的单维设计,"过程和方法"很大程度上也被掩盖了,表现为语文教学实践,则是忽视"过程和方法",而一味关注那些结果性的东西,甚至沦为学生对"标准答案"的记忆。语文教师很少去反思这种塞给结论、告知答案的正当性。"三个维度"的设计,强有力地引导语文教师去关注这一维度,这尤其体现在阅读、写作和综合性学习等方面。比如关于文学作品阅读的系列目标,就很能说明这一点:

阅读浅近的童话、寓言、故事,向往美好的情境,关心自然和生命,对感兴趣的人物和事件有自己的感受和想法,并乐于与人交流。(第一学段)

能复述叙事性作品的大意,初步感受作品中生动的形象和优美的语言,关心作品中人物的命运和喜怒哀乐,与他人交流自己的阅读感受。(第二学段)

阅读叙事性作品,了解事件梗概,简单描述自己印象最深的场景、人物、细节,说出自己的喜欢、憎恶、崇敬、向往、同情等感受。阅读诗歌,大体把握诗意,想象诗歌描述的情境,体会诗人的情感。受到优秀作品的感染和激励,向往和追求美好的理想。(第三学段)

欣赏文学作品,能有自己的情感体验,初步领悟作品的内涵,从中获得对自然、社会人生的有益启示。对作品的思想感情倾向,能联系文化背景做出自己的评价;对作品中感人的情境和形象,能说出自己的体验;能品味作品中富于表现力的语言。(第四学段)

(三)落实"知识和能力"

凸显"情感态度和价值观"、关注"过程和方法",并不等于轻视乃至放弃"知识和能力"。相反,对前两者的凸显、关注,落脚点在"知识和能力";也只有具体地落实为"知识和能力""情感态度和价值观""过程和方法"才有切实的着落。《标准》"大大淡化了对系统的语文知识传授的要求",这在"系统的语文知识"已被严重狭隘化的情势下,是很有必要的;但另一方面,我们也应该看到,能力是由(广义的)知识构成的,从语文课程的观点看,听、说、读、写能力的培养,首先是个知识的问题,合意的能力要靠适当的知识来建构。

五、我国普通高中新课程目标与语文课程目标

为贯彻落实《中共中央国务院关于深化教育改革全面推进素质教育的决定》《国务

院关于基础教育改革与发展的决定》和经国务院同意的《基础教育课程改革纲要（试行）》的精神，大力推进教育创新，2003 年 3 月 31 日，教育部印发关于《普通高中课程方案（实验）》和语文等十五个学科课程标准（实验）的通知。其中，新方案规定的普通高中课程总目标是：

普通高中教育是在九年义务教育基础上进一步提高国民素质、面向大众的基础教育，普通高中教育为学生的终身发展奠定基础。普通高中教育应全面落实《国务院关于基础教育改革与发展的决定》所确定的基础教育培养目标，并特别强调使学生初步形成正确的世界观、人生观、价值观；热爱社会主义祖国，热爱中国共产党，自觉维护国家尊严和利益，继承中华民族的优秀传统，弘扬民族精神，有为民族振兴和社会进步作出贡献的志向与愿望；具有民主与法制意识，遵守国家法律和社会公德，维护社会正义，自觉行使公民的权利，履行公民的义务，对自己的行为负责，具有社会责任感；具有终身学习的愿望和能力，掌握适应时代发展需要的基础知识和基本技能，学会收集、判断和处理信息，具有初步的科学与人文素养、环境意识、创新精神与实践能力；具有强健的体魄、顽强的意志，形成积极健康的生活方式和审美情趣，初步具有独立生活的能力、职业意识、创业精神和人生规划能力；正确认识自己，尊重他人，学会交流与合作，具有团队精神，理解文化的多样性，初步具有面向世界的开放意识。

上述目标凸显了以学生发展为本的课程指导思想和课程改革目标。基础教育课程改革秉持"为了中华民族的复兴，为了每位学生的发展"的教育理念，对高中课程的功能进行重新定位，强调普通高中是在九年义务教育基础上进一步提高国民素质、面向大众的基础教育，应为学生的终身发展奠定基础。这样的功能定位，跳出了长期困扰高中课程的升学与就业双重任务定位的困惑，实现了从精英主义教育向大众教育、从应试教育向素质教育的转变，把课程的功能聚焦在为学生的终身发展奠定基础上，凸显了学生发展为本的课程指导思想。

依据学生发展为本的指导思想，在明确高中培养目标的同时，提出了高中课程的具体改革目标：精选终身学习必备的基础内容，增强与社会进步、科技发展、学生经验的联系，拓展视野、引导创新与实践。适应社会需求的多样化和学生全面而有个性的发展，构建重基础、多样化、有层次、综合性的课程结构。创设有利于引导学生主动学习的课程实施环境，提高学生自主学习、合作交流以及分析和解决问题的能力。建立发展性评价体系。改进校内评价，实行学生学业成绩与成长记录相结合的综合评价方式；建立教育质量监测机制。赋予学校充分而合理的课程自主权，为学校创造性实施国家课程、因地制宜开发学校课程，为学生有效选择课程提供保障。

根据普通高中新课程的培养目标，语文课程标准也制订了如下课程目标：通过高中语文必修课程和选修课程的学习，学生应该在以下五方面获得发展。

能围绕所选择的目标加强语文积累，在积累的过程中，注重梳理。根据自己的特点，扬长补短，逐步形成富有个性的语文学习方式。了解学习方法的多样性，掌握学习语文的基本方法，能根据需要，采用适当的方法解决阅读、交流中的问题。通过对语文知识、能力、学习方法和情感、态度、价值观等方面要素的融汇整合，切实提高语文素养。

阅读优秀作品品味语言，感受其思想、艺术魅力，发展想象力和审美力。具有良好的现代汉语语感，努力提高对古诗文语言的感受力。在阅读中，体味大自然和人生的多姿多彩，激发珍爱自然、热爱生活的感情；感受艺术与科学中的美，提升审美境界。通过阅读和鉴赏，深化热爱祖国语文的感情，体会中华文化的博大精深、源远流长，陶冶性情，追求高尚情趣，提高道德修养。

根据自己的目标，选读经典名著和其他优秀读物，与文本展开对话，领悟其丰富内涵，探讨人生价值和时代精神，增强民族使命感和社会责任感；养成对语言、文学以及文化现象独立思考、质疑探究的习惯，发展思维品质，增强思维的深刻性和批判性；乐于进行交流和思想碰撞，在互相切磋中，加深领悟，共同提高；通过阅读和思考，吸收古今中外优秀文化的营养，逐步形成自己的思想、行为准则，树立积极向上的人生理想。

能在生活和其他领域的学习中，正确、熟练、有效地运用语文；增强文化意识，重视人类文化遗产的传承，尊重和理解多元文化，关注当代文化生活，学习对文化现象的剖析，积极参与先进文化的传播和交流；在语文应用中开阔视野，初步认识自己学习语文的潜能和倾向，根据需要和可能在自己喜爱的领域有所发展；注重跨领域的学习，拓展语文学习的范围，通过广泛的实践，提高语文综合应用能力。

注意观察语言、文学和中外文化现象，学习从习以为常的事实和过程中发现问题，增强探究意识和发现问题的敏感性，提高探究能力和探究成果的质量；发展形象思维和逻辑思维，学习多角度多层次地阅读，从文本中发现新意义，获得对优秀作品常读常新的体验；学习用现代的观念和发展的眼光审视古代作品的内容和思想倾向，提出自己的看法；在执着的探索中，逐步养成严谨、求实的学习作风，既能尊重他人的成果，也勇于提出自己的见解；对未知世界始终怀有强烈的兴趣和激情，敢于标新立异，走进新的领域，尝试新的方法，追求思维的创新、表达的创新。

第四节　语文课程结构

按《全日制义务教育语文课程标准》的规定，初中语文课程由五个方面的内容构成。这些内容是："识字与写字""阅读""写作"（1～2年级为"写话"，3～6年级为"习作"）"口语交际"和"综合性学习"。而《普通高中语文课程标准（实验）》则把高中语文课程分为必修课程和选修课程。作为课程的内容结构，由于"阅读""写作""口语交际"和"综合性学习"等本书都有专章讨论，这里讨论的语文课程结构仅指高中语文课程结构。

普通高中语文新课程是整个普通高中课程的有机组成部分，因此要了解高中语文课程结构就必须首先了解普通高中课程结构。

一、《普通高中课程方案》规定的课程结构

《普通高中课程方案（实验）》的规定的课程结构如下：

（一）普通高中课程由学习领域、科目、模块三个层次构成

1. 学习领域

高中课程设置了语言与文学、数学、人文与社会、科学、技术、艺术、体育与健康和综合实践活动八个学习领域。

2. 科目

每一领域由课程价值相近的若干科目组成。八个学习领域共包括语文、数学、外语（英语、日语、俄语等）、思想政治、历史、地理、物理、化学、生物、艺术（或音乐、美术）、体育与健康、技术等 12 ~ 13 个科目。其中技术、艺术是新增设的科目，艺术与音乐、美术并行设置，供学校选择。鼓励有条件的学校开设两种或多种外语。

3. 模块

每一科目由若干模块组成。模块之间既相互独立，又反映了学科内容的逻辑联系。每一模块都有明确的教育目标，并围绕某一特定内容，整合学生经验和相关内容，构成相对完整的学习单元；每一模块都对教师教学行为和学生学习方式提出要求与建议。

（二）课程设置及其说明

普通高中学制为三年。课程由必修和选修两部分构成，并通过学分描述学生的课程修习状况。

说明：

（1）每学年 52 周，其中教学时间 40 周，社会实践 1 周，假期（包括寒暑假、节假日和农忙假）11 周。

（2）每学期分两段安排课程，每段 10 周，其中 9 周授课，1 周复习考试。每个模块通常为 36 学时，一般按一周 4 学时安排，可在一个学段内完成。

（3）学生学习一个模块并通过考核，可获得 2 学分（其中体育与健康、艺术、音乐、美术每个模块原则上为 18 学时，相当于 1 学分），学分由学校认定。技术的 8 个必修学分中，信息技术和通用技术各 4 学分。

（4）研究性学习活动是每个学生的必修课程，三年共计 15 学分。设置研究性学习活动旨在引导学生关注社会、经济、科技和生活中的问题，通过自主探究、亲身实践的过程综合地运用已有知识和经验解决问题，学会学习，培养学生的人文精神和科学素养。此外，学生每学年必须参加 1 周的社会实践，获得 2 学分。三年中学生必须参加不少于 10 个工作日的社区服务，获得 2 学分。

（5）学生毕业的学分要求：学生每学年在每个学习领域都必须获得一定学分，三年中获得 116 个必修学分（包括研究性学习活动 15 学分，社区服务 2 学分，社会实践 6 学分），在选修 II 中至少获得 6 学分，总学分达到 144 分方可毕业。

二、高中新课程的结构变化及其意义

高中新课程构建以学习领域、科目和模块三个层次为基本特征的新的课程结构。这是从整体上关注课程结构的变革，突出强调选择性和多样性，力图构建既体现基础性又具有高度灵活性的课程结构。课程结构改革在任何课程改革中都是至关重要的，历次高中课程改革主要关注的是科目结构的平面调整，而缺少对上位的学习领域和下位的模块等不同层次结构的整体关注，从而使得科目的设置显得依据不足，缺乏有深度的整体结构视野。新课程以学习领域、科目和模块为基本特征的课程结构设计，是一次重要的创新尝试。

高中新课程设置了语言与文学、数学、人文与社会、科学、技术、艺术、体育与健康和综合实践活动八大学习领域。学习领域的设置，能更好地反映现代科学的综合化趋势，有利于在学习领域的视野下更合理地确定科目设置，研制各科课程标准，指导教师教学；有利于整体规划课程内容，提高学生的综合素养，体现对高中学生全面发展的要求。同时，要求学生每一学年在所有学习领域都获得一定学分，以防止学生过早偏科，避免学科目过多，有利于学生全面发展。

模块的设置是高中新课程结构中颇具创造性的探索，它为科目的改革和发展提供了新的生长点。以往科目的内部结构问题一直被当作一个教材的结构问题，而教材结构又由若干个单元组成。与教材意义上的单元相比，模块则具有更大的综合性和更强的相对独立性与灵活性。模块化设计使科目的内部结构有了新的突破，特别是促进了课程内容的整合，提升了课程的灵活性和选择性。模块的设置有利于解决学校科目设置相对稳定与现代科学迅猛发展的矛盾，并便于适时调整课程内容；有利于学校充分利用场地、设备等资源，提供丰富多样的课程，为学校有特色的发展创造条件；有利于学校灵活安排课程，学生自主选择并调整课程，形成有个性的课程学习计划。

三、语文课程结构

为了体现语文课程的时代性、基础性和选择性，使学生既能进一步提高语文素养，为具有不同需求的学生提供更大的发展空间，《普通高中语文课程标准》对高中教育阶段的语文教学内容要求做了整合和规划，在课程结构上，作了较大的创新。

必修课要突出课程的基础性和均衡性。学生通过必修课程的学习，应该具有良好的思想文化修养和较强的运用语言文字的能力，在语文的应用、审美和探究等方面得到比较协调的发展。选修课也应该体现基础性，但更应该致力于让学生有选择地学习，促进学生有个性地发展。

必修和选修课程均按模块组织学习内容，每个模块36学时，2学分。每个学期分两段，每一学段（约10周）完成一个模块的学习。这样的设计有利于学校灵活安排课程，也有利于满足学生多样的学习需求，便于学生根据自己的实际情况选学或者重新学习某个模块的内容。

必修课程包含"阅读与鉴赏""表达与交流"两个方面的目标，组成"语文1"至"语文5"五个模块。每个模块都是综合的，体现"阅读与鉴赏""表达与交流"的目标和内容。必修课程五个模块的学习可在高一至高二两个半学期的时间里循序渐进地完成，也可以根据需要灵活安排。

选修课程设计五个系列。系列1：诗歌与散文；系列2：小说与戏剧；系列3：新闻与传记；系列4：语言文字应用；系列5：文化论著研读。每个系列可设计若干模块。学校应按照各个系列的课程目标，根据本校的课程资源和学生的需求，有针对地设计模块，开设选修课。对于模块的内容组合以及模块与模块之间的顺序编排，各学校可以根据实际情况灵活实施。课程的具体名称可由学校自定。

学生修满10学分便可视为完成了本课程的基本学业，达到高中阶段的最低要求；应鼓励学生根据自己的学习兴趣、未来学习和就业的需要，选修有关课程。对于希望进一步学习的学生，建议从五个系列的选修课程中任意选修4个模块，获得8学分，加上必修课程的10学分，共计可获得18学分；对于语文学习兴趣浓厚并希望进一步深造的学生，建议在此基础上，再从这五个系列里任意选修3个模块，这样一共可获得24个学分。

高中语文新课程结构的变化将有力地促进教学方式、学习方式和学校管理等方面的变革。

（一）促进教学方式的变革

语文课程结构的变化促使教师在教学方式上必须适应新的课程结构。必修课程与选课程的开设将使教师在对待两种课程的教学上有所区别。特别是在选修课程，教师将改变原有的讲授为主的教学方式，给学生更多参与实践的机会。这也要求教师运用更新更丰富的教育手段与教学方式方法进行教学。高中语文新课标指出："教师应遵循教学基本规律，并根据自身的特点和条件，发挥优势和特长，努力形成自己的教学特色；应从学生的需要出发，按照学校的规划，积极开设选修课，充分利用本校本地区的课程资源，拓展学生的学习空间。"可见，课程结构的变化不仅促进教学方式的变革，同时也将促进语文教师的专业发展，使教师和语文课程同步发展。教师的专业发展反过来会促进教学方式的变革。

（二）促进学习方式的变革

高中语文新课程充分考虑到了学生的差异性和主体性的要求，满足学生多样性、个性化发展的需求，尊重学生的自主选择。选修课程的设置把学习的主动权交给了学生，这势必对学生产生重要影响。这就要求学生改变原有的只是等待教师把课程送上门来的习惯。学生自己必须学会自主、正确、合理的选择，学会对自己的选择负责。学生不仅对自己的学习生活要有总体设计与规划，也要学会自我管理、自我检测、自我反思、自我调整。学生由学习的被动接受者变成了学习的真正主人。这种变化是最根本意义上的学习方式的变革。在此基础上，学生还要学会合作、探究，形成个性化学习方式等。所以，课程结构的变化必将促进学习方式的变革，促进学生的成长。

（三）促进课程管理的变革

课程结构的一系列变化都要求在课程管理上做出相应的变革以适应新课程建设与发展的需要。必修课程与选修课程的设置将要求学校在课程安排上，实现规划性与灵活性的统一；要求学校建立相应的选课制度，管理办法等。采用学分衡量学生的学业成绩，将要求学校有相应的学分管理。模块的设置也将促进管理上的变革。运用模块的形式来设置课程，便于学校发挥资源优势，形成学校的特色；同时要求学校对模块进行管理，避免模块内容的重复设置，保证模块的合理、有效等。

总之，课程结构的变化对教师的教学、学生的学习和学校的管理都具有促进作用，既充分发挥了学校与教师的优势和特长，又为学生的发展创设了很好的条件和机会。

第二章　语文教学过程

　　所谓教学过程，是指教学活动从开始到结束的全部进程，是教学活动纵向推进的流动程序。它既是语文教学的实践问题，同时又是组织语文教学活动的理论基础。只有深刻地认识它，才能正确处理教学内部的各种关系，注意选择恰当的教学方法，合理组织教学活动，从而才能实现预期的教学目标。

第一节　语文教学过程的实践考察

一、不同层面的语文教学过程

　　关于教学过程，虽然大家有着许多不同的见解，但也存在一些基本的共识：教学过程指教师在教学目标指引下，引领学生学习知识、获取能力、完善人格的过程。语文教学过程也与其他学科教学过程一样，是指语文教师在明确了语文教学目标，落实了语文教学内容之后，借助各种媒介（如语文教材等），通过一连串的教学环节和各种教学方法，与学生一起展开多向度的沟通和对话的过程。

　　教学过程有大小之分。从整体和发展上进行研究，有人把它分为四层，从学生进入小学开始到大学毕业，或受完一定阶段的学校教育为止，这一整个过程是一个总的教学过程，简称为第一教学过程。一门课程从开始到结束，又是一个教学过程，简称为第二教学过程。一门课程中的一章或一个单元的教学过程，它具有相对的独立性和完整性，简称为第三教学过程。一个知识点（如一个公式、定理、定律或法则之类）或一篇课文的教学过程，简称为第四教学过程。

　　这四层教学过程是一层包含一层，换句话说是一层从属于一层，即第四教学过程从属于第三教学过程，第三教学过程从属于第二教学过程，第二教学过程又从属于第一教学过程。

　　当然，语文教学过程作为多样融合的开放系统，大家对它的理解也有差异：除了上述不同层次的语文教学过程外；有必修课、选修课、综合课、探究课等不同课型的语文教学过程；有词语学习、阅读理解、写作训练、口语交际活动等不同内容的语文教学过程；有自读、讲授、欣赏、讨论、训练、巩固等不同方式的语文教学过程等。然而，它们也呈现出"你中有我、我中有你"的融合性：同一层次里有不同课型和方式的教学过程；同样的课型和方式也可以在不同层次的教学过程中存在。按照现在的语文课程标准，学段划分为"义务教育阶段"和"高中阶段"，其中，"义务教育阶段"又依据年级分成"1～2年级""3～4年级""5～6年级""7～9年级"这四个学段。但现实中的学校仍是以小学、初中、高中的面貌存在的，所以学段的教学过程实际上也可以整合成小学、初中、高中三个阶段。

小学是语文学习的开始阶段。台湾有一套小学语文教材，其第一册的封面上就赫然写着"开始"这两个大字，好像为站在"起跑线"上的孩子们抠响了发令枪。确实如此，小学生们对学校学习生活的梦幻曲就是在那一时刻开始弹奏的。而"语文是生活"，针对小学里最重要的一门课程——语文，如何更好地展开教学过程也就应该引起我们格外的关注。大家都知道"万丈高楼平地起"的道理，也就是说，打好语文学习的基础，是小学语文教学过程的中心环节。以前谈到语文学习基础时，往往只注意智力因素，但实际上为孩子们奠定好非智力因素的基础同等重要。

因此，小学语文教学过程就体现为"以字词句段篇为基本知识；以识字、构词、造句、组段、连篇为基本能力；并把人文精神具体化人语文学习的兴趣中"，以达到"能正确掌握汉语符号及其构成的基本规律；能正确完整地使用汉语符号；能对祖国语言产生喜爱之情；能产生学习语文的浓厚兴趣"的教学目标。

初中是语文学习的扩展阶段。对这些小小少年而言，这个阶段是"逼你长大"的成长飞跃期，也是一段真正的黄金岁月。三年时间，在身心发展、课业压力、现实期待等方面，他们将挑战许多问题和困难。此时的语文教学也进入了"从教到学"的转化阶段，培养学生具有"独立"学习语文的能力和习惯，成为语文教学过程的核心任务。

因此，初中语文教学过程一般体现为"以文章的主题、材料、结构、表达方式和一般文体、应用文体、文学体裁为基本知识；以对文章的分析、归纳、选择、比较、积累等为基本能力；并把人文精神具体化入语文学习动机和意志力培养中"，以达到"能根据文章基本要素和体裁特点，熟练地听读，流畅、生动地说写；有学好祖国语言的强烈动机和坚持力"的教学目标。

高中是语文学习的深化阶段。新的《高中语文课程标准》为已经成为热血青年的高中生们绘制了一幅美丽的人生画卷。这主要表现为选修课的设置：高中学生在获得"阅读与鉴赏""表达与交流"两个方面五个模块的必修学分之后，就可以进入"诗歌与散文""小说与戏剧""新闻与传记""语言文字应用""文化论著研读"这五个系列的选修园地之中。

在这个阶段，语文教学必然呈现出"百花齐放"的局面，其主要任务是提供足够的语文学习资源，促进学生在语文学习领域的深入思考和个性化发展。

因此，高中语文教学过程就体现为：以语言、文学、文章、文化等为基本知识，以对语言作品的揣摩、欣赏、评价、整理、表现、创造等为基本能力，并把人文精神具体化为语文学习的情感、个性和人格培养过程中，以达到"能理解和运用文学鉴赏的基本常识；能熟练阅读浅易文言文和有一定理论深度的文化科技作品；能用富有文采和个性特色的语言表达思想感情；对祖国语言及其灿烂的文化有深厚情感；愿意为祖国奉献自己的热情与智慧"的教学目标。

二、语文教学过程的优化

1972 年前苏联教育学家巴班斯基发表了《教学过程最优化》，以此为标志，"教学过程优化"的理论就正式提出，并产生了很大的影响。虽然该理论的提出不过几十年，但事实上古今中外的许多教育论述中，都蕴含着"优化"的思想。如我国古代孔子所言"不愤不启，不悱不发。举一隅不以三隅反，则不复也"；以及《学记》中"道而弗牵则和，强而弗抑则易，开而弗达则思"的思想，就包含着对教学过程优化的深刻启迪。在国外，赫尔巴特的"教学过程四个阶段"、杜威的"问题解决法的教学五步"、布鲁纳的"学科结构"、维果茨基的"最近发展区"、赞可夫的"高难度、高速度"等，都是围绕教学过程的优化所提出的系统思想。

所谓教学过程的优化，按照巴班斯基的阐述，是指"对现有条件来说，对学生和教师在当时的实际可能性来说，以及从一定的准则来看是最好的。最优化的准则总是同一定的教学效果相联系"。也就是指"在现有条件下用最少的时间和精力去获得最大的教学效果"。

教学过程优化包含了教学设计、教学操作、教学评价等诸多方面，其中最首要的一步是教学设计。美国教育心理学家 R.M. 加涅先生在《教学设计原理》一书中指出："教学是一项以帮助人们的学习为目的的事业。"但是，"帮助学生的学习必须是有计划的而不是随心所欲的，它的帮助应使每一个学生更接近于最适当运用自己才能、享受生活以及适应物质和社会环境的目标。"可见，教学过程设计的核心就是有计划地创设一种学习环境。在这个环境里，学生能够互相影响，学会如何学习。而创设多样化的学习环境，则需要多样化的教学模式的帮助。教学模式是课堂教学能否成功的最直接的因素，任何先进的教学理论当还未建立相应的教学模式时是难以落实到课堂教学之中的。

所谓教学模式是指"反映某种教学理论逻辑轮廓的、为保持某种教学的相对稳定而设计的具体的教学活动程序和结构"。一种教学模式就是一种学习环境。在我国，语文学习历史源远流长，在长期的实践中，形成了"识字—读文—讲文—作文"这一相当稳定的语文教学模式。语文独立设科以后，针对语文教学过程，又提出过许多有价值的观点，如黎锦熙的三阶段模式（理解、练习、发展），王森然的四阶段模式（参考、研究、讨论、读写）以及夏丏尊、叶圣陶、朱自清等，在阅读过程、文章作法等具体层面的语文教学过程研究。新中国成立后，前苏联教育学家凯洛夫的五环节模式（组织教学、复习旧课、讲授新课、巩固新课、布置作业），苏联文学课三阶段模式（了解背景、进入文本、概括总结），对我国语文教学产生过广泛而深远的影响。改革开放以来，语文教学模式更多的出自一线语文教师之手，如上海育才中学的"读读、议议、练练、讲讲"，钱梦龙老师的"三主四式语文导读法"，魏书生老师的"课堂教学六步法"等，这些由理论或从多年教学实践中提炼而成的语文教学模式，对优化语文教学过程起到了积极的作用。

虽然如此，但我国的语文教学过程依然被视为"少、慢、差、费"，而原因之一，往往被认为是教学模式的泛滥。特别是新的《语文课程标准》明确提出"发展个性""促进学生均衡而有个性的发展"的理念之后，人们更是将教学模式与学生的个性发展对立起来，把教学模式看作学生个性发展的"拦路虎"。然而，这样来认识教学模式与学生个性发展的关系至少是片面的。正如布鲁斯·乔伊斯等人所著的《教学模式》一书所说："关于教学模式，必须首先避免两个错误的看法：一是认为教学模式是固定不变的公式，为了取得最佳的教学效果必须死板地去套用它们；二是认为每一个学习者都有一个固定的学习方式并且该方式是一成不变的。这两种看法都会使我们陷入尴尬的境地。"在《教学模式》一书中，作者为我们提供了"社会型""信息加工型""个人型""行为系统型"4个大类、近20个小类的教学模式，如"合作学习""角色扮演""基本归纳""记忆训练""模拟训练""发散思维"等教学模式。这些都可以"拿来"为语文教学过程的优化设计服务。

确实如此，我们应该认识到，教学模式是可以灵活运用的，教师是可以根据实际情况调整出诸多变式的；而同时，学习者也并不是呆板的，他们也有能力在不同的教学模式中寻找自身发展的方向。

三、中学语文教学过程的改革实践

20世纪80年代以来，在总结我国语文教学历史经验和借鉴国外先进教学理论的基础上，语文教学过程的一些新结构正在形成，并不断显示出令人瞩目的功能。其中影响较大，颇具个性色彩的有：上海市育才中学的"八字教学法"，上海市特级教师钱梦龙的"导读基本式"，湖北大学黎世法的"六课型单元教学法"，辽宁省特级教师魏书生的"课堂教学六步法"。

为了发展学生的思维能力和培养他们的自学能力，育才中学摸索总结出"读读、议议、练练、讲讲"的结构模式。"读读"是基础，学生通过"读"，了解教材，发现问题。"议议"是关键，通过"议"，学生理解、掌握教材，分析和解决问题。"练练"是应用，学生通过"练"，运用和巩固新的知识，同时，在练中发现的问题可以再读再议，以保证在课堂上解决问题。"讲讲"贯穿始终，教师要提出阅读要求，指出教材的重点、难点，要随时了解学生的思维状态，引导学生议论，进行点拨、解惑、总结，并指导学生练习。总之，读、议、讲、练，是要学生在"读"中了解教学内容，在"议"中开动脑筋、消化掌握，在"讲"中豁然开朗，在"练"中举一反三。

钱梦龙根据他的语文导读的基本指导思想，即学生为主体，教师为主导，训练为主线的"三主"思想，设计了四种基本课式：自读课、教读课、作业课、复读课。自读课是学生感知、理解课文的一种实践形式，也是一种能力训练，以自读训练为主要内容的自读课是四种基本课式的核心。教读就是教给学生自读之法。无论在什么时机，采取何种方式进行教读，都必须与自读保持同步关系。教师要根据学生自读的得失，精心选择启发的手段，或引导，或点拨，或设问，或讨论，或讲授，把学生吸引到一个训练过程中来，从而使学生在进一步理解、消化课文的同时领悟读书之法。作业课指学生学习新课文后完成一定的书面或口头作业。复读课则把学生已学过的若干篇课文按一个中心组成单元，读读、比比、练练，既温故又知新。上述"四式"构成了阅读训练的一串"基本动作"。如果不考虑复读这一单元教学的因素，自读、教读和作业也是每篇新课文教学的基本环节。

黎世法通过调查研究学生科学的学习方法后创立的一种教学过程结构模式。他把学生制订计划、课前自学、专心上课、及时复习、独立作业、解决疑难、系统小结、课外学习的八环节中六个主体环节改成相应的六种基本课型，即自学课、启发课、复习课、作业课、改错课、小结课。这样，就将学生的基本学习活动纳入了教师指导下的课堂教学，并使课堂教学适合学情。不仅每一单元的教材内容可以依次通过上述六种课型进行教学，而且每一篇新课文的教学也包含这六种因素：通过"自学"初步弄清问题；通过"启发"弄清楚在自学过程中的难点；再通过"复习"将知识系统化，并在理解的基础上记住最基本的事实和知识；然后通过"作业"和"改错"检验前几步掌握知识的正确程度；最后通过"小结"使知识进一步概括化，技能进一步综合化，从而获得比较完全的知识和技能。

魏书生的"课堂教学六步法"是：①定向。明确教学要求，即确定本节课或本篇课文训练的重点和难点，并事先告诉学生，使他们目标明确，攻关有数。②自学。学生根据教学重点和难点自学教材，独立思考，自己解决问题。学习较差的学生可以根据实际情况完成部分教学内容，即使是理解课文，也不要求他们的认识一次完成。学习优秀的同学可以向深度和广度开拓，总之要保证各类学生都能学有所得。③讨论。自学中不能解决的问题放到讨论中解决，形式是先小组后全班。④答疑。各组把讨论仍未解决的问题或答案有分歧的问题提交全班解决，必要时由教师解答。⑤自测。根据"定向"提出的要求，主要由学生自己测试自己。题目可以自己出，也可以相互出，但并不绝对排斥教师出题的可能，以便提供指导。题量一般控制在十分钟内完成，当场答题，当场评分，让学生知道学习成效。⑥自结。下课前几分钟让学生总结一下自己在这节课上的收获，在哪个环节上是满意的，哪个环节上有问题。教师在各类学生中选一两个讲一讲，使各类学生接受的信息都得到及时反馈。

尽管上述四种语文教学过程的结构并不完善，而且适用的范围也不相同，如有的适用于单元教学，有的则适用于一篇新课文的教学，但这些结构探索仍有普遍的意义。与传统教学过程结构相比，新结构具有下列几个显著特点：

教学指导思想发生了根本性转变，不仅重视知识的传授，而且更重视学生智能的发展，传统的语文教学是以讲读为核心，以传授知识为主要目的，因此历来主张在上课时教师要讲深讲透，把课堂教学处理成老师讲、学生听的过程。教师只讲知识，不讲方法，只讲现成结论，不讲形成过程。这是一种"无思考"的教学。同时，教师为了讲，必然注意研究教材多，而研究学生少，这又是一种"看不见学生"的教学。这种教学使智力和能力的发展成为知识传授的"附属物"和"副产品"，学生的智能只能跟在知识传授的后面，自然而然地缓慢发展。现代教学论的研究表明，教学与发展是相互联系的。这种联系的实质在于，教学是发展的因素，发展也是教学的因素，但教学并非发展，发展也不等于教学。只有当教学处于合理的结构之中，它才可能为发展提供多于它自身直接结果的东西，才能走在发展的前面。因此，新结构不仅重视知识的传授，而且更重视学生智能的发展。首先，它体现在教学的主攻方向和衡量学生学习的标准上，不仅在于学生是否读懂了、读会了，还在于学生是否掌握了科学的读书方法，真正会读了。其次，新结构都把自读（自学）作为语文阅读教学过程的一个有机组成部分和最终目的，这是阅读课堂教学改革的一大进展。实践证明，学生课内自读，有时间保证；有教师指导，不仅可以解决教学上主客观之间的矛盾，便于教师调查研究，增强教学针对性，减少无效劳动，还可以使集体教学与个别教学结合起来。这样的教学，不是从零开始，而是在学生相应的自学能力基础上进行，从而打破了传统课堂教学"齐步走""一刀切"的格局，有利于克服优生"吃不饱"和差生"吃不掉"的矛盾，提高了教学的起点，增加了教学的密度。各类学生在原有的基础上都能有所发展，有所前进。第三，充分尊重学生思维的独立性和完整性。上课时学生最不喜欢的是不懂的地方教师一带而过，懂的地方却喋喋不休。究其原因，主要是教师剥夺了学生思维的自主权。学生懂了，学习思路本来可以向前走，教师却还在啰唆，硬是阻挡学生的思路不让走；对不懂的地方，学生还在思考，教师却又往下讲，强行把学生的思维活动纳入教师的思路，这就中断了学生原有的思路。这些都有碍于学生积极地思考。新结构则体现了教师既在总体上把握学生的思维流程，保持其良好的方向性，又在每一个具体的思维点上充分尊重学生的思维独立性，真正把学习主动权交给学生。同时，疑是学之始，思之端。学生完整的思维过程应包括发现问题、提出问题、分析问题、解决问题四个基本环节。如果在学习过程中学生不注意发现问题或感觉不到问题的存在，也就不会去主动思考，那么学习不会真有所得。过去我们也常讲培养学生分析问题、解决问题的能力，而教学中的问题又只来自教师，所以"教师问，学生答"成了"老师讲，学生记"之后的又一种上课仪式，学生的思维总是置于被动的、消极的状态之中。其实，"提出一个问题往往比解决一个问题更重要"。新结构从课堂教学的内部组织形式上促使学生在自读中发现问题、提出问题，在讨论中分析问题、解决问题，这就构成了完整的思维链条，从而有效地保证了学生思维的连续性和完整性，提高了思维的强度和实效。

在教与学的关系中，新结构注意了两者的统一，体现了教学过程辩证发展的规律。

教与学的关系是教学过程的根本关系，传统课堂教学结构往往割裂了两者的有机统一，只强调其单一侧面，而新结构则较好地体现了教与学的相互作用。这种相互作用表现为两者是相互制约，彼此促进的。一般地说，教师采用什么样的教法，学生必定产生相应的学法。教法不科学，在这种教法束缚下的学法也不可能科学，因为"牵"或"灌"是培养不出学生的学习主动性的。同时科学的教法又必须以科学的学法为依据，因为教学要适应学生身心发展的客观规律。新结构中学生的"自学"与无师自通的自学有着本质的区别，就在于前者本身就包含了教师教的因素，如提出目的、要求和进行方法指导等。而学生在"自学"中不能理解的问题又需放在"讲""教读"或"启发""答疑"中才加以解决，这就使教法有效地针对学生学习的实际。同时，学生在解决问题过程中又获得教师的科学指导和具体点拨，使他们在学习方法上进一步得到新的发展。因此，新结构努力使教与学始终保持同步关系，两者相辅相成。

在师生之间的信息传递方式上，新结构突破了点面结构传统框架的局限，建立起纵横交错的立体网络结构。课堂教学也是师生之间的一种信息交流过程。传统课堂教学中的师生信息交流，基本上有三种模式：一是教师和学生保持单向的信息传递；二是教师和学生保持双向的信息交流；三是不仅教师和学生保持双向的信息交流，而且还允许学生之间存在小范围内的相互交流。但这三种模式都呈点面结构，它们是"平面"的。而新结构中的师生信息交流模式则明显不同，它把师生之间的纵向交流与学生之间的横向交流交织起来，组成网络结构，从而使信息交流呈立体交叉传递方式。这种结构表示，教师和学生都是课堂集体中平等的一员，在教学方法上主要表现为实行讨论法。这里不难发现，课堂教学以教师为中心，其信息传递方式必然是点面结构，而要突破这种传统框架的束缚，就必须从课堂的内部组织形式，即教学过程的结构上保证"讨论"能得以实施。育才中学"八字教学法"中的"议议"，钱梦龙"导读基本式"中的"教读"，黎世法"六课型"中的"启发"，魏书生"六步法"中的"讨论"，都包含了课堂讨论这一共同成分。总之，新结构能更多地为学生提供活动的机会，增加了班级的活动总量，从而有利于大面积提高教学效率。

今天，即使用建构主义的理论对当年的这些语文教学进行重新审视，我们仍然能欣喜地发现，建构主义的一些核心内容，如情境、协商、合作、意义建构等，在上述结构中依旧能够得到不同程度的体现，并且闪耀着智慧的光芒。

第二节 语文教学过程系统与教学原则

一、语文教学过程系统分析

教学过程的逻辑就在于它以独特的现实情境（主要是以对话的方式）增进教师与学生的沟通。随着教学环境"信息化"的逐步实现，师生将借助于直接性的对话，取得心灵沟通，达成共识。这个过程当然不是没有矛盾和纠葛的过程。所谓"接受文本"，指的就是"理解文本"之意。理解的第一个前提是，接受者从文本中直接把握的信息和间接获得的信息：理解的第二个前提是接受者凭借文本从所习得记忆、存储的信息中唤起的信息；理解的第二个前提是依靠接受者一定的态度、预备知识以及对于文本内容的探究而产生的。后一成果构成了接受者个人头脑中的内部知识结构。不过，心理学尚未揭示这种形成机制。这种形成机制拥有错综复杂的过程。它包容了认知性、情绪性、想象性的心理状态与过程。因此，接受文本者对于文本的理解绝不是文本编制者与编制者的操作成果（文本内容）原封不动的移植，不是机械地复制，而是知识的建构。正因为如此，教学沟通才具有意义。

教学不能满足于间接的经验和虚拟的沟通，因为知识的建构有赖于既有知识和直接经验的支撑。当今教学中的语言与对话由于如下三个背景而进一步受到关注：其一，随着信息化的进展，技术性媒体开拓了沟通的新的维度并且导致质的变化，虚拟的沟通愈益占支配的地位。教学原本就是"人工的环境"，亦即借助教学的媒介过程习得"人类本质能力"，发展人格特征，这就是教学的特性。今天，这种人工环境更复杂、更抽象、更技术化、更人工化。其二，社会的急剧变化往往使青少年游离于家庭和社区之间，孤立于人群之外，减少了直接的共同经验。他们一方面疏于同人们交际，另一方面又增大了对话的要求。其三，尽管如此，由于应试教育体制和学校的甄别功能，教学不能充分满足这些要求。面对这些情形，"回归生活""贴近生活"的教学才显得更加重要。也就是说，要求教师设定现实的情境，汲取学生切身的生活体验，与学生展开直接的面对面的对话。这样，学生才会习得富于真情实感的、能动的、有活力的知识，学生的人格才会真正得到陶冶。教学环境的"信息化"与"生活化"，实际上给我们提出了如何使我们的教学既源于具体情境又超越了具体情境的课题。

语文课堂教学是一个复杂的系统。从空间看，学生、教师、教材和教学环境是构成课堂教学的四个最基本的元素，四者立体交叉形成了复杂的多边关系。所谓"教学的相互作用"，就是指这四个元素相互协调，形成协同作用。系统的运行就是过程。从时间看，课堂教学总是由若干阶段所组成的独立段落，在进程和顺序上渗透往返，曲折盘旋。所以，重要的不在于究竟要把它分成多少环节或阶段，而是要确定其基本要素。根据马克思关于任何活动都有目的、手段和结果三个成分的原理，我们可以把教学定向（确定目标）、教学实施、教学反思（反思教学结果）作为教学过程最基本的要素，至于教学内容的选择、教学策略的实施、教学媒体的运用等都可以包括在教学实施里面。日本学者广冈亮藏也认为，由"导入—展开—终结"构成的教学过程，是日本的教育实践者以长年实践积累起来的"教育智慧"，它适用于几乎一切学科、一切年级。

教学目标是一种给定信息，教学结果则是一种输出信息，但教学过程不是一个线性因果链条，因此一次性地通过教学手段一般不能直接得到与目标完全一致的结果。这就需要反馈，即利用输出信息与给定信息的差异来调节和控制教学实施，使教学作合乎目的的运动。反馈是使教学过程走向有序和保持结构稳定性的必要条件。没有它，教学过程各阶段之间就衔接不起来，就构不成相对稳定的独立段落。成功的教学过程总是通过反馈实现教学结果与教学目标的统一。

这里，需要强调的是，人们常常把教学目标排斥于教学过程的要素之外，这是错误的。试问没有活动的目的，何来活动的过程？不把教学目标作为教学过程的结构要素，岂非等于说教学过程是一种无目的的活动。因此，它首先有悖于教学是有目的、有计划、有组织的活动这一基本属性。

教学定向通过确定课堂教学的目标，使教学具有明确的方向性。一切教学都必须从定向开始。传统的语文教学观念认为，教学目标是在教师"吃透两头"（"两头"即教材和学生）的基础上制订的，已充分考虑了学生"学"的因素，再把它交给学生似乎没有必要。所以，传统的课堂教学只有教师制订和掌握教学目标，而不把它交给学生。由于教师总是有意无意地对学生实行目标"保密"，加上教学目标又是在上课之前就已确定了的，这样，定向这一步骤在传统语文课堂教学中就看不见。当学生对教学目标一无所知时，他们的学习只能盲目地跟着教师的"指挥棒"转，除了被教师"牵"着走外，自己别无其他选择。即使教师制订的教学目标完全正确，也无法从根本上改变他们学习的被动状态；如若教师制订的目标不当，那学生的学习更是陷入"盲人骑瞎马"的可怕境地。

心理学已经证明，动机是人们活动的推动者，它体现着所需要的客观事物对人的活动的激励作用，把人的活动引向一定的能满足他所需要的具体目标。而动机往往同目的是一致的：就对活动的推动作用来说，是动机；就对活动要达到的预期结果而言，又是目的。由此可见，激发学生学习动机最有效的手段就是让他们明晰的教学目标作引导。学生越是牢固地掌握教学目标，就越能激起强烈的学习动机来推动和促进他们的学习活动。初学打篮球的人，投篮球不中，往往需要从身体姿态上多次地做某种矫正动作。球已脱手，这种徒手矫正似乎毫无意义，然而从屡投不中到频频命中，正是靠这种表面上毫无意义的矫正动作学会的。这就是有明确目标引导的自我反馈。不把具体的教学目标交给学生，使他们对眼前的学习既无法评价又无从调控，实际上取消了他们的自我反馈，以致造成他们明明不满于自己的学习现状又无力加以改进的局面。特别值得一提的是，语文学科具有工具性学科的一面，它决定了学生获得听说读写的能力主要靠"练"，而练绝非一蹴而就，必须进行多次反复，所以让学生掌握教学目标，进行有明确目标引导的自我反馈尤显必要。

学习是艰巨的劳动，并非每堂课都充满趣味和欢乐。在许多场合，学习是不能吸引人的，甚至是枯燥乏味的，这就要求学生有顽强的毅力，需要有作为注意力表现出来的有目的的意志。而且，教学的内容及其方式方法越不能吸引人，学生就越不能把学习当作智力的活动来享受，也就越需要这种意志。对于缺乏具体教学目标的学生来说，他在教学过程中无法真正通过有注意力来表现自己的学习意志，这不能不是传统语文教学的一个致命弱点。相反，正确的、具体的、符合学生学习心理发展规律的教学目标，可以强化学生的意志，磨炼他们顽强的学习毅力。当然，教学目标不能过高或过低，并且要有具体的规定，究竟解决哪些问题，解决到什么程度，必须尽量明确。因为学生如果觉得教学目标与眼前的学习活动没有联系，就失去了实际意义。只有通过学生努力能达到的教学目标才是最好的目标。同样，也只有让学生把自己当前的学习活动放到实现教学目标的过程中来评价，教学目标才能成为对学习动机的一种激励，促使他们真正地形成有效的自我反馈。同时，从宏观的课堂教学过程着眼，教学目标的制订决不能零打碎敲、一鳞半爪地进行，而应当有整体规划。即把每篇课文的教学目标放在一个单元、一个学期、一个学年乃至整个中学语文教学的培养总目标中来加以考虑，进行有计划的科学安排，使这些不同层次的教学目标构成一个相互联系、由浅入深、螺旋上升的目标激励系统，以持久地、有效地强化学生的学习动机和意志。

总之，在定向阶段，把教学目标交给学生，开辟了一条能激发学生学习动机、调节行为标准和强化学习意志的新途径。但鉴于一个班级的学生不可能具有整齐划一的认知能力和操作水平，刚性的目标往往导致部分学生"吃不饱"，部分学生"吃不掉"，不是成绩差的学生在"陪坐"，就是学习优秀的学生在"原地踏步"。如何克服这一矛盾呢？这里，我们提出"弹性教学目标"的主张，即教师根据多数学生的水平确定一个基本的教学目标，而对优生不予限制，对暂时略逊一筹的学生不加苛求，让他们在基本目标的基础上有所加减，尽量让教学目标落在他们各自的"最近发展区"，以确保各类学生都学有所得。

二、语文教学原则

所谓原则就是指观察问题或处理问题的准绳，是指说话或行事所依据的法则或标准。很明显，原则就是一种尺度，而这个尺度既可以是人们对理想的一种诉求，也可以是人们对做人做事底线的一种规定。在很多情况下，人们所遵循或赞同的原则并不完全一致：问题的情形不同，处理问题的出发点不同等，都会影响原则的执行和制定。由此可知，原则是一个带有很强的主观规定性的概念。

然而，原则也是一个反映客观需要的概念。人们在工作和生活中，总在按照一定的原则行事，比如，为人处世的"诚信"原则，待人接物的"礼仪"原则等。为什么提出这样而不是那样的原则，为什么人们愿意遵循这样而不是那样的原则？这既与人们的终极愿望有关，又与当时当地的各种现实因素有关。没有哪一个当事人会无缘无故地提出没有任何现实意义的原则，也没有人会理睬不符合现实情况的原则。也就是说，原则的主观性并不等于随意性，它是人们在对客观规律的认识基础上，结合社会和个人的需要而产生出来的显性或隐性的根本法则。

原则，尤其是教学原则更是客观规律的反映，教学原则的发展历程就说明了这一点。在我国古代，孔子早就提出了"有教无类、因材施教、诲人不倦"等教学原则；17世纪的捷克教育家夸美纽斯为了实现"把一切事物教给一切人类"的理想，提出了"便易性、彻底性、简明性与迅速性"的教学原则；19世纪德国教育家第斯多惠为了使课堂教学对学生起到激发的作用，对教师提出了课堂教学要"富有吸引力、精力充沛、讲授要符合学生口味、学无止境、爱好运动"的五条原则；20世纪上半叶陶行之提出过"教学做合一"的原则；20世纪下半叶前苏联教育家赞可夫为了最大限度地促进学生的一般发展，提出了"高难度进行教学、理论知识在教学中起主导作用、以高速度前进、使学生理解学习过程、使班上所有学生都得到一般发展"的教学原则。这些教学原则都具有的客观需要和主观规定的对立统一。

教学原则的发展过程也让我们看到了一个事实：教学原则的制订，几乎都是为着某种教育理想而出台的。希望通过某种教学原则来规范现实情境中具体的教学行为，从而达到实现教育理想的目的。到了21世纪的今天，全球的教育改革呈现出五彩缤纷的景象，各种教育理想都希望在具体的教学过程中得以实现。我国也明确提出了素质教育的理想。为此我国的教育工作者经过长时间的热烈讨论和广泛的教育教学研究，已经基本完成基础教育阶段的课程设置以及学科课程标准制订等一系列重要工作。然而，课程层面的研究并不能直接体现在教学中，课程与教学之间还存在许多转换环节。因此，作为规范教学而存在的教学原则，在现阶段的制订和执行依然有很大的困难。为了实现素质教育的理想，人们还得深入思考：什么样的教学原则是科学合理的或者是有实际作用的？

具体到语文学科，一般说来，影响比较大的教学原则主要有："文道统一的原则、听说读写相互促进的原则、语文训练和思维训练相结合的原则、课内外语文学习相结合的原则"等。在素质教育和创新教育的背景下，有学者提出了新的语文教学原则："语言教学为言语能力培养服务原则、言语内容和言语形式统一原则、书面言语与口头言语兼顾原则、语感体验与智力开发结合原则、课堂语文学习与生活言语实践联系原则"等。以上语文教学原则的制定有着共同特点：都体现出对我国语文教学传统的继承；都重视了对语文教学规律的探索；都反映出对语文教学的理想追求。而把握规律、遵循原则并不是要求教学走向刻板、僵化。这里用到语文教学界的一句行话："教学有法"与"教无定法"。

"教学有法"，指的是教学是有规律的，它具有一定的法则、原理。"教无定法"指的是具体的教学方法不是一成不变的，而是灵活多样的。前者着眼于科学性，后者则着眼于艺术性。要使教学收到最佳效果，必须做到科学性与艺术性的统一。

教学的科学性，具有两方面的含义：一是教学内容要注意科学性；二是教学自身要遵循教育学、心理学、教学法等学科的一般科学原理。

教学的艺术性，指的是教学活动是一项创造性很强的艺术活动，它的典型特点是不容许千篇一律，它是在一定科学知识基础上形成的教学的技能技巧。这种才能表现为灵活运用各种科学知识，具体分析和机智处理教学系统中各种因素的综合能力。优秀教师可以使课堂教学生机盎然，学生求知欲旺盛，而不会教课的教师则常常阻滞学生的智力发展。

显而易见，教学科学取决于教师对科学知识的认识和掌握；教学艺术则主要取决于对科学知识的运用程度，它与教师的个人素质密切相关。如果说教学效果是教学科学的一种"物化"，那么教学艺术则是实现这种"物化"最有效的途径。

现在，人们对"教学有法""教无定法"的理解，往往存在很大的偏颇：一讲"教学有法"，便恪守成法不变，教条主义、公式化；一讲"教无定法"，又"运用之妙，存乎一心"，只可意会，不可言传。教学上的程式化和主观随意性是偏见的突出表现。其实，教学艺术的丰富多彩，并非"天马行空，独往独来"。教学科学的严谨系统，也非刻板教条。孟子曾说："大匠诲人必以规矩，学者亦必以规矩"，又说："梓、匠、轮、舆，能与人规矩，不能使人巧。"刘大櫆在《论文偶记》中也说："古人文章可告人者惟法耳。然不得神而徒守其法，则死法而已。"教学亦何尝不是如此。一个教师在教学上如果没有科学知识的理论武装，很难形成真正的教学艺术。同样，教学艺术的形成和发展，也只有在长期的实践中经过反复锤炼才能得以实现，它决不能一蹴而就。离开了教师教学艺术的实践活动，教学的科学知识也将成为一纸空文，几条"死法"。

人们往往担心提倡教学的科学性会妨碍和否定教学艺术性的发挥。正是这种片面的认识，使我们的教学长期以来盲目地把主要精力用于对教学艺术的追求上，而忽视对教育规律的探讨。事实上，"科学"常常表现为一定的"程序"或"规格"，用来判断是非的标准较明确，形态相对稳定。而任何艺术的成长历程，又总是经历由步步"入格"，到步步"出格"。因此，提倡教学的科学性非但不会妨碍和否定教学艺术性的发挥，恰恰相反，它能帮助和促进教学艺术的提高，缩短教学艺术形成所需要的时间。而教学艺术的形成和发展反过来又为教学科学提供丰富的营养，推动教学科学更上一层楼。两者平行不悖，互为因果，相辅相成，和谐共进。

综上所述，语文教学的原则实质上是为了解决现实中的语文教学问题，以保证语文教学系统的正常运行，促进语文教育理想的实现而制定的，用以规范语文教学行为的基本准则。

第三节　正确处理语文教学中的多种关系

由于语文新课程按照三个维度制定目标，无论是知识、技能，还是方法、情感态度、价值观等都必须通过一定的教学过程才能实现，因此在语文教学过程中存在着各种错综复杂的关系。能否正确处理这些关系，将直接影响到语文课程目标的实现程度。纵观以往语文教学的实际并结合当前新课程实施中的一些具体情况，我们认为，学会运用互补的观点看待和处理语文教学过程中存在的各种关系，是推进新课程的当务之急。当前尤其要正确处理下列各种关系：在文化的价值取向上，要正确处理多元文化与优秀民族文化的关系；在心智和谐方面，要正确处理智力因素与非智力因素的关系；在认知领域，要正确处理知识、能力、智力之间的关系；在语文能力培养上，要正确处理听、说、读、写之间的关系；在把握学科学习特点上，要正确处理注重体验感悟与进行科学训练的关系；在教学内容与手段上，要正确处理传统与现代的关系；在教学主客体的问题上，要正确处理学生主体与尊重文本的关系；在学习方式上，要正确处理研究性学习与有意义接受学习的关系。下面着重谈谈其中的几种关系。

一、多元文化与优秀民族文化、革命传统文化

自然科学和哲学社会科学不一样，自然科学是没有民族之分，没有国界的；哲学社会科学是有民族的、有国界的、有意识形态的。哲学社会科学的水平和能力，关系到一个国家的文化竞争力，关系到一个国家的综合竞争力。哲学社会科学越是民族的、越是本土的，就越是国际的、越是世界的。

时下，多元文化是一个用得十分频繁的概念，它是相对一元文化或主流文化而言的。过去，我们讲语文学科、讲语文教育，只讲它的民族性，这是失之偏颇的。但对多元文化我们必须要有一个正确的看法，而绝不是牺牲、抛弃或削弱民族文化，尤其是以民族优秀文化为代价的。今天我们讲多元文化，指的是增进文化的国际理解。这意味着我国的课程体系必须追求民族性与国际性的内在统一，必须追求多样文化的教育价值观。这种价值观的具体要求是：通过课程，教育未来的公民尊重所属文化体系，使他们产生强烈的文化认同感和民族自豪感；通过课程，教育未来的公民面对其他文化，能够尊重不同人、不同民族和文化的尊严和差异，能够将自己的价值观和自己所属的文化体系相对化，发展尊重他人的能力和应对挑战的技能；通过课程，教育未来的公民在相互理解、尊重差异的基础上，以完全平等的地位与他人、他民族、他文化展开持续而深入的交往，发展同他人进行交流、分享和合作的能力。它必须明确追求多样文化，并不牺牲原则和真理，

恰恰相反，它把在不同的社会文化环境下那些能被普遍认可的价值观念视为交往的共同基础，它把发展每个人的普遍价值观和各种行为方式并最终建立和平文化视为教育的终极目的。

明白了这一道理，我们就会理解今天所谈的包括汉字文化在内的民族文化，正如王蒙所说："毕竟是全球化时代的民族文化，是面向世界的开放的与面向未来的文化。只有民族的才是世界的，是说我们的文化要有自己的传统，自己的立足点，自己的性格。同时，只有开放的面向世界的经得起欧风美雨的与时俱进的中华文化，才是最有活力的，而不是博物馆里的木乃伊。聪明的做法不是把全球化与民族化地域化对立起来，而是结合起来。"

作为民族共同语的教育，当前我们的语文课程尤其需要弘扬中华民族优秀文化，也就是需要大力加强对民族文化的理解和吸收、创造和发展。这是因为，在当今世界上，语言都是民族的语言，文字都是民族的文字，任何一个民族的语言文字都不仅仅是一个符号系统或交际工具。

一方面，语言文字本身可以反映一个民族认识客观世界的思维方式；另一方面，民族文化也依附于语言文字得以继承和发展，所以民族文化就蕴含于民族的语言文字之中，因而任何一个民族的语言文字都是其深厚的民族精神的积淀。它直接与民族感情相联系，构成了维系民族成员的心理纽带，是民族生命的重要组成部分。

生活中的一种现象值得注意：只要一提起意大利民族文化，人们就会很自然地联想到但丁的《神曲》、达·芬奇的绘画；提起俄罗斯民族文化，人们就会想到普希金的诗歌、托尔斯泰的小说；提起日耳曼民族文化，人们就会想到歌德、海涅的诗歌、剧作和贝多芬的音乐。

由此可见，无论东方还是西方，世界各民族都有自己独具特色的文化，都有一批能经受得起时间考验、长久不衰的经典。如果丢掉民族的优秀文化遗产，不仅是民族自身的悲哀，也是人类文化的损失。同样的道理，语文课程要全面提高学生的语文素养，其内容在满足社会实际需要的同时，必须加强其经典性。

中华民族文化是一个丰富博大的有机整体，既包括汉民族的文化，也包括各少数民族的文化，既包括悠久的古代文化，也包括近代文化和现代文化。而且弘扬民族文化也不排斥外来的优秀文化，因为任何一个开放的民族，它的文化发展都离不开学习和吸收世界其他国家和民族的优秀文化成果。

在语文学科，民族文化主要表现为民族的语言文化。语言文化，说起来非常复杂，大致说来，就是指以语言文字为载体的精神遗产。具体表现为两种类别，一是文学，二是典籍。因此，提高学生的语文素养，非常关键的一点就是加强文学方面的修养和典籍方面的修养，要把语言文字包含的文化素养转化为学生的文化素养。

刘心武曾写过一篇散文，叫《十首足矣》。列在榜首的是孟郊的《游子吟》，第二首是杜牧的《清明》，第三首是李白《静夜思》，第四首是王之涣的《登鹳雀楼》，第五首是李商隐的《乐游原》，第六首是孟浩然的《春晓》，第七首白居易《赋得古原草送别》，第八首是李绅的《悯农》。最后两首是李白的《朝发白帝城》和贺知章的《回乡偶书》。他说：这十首唐诗实在是常诵常新，即使过录一遍，灵魂也总有一种难言的欣悦，倘有的读者连这十首唐诗也不能逐一背诵或有的简直还是头一回读到，那么我恳求他们一定要把这十首唐诗背诵下来。从一定意义上说，这十首唐诗凝聚着我们中华民族文化传统中最值得珍惜和承袭的精华，并且也体现着我们中华民族对美的执着追求。

事实上，国外的母语教育，尤其是发达国家的母语教育，它们都非常重视经典的阅读，并在课程标准等正式文件中做出了明确规定，这是提高个人的语文素养和民族语文素质的必由之路。

这些国家的语文课程标准等文件所列的作家作品，无不以自己国家或民族历史上的文化经典为主，并注意吸收其他一些国家和民族不同时期的文化精华作为语文课程的核心内容。其价值自然不在实用，而在文化的接触、熏陶和传承，也为了提高学生的文化素养。当然，这些作家作品不可能只依靠封闭的课堂教学就能学完。

朱自清先生曾十分强调文言作品的学习，他说："我还主张中学生应该诵读相当分量的文言文，特别是所谓的古文，乃至古书。这是古典的训练，文化的教育。一个受教育的中国人，至少必得经过古典的训练，才称其为受教育的中国人。"在《经典常谈》的序言中，朱自清特别强调："在中等以上的教育里，经典训练应该是一个必要的项目。经典训练的价值不在实用，而在文化。"

从教学实践看，由于旧有的观念，特别是应试教育的观念在今天并未得到彻底根除，因此如何具体落实仍是一个问题。但不管怎么说，坚冰已经打破，航道已经畅通。国内外正反两方面的经验证明：不管学习何种母语，要全面提高学生的语文素养，都离不开读好书、多读书、好读书，任何一个国家和民族的学生都概莫能外。

二、"取法乎上"与学生情趣

我们以往的语文教材编制，在选文上一向奉行"取法乎上"的原则，这固然具有一定的道理，但如果片面强调"上"，以至达到不恰当的程度，甚至超越了学生的接受能力，与他们的兴趣爱好完全脱节，那教学效果也是可想而知的。因此，我们有必要进行反思，要注意充分尊重学生的兴趣爱好。不同年龄阶段的学生，除了具有不同的认知能力以外，他们的兴趣爱好也会有明显的差异，任何种类教材的编制都必须尊重学生的这一心理特点。教材的科学性，并不仅仅反映教学内容的科学性，也包括按照心理科学的原理组织教材。

20 世纪 60 年代美国布鲁纳倡导的教育改革。他们的教材，尤其是理科教材，素以严密的逻辑结构著称。在教学方法上，也大力倡导"发现学习"，但美国的这次教改还是失败了。其原因并不在于它的教育理念缺少先进性，也不在于它的教材内容缺乏科学性，而在于教材的内容脱离了学生的接受程度，教材的组织违反了学生学习的心理规律。

分析学生喜读的原因：无论记人叙事，写景状物，都在学生的经验和理解力范围之内，使他们倍感熟悉、亲切，且文字又浅显易懂。有感人肺腑的真人实事，有生动的表现和丰富的感情。内容曲折，富有变化，使人出乎意料，精神振奋。有精彩的对话，有爱国忧民忠义之气。文体多为记叙、抒情或诗歌等形式。

绝大多数学生不爱读的主要有《西湖风光》（徐志摩）、《白马湖之冬》《落花生》《大明湖》《亚美利加之幼童》《观巴黎油画院记》《黄花岗烈士纪念会演说词》（陈布雷）、《荷塘月色》《莱因胜迹》《核舟记》《工程师节献辞》《恭谒曲阜孔庙》《五十生日有感》（蒋中正）等。

分析学生不爱读之的原因：叙述平淡，不生动，且偏于静态。课文篇幅较长。文中方言有较多艰难字句。偏重知识灌输。道德教训味较浓。含义或意境较高，超出学生经验或理解力范围。

值得一提的是，学生自认为爱读与不爱读之课文，和教师认为喜读与厌读之课文，极为接近。这说明学生对教材课文的意见是相当客观而可靠的。当然，有些学生厌读的课文，并非文章本身不好，而是与编配的年级不相适应。

三、传统与现代

从语言文字自身而言，无论是拼音文字还是方块的表意文字，它们都有其各自的特点和规律；就母语教育而言，它们又有其鲜明的民族性和人文特征。所以，我们的语文课程改革既不是一概抛弃传统、否定传统，也不是简单地回归传统，而是需要继承和吸收传统中的精华，剔除其糟粕。

我国传统语文教学有许多行之有效的方法，从字词的教学到阅读、写作教学，其基本经验必须发扬。如汉字教学，传统做法是针对汉字的象形表意特点进行的；新课程则强调"体现汉字的特点，做到形音义相结合"。而且，汉语拼音只被定位在"是帮助识字、学习普通话的有效工具"，这是符合汉字识字规律的。又如阅读教学，传统经验是强调重感悟，故强调"熟读精思"；重积淀，故强调吟诵；重语文修养，故强调博览群书。再如写作教学，传统经验提倡抒发性灵，故主张"先放后收""多就少改"；重文字洗练、韵律和谐，故讲究炼字、炼句；重语言熏陶，故强调"读书破万卷，下笔如有神"；重整体思路，故强调谋篇立意。

值得一提的是，以往语文教学重分析、重讲解、重机械训练的弊端在新课程中得到了有效的遏制；而重语感、重整体感知、重实际运用的传统经验则重新被加以确立和推广。从语感的习得来看，汉语文教学的基本途径确实是积累—感悟—运用。这从传统语文教学先记诵、再开讲、后作文的整体思路上也可以得到证实。记诵是语言材料的认识和积累，开讲是对阅读材料的理解和领会，作文是语言表达实践。大量语言材料的积累是获得语感能力的前提，而语言材料的积累是整体的，它既包括字、词、句、篇内容，又包括语言文字所承载的文化因素。感悟，强调的主要是学生主体的阅读与思考，是对语言材料的品味和体验。运用，一方面指通过感悟形成的语感去阅读新材料，另一方面指运用已经形成的认识能力去写作。这是符合汉语文特点和认知规律的。总之，吸收传统语文教学的精华，无论对于继承传统文化、弘扬民族精神，还是进行思想道德教育、塑造健全的人格，都具有不可忽视的意义。语文教学创新离不开继承传统。

面向未来，增强课程的现代意识、加强信息技术的运用。《基础教育课程改革纲要（试行）》强调"大力推进信息技术在教学过程中的普遍应用，促进信息技术与学科课程的整合"，这预示着我们的语文教学将越来越多地渗透和发展信息技术教学，积极利用和开发信息化课程资源。20世纪90年代以后，随着多媒体技术、网络技术的日益普及和发展，以"学"为中心的教学设计理论逐渐发展起来。实践证明，信息科技能提供友好接口和形象直观的交互式学习环境，有利于激发学生的学习兴趣和进行对话与合作学习。同时，它也能提供图文声像并茂的多种感官综合刺激，有利于创设情境和获取与保持大量知识。信息科技还能按超文本、超链接的方式，组织管理学科知识和各种教学信息。如作文教学与信息技术整合有以下几个方面的益处：

有利于提高写作速度。应用信息技术，键盘输入的速度是个关键。实践证明，中小学生只要熟练掌握任何一种文字输入法，其"书写"速度要远远高于硬笔手写的速度。不仅如此，书写的快速反过来更会促进思维的发展。

有利于积累写作素材。写作素材的搜集和积累，对学生来说历来是个难点。过去的剪报费时费力，而且阅读、保存和更新都较烦琐；现在在网上搜索资料、保存资料和更新资料非常便捷，是传统方式所无法企及的。

有利于创设情境。语境是言语活动赖以发生和进行的前提条件。言语发送活动实际上就是作者和说话人不断地适应语境，生成言语的过程。言语接受活动实际上就是读者和听话人依据言语成品，不断地还原语境、理解语意的过程。因此语境是言语交际过程中矛盾的焦点和解决的前提。任何言语交际都离不开创设情境，作文教学也同样如此。作文教学与信息技术整合在情境创设方面具有无可比拟的优势。

有利于教师关注每一个学生。传统课堂教学中，教师无论怎样关注学生，他只能关心到部分学生，而不可能是全部。而通过网络教学，所有学生对问题的反应都可以通过电脑反馈给教师，教师能真正做到关注每个学生。这对于成绩较差，或性格内向，不善于当着全体学生的面回答问题的学生无疑是个福音。有利于师生之间、学生之间的互动，达到信息的充分交换。有利于文章的修改、交流和网上发表，有利于建立学生的写作档案袋，实施档案袋评价。有利于教师在网上"面批"学生的作文，师生切磋，既增强了批改的针对性，又加强了及时反馈，对提高学生的写作能力有实效。

总之，应把作文教学与信息技术整合作为语文教学创新的一个突破口，花大力气进行应用性研究和试验，从而逐步推进整个语文课程与信息技术的整合。

四、研究性学习方式与有意义接受性学习

长期以来，我们的语文教学方式基本上属于接受学习。接受学习的一般特点是将学习的内容以定论的形式呈现给学习者，这种学习任务不涉及学习者独立的发现，只需要他们将材料内化，以便日后再现或运用。接受学习有它固有的弱点，所以曾被贬为"填鸭式""鹦鹉学舌"，甚至被斥为"封闭式学习"的典型代表。但是提出"有意义言语学习理论"的美国心理学家奥苏贝尔却认为机械学习并不是"接受学习"的代名词，学生是否主动并且善于利用自己认知结构中适当的原有知识来"类属"新的学习材料，才是区分有意义学习和机械学习的标准。当然，有意义接受学习是有条件的，比如教学的刺激情境要学生的注意和知觉特性；确保学生的意义学习；根据学生原有的知识状况进行教学；要重视"活动"在教学中的作用等。由此可见，在倡导研究性学习的今天，我们需要摒弃的绝不是有意义接受学习。

现在一线教师在引导学生开展研究性学习时也存在不少误区。例如没有区分学科研究性学习与作为必修课综合实践活动组成部分的研究性学习，混淆了两种不同类型的研究性学习。作为必修课综合实践活动组成部分的研究性学习，指的是学生在教师的指导下，从自然、社会和生活中选择和确定专题进行研究，并在研究过程中主动地获取知识、应用知识、解决问题的学习活动。研究性学习注重获得亲身参与研究探索的体验，培养收集、分析和利用信息的能力，学会分享与合作，培养科学态度和科学道德，培养对社会的责任心和使命感，开放性、探究性和实践性是研究性学习的特点，重在引导学生关注自然、关注社会、关注生活，强调理论联系实际、解决实际问题。研究性学习强调的是过程，而非结果，强调的是会学，而不一定要学会。而作为学科内部的研究性学习，主要是指在学科教学过程中采用研究性（或探究性）的学习方式，这种学习方式是与我们长期以来所实行的接受性学习方式相对应的。因此，语文研究性学习是指语文教学内部的研究性学习，它通过在教学过程中创设一种类似科学研究的情境和途径，让学生进行主动的探索、发现和体验，学会搜集、分析和处理信息的能力，从而增进思考力和创造力。它虽然与一般意义上的研究性学习课程不是一回事，但两者也有相通的地方。如它们都强调需要确定研究的主题（或专题），强调学习要保持自主性、开放性、探究性和实践性的特点，强调要注重学习的全过程，而不只是单一的学习结果等等。

我们今天为什么要提倡语文研究性学习呢？这是因为我们原有的语文教学学生基本上只有接受性学习。接受性学习虽然是一种重要的学习方式，但只有单一的接受性学习是远远不够的，它需要有研究性（探究性）学习方式相补充。因为接受一个结论是容易的，但弄清楚这个结论究竟对不对，这个结论是怎样得来的则更为重要。

再如，有些教师把课程改革倡导的研究性学习方式理解成唯一正确的教学方式，因此言必称研究，上语文课只有这一种学习方式。结果呢，不仅没有培养起学生真正的研究能力，而且连基本的教学任务也不能完成，因为事实上没有那么多时间，每节课都让你研究。其实，要搞好研究性学习，至少需要协调好三种关系：

（一）理解与探究

探究性学习能力不能凭空产生，是在接受性学习、拓展性学习、积累性学习、理解性学习的基础上发展而来的。如果没有丰厚的知识储备，没有对原文透彻的理解，是不可能发现问题、更不可能去探究并解决问题的。如果连原文原著还没有读懂便乱加指责，就是无的放矢，这样的探究只能制造新的曲解，甚至妄解。

（二）自主与合作

探究学习应立足于自主探究，合作只是辅助。诚然，合作是必不可少的，协调的合作省时高效。但合作集体中人人都自主地完成分工的任务，才会有集体成果产生。如果都等着分享其他合作者的成果，就有可能出现"三个和尚没水吃"的尴尬局面。

（三）解疑与存疑

探根究底读书的理想目标是通过发现问题、分析问题，最后解决问题。许多看似复杂的问题经过一番探究，确实可以迎刃而解，雪化冰消。但有些问题并不是一次探究就能完全解决的，应该实事求是，不必强不知以为知，应允许留有继续探索的空间去研究学习，重在研究的过程，不断地发现问题，引起思考，从而培养不迷信权威、不盲从成见的探索精神。至于能不能探到"根"，究到"底"，并不是最重要的。对于处在学习和发展中的青少年，尤其应该这样看待。恰当地规定探究学习的评价标准，不作过高要求，学生才能在探究学习中品尝到成功的乐趣。

五、注重感悟与科学训练

这次语文课改，关于整体感知、感悟、品味、揣摩等概念已经逐渐深入人心，但与此同时，关于科学训练的话题应同样得到关注。关于语文训练，2000 年修订大纲在九年义务教育阶段，只用一句话加以表述：在小学，要求"注重基本技能的训练"；在中学，要求"科学地训练技能"。课程标准重申"注重基本技能的训练"。

从形式上看，新课程的确淡化了训练，但从它强调"基本训练"和"科学训练"来看，新课程力图淡化的是充斥于我们语文教学中的机械训练、盲目训练和重复训练。以往，我们的语文教学把教学内容分解成上百个知识点、能力点，然后围绕这些"点"设计大量的习题，再让学生反复机械地做练习，还美其名曰"熟能生巧"。这是违背语文教学规律的，也是造成语文课程内容繁、难、多、旧的罪魁。对于这种训练，学生苦不堪言，因为它不是有意义的言语实践。新课程淡化这种"题海战"的训练，倡导"基本训练"和"科学训练"，预示着今后的语文教学将一改旧规，形成一种崭新的格局。当然，当前教学第一线存在的轻视语文实践，忽视语文训练的去技能化倾向也很突出，需要引起我们高度的重视。

基础教育的基本任务是为每个学生的发展打好基础，而人的语言发展是人的一切发展的基础，毫无疑问，新课程必将把发展学生的言语实践能力置于中心的地位。

第三章　语文阅读教学

时代的发展，使对话正成为社会日益密切的交往方式、存在与发展方式。众所周知，阅读教学历来是语文教学的重心所在。随着新一轮基础教育课程改革的推进，对话理念和对话理论也正逐步深入到阅读教学中来，可以毫不夸张地说，今天倡导的阅读教学即对话。

第一节　阅读教学目标

一、对话语境下的阅读教学

《全日制义务教育语文课程标准》指出：阅读是搜集处理信息、认识世界、发展思维、获得审美体验的重要途径。阅读教学是学生、教师、文本之间对话的过程。《普通高中语文课程标准（实验）》也指出："阅读教学是学生、教师、教科书编者、文本之间的多重对话，是思想碰撞和心灵交流的动态过程。"语文阅读教学对话主要分阅读对话与阅读教学对话两种类型。

（一）阅读对话

阅读对话至少包括两个方面：一方面是读者与文本本身的对话，另一方面是读者与文本相关者的对话。

1. 读者与文本本身的对话

"对话理论认为，作者与读者的关系，就其本质而言，体现了人与人之间的精神联系，阅读行为也就意味着在人与人之间确立了一种对话和交流的关系。这种对话和交流是双向的、互动的，互为依存条件的，阅读成为思维碰撞和心灵交流的动态过程，是主体与主体之间的关系。读者的阅读，尤其是阅读文学作品的过程，正是一种共同参与以至共同创造的过程。"那么教师应该采取怎样的策略来引导学生与作品产生交流与对话呢？以下几种应该是比较容易使用到的。

知识指导，对话切入口。教师可以给学生一些关于如何阅读的知识指导。这种指导不仅仅是我们通常意义上的阅读方法、阅读技能、阅读习惯的指导，而是有关文学理论创作、作品叙述视角、艺术留白、文学阐释知识等可以帮助学生进入阅读对话的知识指导。这些知识不一定深，但要实用。学生在较短时间内应该能够掌握，并运用于阅读实践。

2. 随课文举例，教会学生提问

在教学课文时，教师随课文举例子让学生明白怎样在阅读时与作者对话、与作品的中人物与事件对话，会收到比较好的效果。一个比较好的策略是教会学生在阅读过程中不断提问。初始提问是阅读深入的切入，不断追问是阅读深入的表现，从问题中走出则是一轮对话的结束。比如学习《祝福》，可引导学生提问作者为什么先写除夕夜，他是怎么想的？鲁四老爷说"可恶，然而……"时，为什么话到嘴边留半句，没说完又咽下去了？祭祀事件为什么给祥林嫂如此大的打击？等等。当提出问题之后，就要带着问题从文本中寻找答案。这样阅读对话就会不断展开、不断深入。

3. 帮助学生清除阅读对话障碍

在阅读对话中学生常常会出现一些阅读对话的障碍，比如词语障碍、术语障碍、背景知识障碍、理解障碍等。教学中教师可采取一些措施帮助学生清除阅读对话的障碍。借助资料。阅读障碍的出现也可能由于学生缺乏相关的背景知识，或者所依托的知识不够，这样就可能使学生无法理解或达不到相应深度的理解，这种情况下，可以指导学生借助课外资料进入阅读。变换角度。当阅读对话不能进行时，可以尝试变换理解的角度。寻找新的切入口，使对话得以继续。当然，还有一些障碍是由于学生人生阅历的原因，可能是他们无法越过的（这一般是在远远超越他们年龄水平上的阅读中发生的），不过随着阅历的丰富，他们会在今后的人生阅历中理解的。

4. 读者与文本相关者的对话

读者与文本相关者的对话，包括以下几个方面，一是读者通过文本与作者的对话。读者与作者的对话是一元的，即理解作者意图的对话。传统的语文教学，只是注重了读者与作者的对话，而没有注意读者与文本的对话，所以导致阅读的单一性。读者与作者的对话，其内容又是十分丰富的，包括通过阅读并体会作者的情绪、感情、心境，理解作者的写作意图，理解作者的处境、创作状态等多方面。二是读者通过文本与文本所反映时代背景的对话。作者总是生活在一定时代背景中的，它的作品总会反映他那个时代的一些东西。文本也总是发生在一定时代背景中的，那个时代背景中的一些内容也在文本中得以反映。读者在阅读时，需要与两个时代背景，即作者所处时代背景与文本发生时代背景，分别对话，又需要把两者联系起来进行对话。在语文教学中，还有一层对话是读者通过文本与课文编辑者的对话。与课文编辑者的对话主要通过课文前的提示、课文内的点评、课文内的注释、习题等进行，也通过编辑对整个课文的编辑体例等的对话。

（二）阅读教学对话

阅读教学对话是指师生之间展开的课堂教学对话。具体地说，它是师生或学生间围绕课堂教学的主题所进行的多重互动活动。从互动主体的角度，可以把课堂教学对话的互动分为五种类别。这五种课堂教学互动分别是："师个互动"，即教师与学生个体之间的互动；"师群互动"，是教师个体与学生群体的互动；"个个互动"，是学生个体与学生个体之间的互动；"个群互动"，是学生个体与学生群体之间的互动，具体又分为学生个体与全班学生的互动和学生个体与全组学生的互动；"群群互动"，学生群体与学生群体之间的互动，主要包括组际交流、组际互查、组际竞争等。在课堂教学中五种互动有时以某一种或某几种为主，有时则会全部出现，这要看具体的课堂教学内容和教学组织情况而定。

二、阅读教学目标

（一）初中阅读教学目标

《全日制义务教育语文课程标准》(以下简称《标准》)规定的初中阅读教学目标如下：

（1）能用普通话正确、流利、有感情地朗读。

（2）养成默读习惯，有一定的速度，阅读一般的现代文每分钟不少于 500 字。

（3）能较熟练地运用略读和浏览的方法，扩大阅读的范围，拓展自己的视野。

（4）能通读课文的基础上，理清思想，理解主要内容，体味和推敲重要词句在语言环境中的意义和作用。

（5）对课文的内容和表达有自己的心得，能提出自己的看法和疑问，并能运用合作的方式，共同探讨其中的疑难问题。

（6）在阅读中了解叙述、描写、说明、议论、抒情等表达方式。

（7）能够区分写实作品与虚构作品，了解诗歌、散文、小说、戏剧等文学样式。

（8）欣赏文学作品，能有自己的情感体验，初步领悟作品的内涵，从中获得对自然、社会人生的有益启示。对作品的思想感情倾向，能联系文化背景做出自己的评价；对作品中感人的情境和形象，能说出自己的体验；品味作品中富于表现力的语言。

（9）阅读科技作品，注意领会作品中所体现的科学精神和科学思想方法。

（10）阅读简单的议论文，区分观点与材料（道理、事实、数据、图表等），发现观点与材料之间的联系，并通过自己的思考，做出判断。

（11）诵读古代诗词，有意识地在积累、感情和运用中，提高自己的欣赏品位

（12）阅读浅易文言文，能借助注释和工具书理解其中的基本内容。背诵优秀诗文80 篇。

（13）了解基本的语法知识，用来帮助理解课文中的语言难点，了解常用的修辞方法，体会它们在课文中的表达效果。了解课文涉及的重要作家作品知识和文化常识。

（14）能利用图书馆、网络搜集自己需要的信息和资料。

（15）学会制订自己的阅读计划，广泛阅读各种类型的读物，课文阅读总量不少于260 万字，每学年阅读两三部名著。

从上述目标不难看出，初中阅读教学主要是理解阅读对话理论和感受性阅读。就目前的实施而言，理解阅读对话理论和感受性阅读，应注意以下几个方面：

第一，从"阅读"教学的角度看，只让学生自己来"说"，是不够的。学生自己的"说"，既可能是"鉴赏者"取向，也可能是"感受性阅读"，也可能是"误读"，还可能是个人的"独白"篡位；既可能是偏于"倾听"的对话，也可能是偏于"言说"的对话，也可能是脱离文本语境的似对话，还可能是无视文本的不对话。

第二，提倡"感受性阅读"，并不是简单地废除教师的"讲"，换成学生"说"。

第三，目前的语文教学实践，至少混杂着四种"阅读"取向：一是概括段落大意和中心思想、寻求"思考与练习""正确答案"的"作业者"取向；二是以分析课文形式方面为主，归结为生词、语法、修辞、章法（结构特点、语言特色等）的语文教师"职业性阅读"取向；三是以"诵读"为主要样式的"鉴赏者"取向；四是"感受性阅读"在教学中表现为对"讨论法"的倚重。相信在目前实验区的阅读教学中，不少语文教师正在经历着"鉴赏者"取向与"感受性阅读"，乃至与习惯了的"作业者"、语文教师的"职业性阅读"方式的激烈争斗的煎熬，而学生也正在经受不同学习方式的转型。

第四，对《标准》的解读，应该基于教学对话理论的导向。从教学的角度，我们应该维护学生的话语权，教师应该通过教学的对话，引导学生朝着积极的方向发展。

第五，借鉴国外的语文课程与教学经验，应该从能力培养的角度，进一步描述阅读对话理论"意味着什么"。这样，才能有效地设计课程、编制教材、实施教学。"阅读"教学的目的，是使学生学会（建构）在阅读中如何合适地倾听、合适地言说，即学会"对话"——与文本的"对话"。

（二）高中阅读教学目标

与九年义务教育单一的语文课程结构不同，高中语文新课程分必修课程和选修课程两种不同的类型。课程的目标是通过这两类课程的学习，让学生在积累整合、感受鉴赏、思考领悟、应用拓展、发现创新等方面获得发展。这里，仅就必修课程的"阅读与鉴赏"作简单的讨论。

《普通高中语文课程标准（实验）》关于阅读与鉴赏的总要求共五条，这五条也是带有根本性的要求：

1. 在阅读与鉴赏活动中，不断充实精神生活，完善自我人格，提升人生境界，逐步加深对个人与国家、个人与社会、个人与自然关系的思考和认识。

2. 发展独立阅读的能力。从整体上把握文本内容，理清思路，概括要点，理解文本所表达的思想、观点和感情。善于发现问题、提出问题，对文本能做出自己的分析判断，努力从不同的角度和层面进行阐发、评价和质疑。根据语境揣摩语句含义，运用所学的语文知识，帮助理解结构复杂、含义丰富的语句，体会精彩语句的表现力。

3. 注重个性化的阅读，充分调动自己的生活经验和知识积累，在主动积极的思维和情感活动中，获得独特的感受和体验。学习探究性阅读和创造性阅读，发展想象能力、思辨能力和批判能力。

4.能阅读论述类、实用类、文学类等多种文本，根据不同的阅读目的，针对不同的阅读材料，灵活运用精读、略读、浏览、速读等阅读方法，提高阅读效率。

5.能用普通话流畅地朗读，恰当地表达文本的思想感情和自己的阅读感受。

从上述要求可知：阅读与鉴赏的根本目的是"立人"。当代世界各国教育改革的一个共同趋向，就是弘扬人文精神，强调教育应以人为本，一切着眼于人的发展，也就是鲁迅说的"立人"。当代教育追求的目标，其中十分重要的方面就是"不断充实精神生活，完善自我人格，提升人生境界"，语文课在这方面承担着重要责任。所以课程标准关于阅读与鉴赏的第1条目标，是从学生的全面发展和终身发展的角度，以立人为本来提出来的，这是从教育的本质上来理解阅读鉴赏教学的必要性。它强烈地体现了课程改革对人的尊重，张扬了语文阅读教学中的人文精神，也是对语文学科的认识达到一种新高度、新境界。目标指出要在阅读鉴赏活动中"逐步加深对个人与国家、个人与社会、个人与自然关系的思考和认识"，这种思考和认识当然有理性的成分，但在语文课程中却在很大程度上是伴随着情感活动而取得的，在文学鉴赏中更是如此。正是通过语言文字，学生与他人、与社会、与人类、与自然建立起了联系，这种联系常常是从直观、感性、情感的层次，进入到理性和审美的境界。

第2条目标提出培养独立的阅读能力，着眼点是阅读活动的共性要求，主要包括两层意思：独立阅读能力在文本解读方面的基本要求是"从整体上把握文本内容，理清思路，概括要点，理解文本所表达的思想、观点和感情"。学生对文本的解读具有整体性特点。语文阅读教学中流行的重分析、轻综合的模式，往往离开了学生对文本的整体感受，进行抽象的概括和分析，学生得到的只是干巴巴的几条筋。所以，阅读必须以整体把握文本的内容为前提，在这个前提之下，才谈得上让学生来理清作者的思路，概括课文的要点，理解作者的思想、观点和感情。也就是说，文本解读的基本思路，应该是"综合—分析—综合"，前一个综合是阅读的出发点，后一个综合是阅读的归宿，分析则是考察作品是如何统一成为一个整体的。梁启超的"三步读书法"，也体现了这一阅读要诀："第一步是鸟瞰。把文章浏览一遍，了解文章写些什么，并把文章的重点、难点找出来。第二步是解剖。揣摩文章是怎样写的，尤其是对文章的重点、难点细细探究，由表及里，抓住精髓。第三步是会通。就是把全文综合起来，融会贯通，并根据文章的背景和作者情况探究文章的成因，以便对文章有更透彻的把握。"独立阅读能力对学生主观方面的要求是："善于发现问题、提出问题，对文本能做出自己的分析判断，努力从不同的角度和层面进行阐发、评价和质疑。"这里强调的是阅读的主体性和多元化。长期以来，我们的阅读教学基本上尊奉的是求同思维的原则，我们习惯于对一篇课文得出若干共同性的认识，追求结论的确定性、明确性，这自然是需要的；问题在于，文本本身是一个极其丰富复杂的世界，有的文本特别是文学作品，更具有开放性，不是几个简单的概括性结论可以包容所有的内涵，应该提倡多元思维。高中生的独立阅读能力，更应反映在对文本的多元解读方面。当学生凭借自己的经验积累和知识结构进行阅读时，实际上是在进行文本意义的再一次建构，就会发现问题，提出疑问，会对文本做出自己特有的分析和判断；而在群体的对话进程中，各种意见会相互碰撞、交流，学生的提问、质疑、反驳或批判，必然会形成对同一文本从不同角度和层面的理解，而这些理解往往从对文本的整体性透视而言具有不同层次的合理性。尤其对文学作品的解读，多元的理解也体现了文本自身具有的结构开放性和意蕴的丰富性及不确定性。以人物形象为例，如曹禺《雷雨》中的周朴园，就既是一个专制暴君、感情骗子、唯利是图的资本家，又是一个家庭中的严父、不乏深情的男人、命运的弃儿，我们不能用简单的逻辑分析去确定一种理解角度，得出一个抽象的结论，作为标准答案。

为了防止离开具体文本进行所谓的分析，阅读活动应该要落实到语言层面，所以课程标准进一步提出："根据语境揣摩语句含义，运用所学的语文知识，帮助理解结构复杂、含义丰富的语句，体会精彩语句的表现力。"在具体的阅读教学中，脱离语境架空分析的倾向还是存在的。例如在此次课改中，人们开始重视跨学科的学习，教材也相应地增加了科普文章的选入，有的教师在教学过程中花了大量时间介绍科学术语和相关知识，并采用了许多教学手段，离开文本，脱离对文本语言的探究，语文课上成了科学课。还有一种情况在课改中也时也有出现，在学习文学文本时，实施研究性学习，师生往往热衷于对一些思想观念的话题讨论，也就是说集中于文本内容和精神的层面，却始终徘徊于文本语言之外。语文姓"语"，文本的任何价值均应通过语言得以实现，要让学生感性地接触作品。

第3条目标强调的是阅读活动中的个体差异，即生活经验、知识积累、对事物、对文本的感受和体验肯定是因人而异的。阅读具有内省性，即重在感受和体验，学生面对教材文本，就会接触到题目、作者、题材、体裁等，对文本展现的内容、社会生活、思想感情，或者情节、场景、人物性格和命运等，产生迫切求知的心理，这就是常有的阅读期待。当学生的期待世界与文本之间产生背离时，会产生浓厚的阅读兴趣。当学生不满足于一般的理解性阅读，会对自己的阅读过程和自己的理解进行再思考，这就进入了阅读反思阶段；更高的阅读境界，自然是探究性阅读和创造性阅读。这条目标从个性化阅读，进一步指向创造性思维的培养。探究性阅读和创造性阅读，必须以理解性阅读为基础。这里的关键是，探究的问题是从既定文本出发，有所发现，有所质疑，还是从某些原则或公式出发？有的学生在学习《鸿门宴》一文时，对课文提出了几点质疑，实际上指出了作者运用虚构手段带来的三处漏洞，表现了极为可贵的质疑精神，而这种质疑是以对文本的细读功夫为前提的。有的教师在教学一篇题为《父母的心》的课文时，提出了三个思考题：你觉得父母对孩子的爱和孩子的爱之间可以画等号吗？如果你家很贫困，有富人家要收养你，你愿意吗？你嫌弃过自己的家庭，讨厌过自己的父母吗？这样的"牵引"，主观意图虽好，但游离阅读文本的主题，又脱离学生的经历和思想，实在既无必要，又难以回答。如果学生能联系自己的生活经验、思想情感，或者已经积累的阅读体验，从文本中激发出新的想象和联想，对文本的意义加以适当的引申，进而赋予其新的意义，这应该说是符合创造性阅读要义的。但如把创造性阅读理解成不顾作品的基本意义而随心所欲地进行解读，则是一种要不得的"过度阐释"。

第4条目标主要涉及以下三方面的内容：关于阅读文本的类别，过去的高中大纲提到的"比较复杂的"记叙文、说明文、议论文，以及文学作品。这分类固有其历史的合理性，但毋庸讳言，它也在一定程度上造成了阅读教学的固定套路，至于什么是"比较复杂的"，恐怕也很难把握。现代思维科学理论把人的思维大致分成三个基本层面，即分析性思维、创造性思维、实用性思维，与之基本对应的语文能力，应该是探究能力、审美能力、应用能力，那么在阅读中，根据文本涉及的思维特征进行分类，可以尝试分为论述类文本、文学类文本和实用类文本。这是从能力层面和思维特征的角度对文本进行综合性分类，我们认为比较符合高中阶段的要求。当然，三类文本与三种思维能力不能机械地加以对应，三类文本只是一个大致的分类，三种思维能力也不是截然分离的，所以只能说各有所侧重而已。

不同类型文本的阅读教学，应该各有重点。这在"教学建议"部分有相关表述：阅读论述类文本，教师应引导学生把握观点与材料之间的联系，着重关注思想的深刻性、观点的科学性、逻辑的严密性、语言的准确性，着重在培养学生的概括、提炼、分析、判断、综合等抽象思维能力；阅读实用类文本中的新闻，应引导学生注意材料的来源与真实性、事实与观点的关系、基本事件与典型细节、文本的价值取向与实用效果等；常用应用文教学，应主要借助文本示例来了解其功能和基本格式，以学生自学为主，不必作过多分析。对文本内容的准确解读和对文本信息的筛选处理能力显得尤为重要。

关于不同类型文本的阅读方法，目标强调的是根据不同阅读目的，针对不同阅读材料加以选择，注重精读、略读、浏览、速读等多种方法综合的、灵活的运用。

第二节　阅读教学必须坚持四个主体性的统一

在当前的语文阅读教学改革中，人们开始重视学生学习的主体性，但与此同时，也有将学生学习的主体性绝对化的倾向。语文教学活动必须同时坚持四个主体性：文本作者的创作主体性，授课教师的教学主体性，学生的学习主体性，教材编者的编辑主体性。脱离开文本作者的创作主体性、教材编者的编辑主体性和授课教师的教学主体性，学生的学习主体性是无法得到真正发挥的。

一、文本作者的创作主体性

什么是文本作者的创作主体性？就是课文作者有自由表达自己的思想感情的权利，他对自己的作品是有主体性的。也就是说，任何一篇课文的作者都不是为了我们现在教师的"教"和学生的"学"而创作的，而是为了在自己的语境中向自己所实际面对的对象或自己假想的读者去表达自己真实的思想感情而创作的。直接为了我们现在教师的"教"和学生的"学"而写作的课文不是没有，但那是极少数，并且多数不具有经典性。经过时间考验的经典性的课文几乎都有不同于我们现在的语境，不同于我们现在的教师和学生的读者对象。杜甫的诗不是直接写给我们当代人看的，莫泊桑的小说不是直接写给中国人看的，鲁迅的杂文也不是专门为教学而创作的。我们为什么还要学习它们呢？因为既然是学习，就不是仅仅重复自己已有的思想感情和话语表达形式，而是要通过对别人思想感情的感受和理解，扩大自己的思想视野和情感感受的范围和深度。我们不必成为屈原，但必须能够感受和理解屈原；我们不必成为鲁迅，但我们必须能够感受和理解鲁迅。正是在这种感受和理解的基础上，我们才能不断扩大我们感受和认识的范围，才能学习到表达各种可能产生的思想感情的语言艺术形式，我们的人文素质和语文素质才会得到持续的提高。在这里，尊重课文作者的创作主体性是我们能够主动感受和理解课文的基本前提，也是正确发挥教师的教学主体性和学生的学习主体性的唯一途径。

尊重文本作者的创作主体性对于授课教师而言，就是要求教师不能脱离文本本身仅仅向学生灌输自己的思想和感情以及自己希望学生具有的思想和感情，就是要求教师必须在作者与其实际的或假想的读者对象之间的关系中、在作者及其所处的具体的语言环境中充分理解并体验作者通过文本所表达的思想感情，以及文本语言作为这种思想感情的载体的作用。教师的主体性是有一个限度的，是有一个发挥空间的，它必须接受作者的主体性为它设定的这个特定的空间，必须避免那种离开文本本身许可范围进行纯属于自己天马行空般的自由发挥，必须避免那种脱离开对文本作者的基本理解而进行的不着边际的思想批判和艺术挑剔。教学过程不仅是学生不断成长的过程，也是教师不断丰富和发展自己的过程，教师对文本作者、对学生始终保持一种开放的心理态势是教师在教学过程中不断得到丰富和发展的基本前提条件。教师的批判性思维不能建立在对作者的主体性漠视的基础上，必须建立在对文本作者主体性尊重的基础之上，必须建立在对作者所要表达的思想感情的充分理解的基础之上。理解同时也是一种批判，理解就是理解文本作者的特定性，理解文本所表达的思想感情的特殊性，理解的精确度同时也标志着批判的精确度，理解的深度同时也标志着批判的深度。批判是有各种不同的层次的，那种笼统的批判只是一种极低层次的批判。我们可以用保护自然动物的需要批判施耐庵的《武松打虎》，可以用唯物主义思想批判蒲松龄的《画皮》，可以用儒家的入世观念批判陶渊明的《桃花源记》，可以用道家的出世观念批判杜甫的《三吏》《三别》，可以用卡夫卡的现代主义批判巴尔扎克的现实主义，可以用巴尔扎克的现实主义批判卡夫卡的现代主义，但所有这些批判都是毫无意义的批判，它造成的是思想懒汉的作风，是自我心理的狭隘性和封闭性，是自我个性和基本批判能力的丧失。这种批判从根本上否定了文本作者表达自己对社会人生的感受和理解的权利，否定了他们在自己特殊的语境中表达自己真实的思想感情的权利，从而也抹杀了文本自身的意义，把文本语言关闭在了自己所应当感受和理解的语言范围之外。实际上，这不是真正的科学的批判意识，而是"文革"及其以前流行的所谓大批判意识。这种大批判意识的一个根本的标志是批判者根本不想以平等的态度努力地感受和理解文本作者力图表达的思想和感情，不承认他们对于他们自己作品的主体性地位，而是千方百计地把自我凌驾于文本作者之上，并以自己的主观好恶否定作者自由表达自己思想感情的权利。这样的教师是不可能通过教学不断提高自己的人文素质和语文素质的，也是不可能在学生人文素质和语文素质的培养中起到应有的先导作用的。

尊重文本作者的创作主体性，对于学生而言就是首先要把自己放在"倾听者"的地位上而不是"评判者"的地位上，努力感受和理解文本作者所要表达的思想感情并在这种感受和理解的基础上发现文本本身的美，进而从美感中感到趣味。语文教学要有趣味性，但语文教学的趣味性与娱乐活动的趣味性是不同的。平时的娱乐活动是在趣味的基础上感到意义，语文教学则是在感到意义之后才更感到趣味。娱乐活动本身的目的就是娱乐，只要达到娱乐的目的就起到了娱乐活动的作用，意义是为了增加乐趣感，而不是乐趣感是为了增加意义感，而语文教学的目的则是学生人文素质和语言素质的培养，在尽可能短的时间内提高学生的人文素质和语言素质，是对语文教学的根本要求。不断把学生带入一个新的思想和感情的空间，使学生感受和体验平时极少可能直接感受和体验到的事物，掌握表达这样一些新的感受和体验语言和语言形式，则是语文教学的基本原则。这样，学生所学课文就不像休假日逛动物园那样，是在纯粹的事先的趣味驱动下的行为。学生在学习一篇课文之前就要求这篇课文的趣味性，或者教师要求语文教材的编写者必须把课本编得像电子游戏那样能够吸引学生主动去学习，这些都不是一种合理的要求。学生学习的主体性不是建立在刹那乐趣感的基础上，而是建立在成长的乐趣之上。只要学生能从语文教学中不断感到自己的成长，感到自己感受、理解范围的扩大和感受、理解能力的提高，感到自己运用民族语言表达自己思想感情的能力的提高，他们就会在语文教学中感到乐趣。成长的乐趣同游戏的乐趣同样是人的本能的要求，语文教学的人性基础是建立在这种成长的乐趣之上的。在具体地阅读文本之前，在教师没有帮助学生克服感受和理解文本的困难之前，学生是不可能感到像范仲淹的《岳阳楼记》、鲁迅的《孔乙己》、都德的《最后一课》等课文的趣味性的。但也正因为如此，需要教师的"教"。通过"教"，学生有了感受，有了理解，感到了这些作品的美，并在这美的感觉中感到了乐趣。这种乐趣是建立在美感基础之上的，因而是高雅的趣味，而不是低俗的趣味。人文素质的提高就在这高雅趣味的感受和建立中，语文素质的提高也在这表达高雅趣味的语言能力的提高中。学生学习的主体性是主动感受和理解文本作者的思想感情、熟悉和掌握文本中的语言的主体性，是在尊重文本作者主体性的基础上形成的，而不是让所有的人都必须满足自己刹那的乐趣感和那种享乐者的主体性。语文教学是"教"孩子，和不是"哄"孩子；是为了学生的"成长"，而不是为了学生的"享乐"；是为了学生成长为一个高素质的社会公民，不是为了他们成长为说一不二的专制霸王。通过不断了解别人、感受别人、理解别人而不断充实、丰富、发展自我，是学生成长的主要形式。文本的作者就是他们了解、感受和理解的一个个对象，并且是由教材编写者在大量人类的、民族的文化成果的基础上选择出来、认为更有利于他们成长的对象。假若学生对这样一些对象的主体性都没有起码的尊重，都不想主动去感受和理解，他们对现实社会的绝大多数人的主体性也就不会有起码的尊重，他们也就会把人类在几千年间积累起的各种文化成果拒之门外，这对他们的成长是极为不利的。我们需要培养学生的批判意识，必须是在充分尊重文本作者的主体性、充分理解文本所要表达的思想感情的基础之上的批判意识。学生首先要学会"倾听"，然后才能学会独立思考和独立评判。一个儿童的语言能力的提高是在经常倾听成人间的对话或与成人对话的过程中实现的，语文教学之所以能够起到尽快提高学生人文素质和语文素质的作用，主要是因为语文教学为他们提供了经常"倾听"文本作者与其直接的或假想的读者进行的书面文字交流和经常倾听教师与他们的直接对话的缘故。学生也要说，也要参与，但除了学生的作文之外，在课堂教学过程中，他们的参与也是为了更好地听，听得更清楚、更明白，听到更多的、更有意义的话。文本的作者是说者，学生是听者。学生是在听的基础上说，而不是在说的基础上听。这个基本的关系是不能颠倒过来的，否则对学生学习主体性的发挥是没有好处的。

二、授课教师的教学主体性

什么是语文教师的教学主体性？那就是语文任课教师有根据自己对文本独立的感受、体验和理解并解读文本和独立地组织语文教学的权利。语文教师不能无视文本作者在自己的语境中真实表达自己的思想和感情的权利，不能脱离开文本的具体内容对作者的写作进行刻意的挑剔和不切实际的批判，但每一个读者都有在自己的人生经历和生活体验的基础上感受和理解文本的权利，一个文本是无法脱离开读者的接受而独立存在的，它激发读者的想象，产生各种可能的联想，从而和读者本人的人生经历和人生体验发生直接的关系，起到感染人、影响人的思想和感情的作用。语文教师也是这样一个读者，并且理应是一个对课文有着更丰富的体验和更细致的感受的读者。他怎样具体地感受和体验这个文本，是任何一个其他人都无法完全代替的。在教学过程中，一个教师只有以自己真实的感受和认识解读文本，才能起到将这个文本的文字激活，使之成为一个活的语言肌体的作用。尊重语文教师教学的主体性，首先要尊重语文教师在课堂上以自己真实的、独立的感受和体验分析并讲解文本的权利。现在，我们常常说要解放学生，但我认为，要解放学生，首先要解放教师。假若连教师也没有以自己独立的、真实的感受和体验分析并讲解文本的自由，学生的自由又从哪里来？教师怎么会允许学生有真实的、独立 感受和理解文本的自由？我们必须意识到，不论教学参考书对文本的讲解多么地准确和具体，不论专家和教授对文本的研究和分析多么地细致和深入，教师都必须通过自己的感受和理解这个无法逾越的中介，才能具体地进入教学过程。离开这个中介，要求语文教师照本宣科地把结论传达给学生，并让学生准确无误地死记住这些结论，都是对语文教师主体性的漠视和侵犯，也是对学生学习主体性的残害和摧残。在这时，文本的语言实际还是一些死的文字，还不是一个活的语言的肌体。这对于学生，也是有极其重要的意义的。学生要学习，更要深入地感受和理解一个文本，首要的条件就是他要尊重文本作者的主体性，愿意切实地感受和理解作者通过文本所要表达的自己的思想和感情；其次就是要尊重任课教师的主体性，愿意感受和了解语文教师对这个文本的感受和理解，并以此为基础深化自己对于文本的感受和理解。在这里，我们必须指出，培养学生的批判意识，绝对不是主要通过对文本以及文本的作者、对教师以及教师的讲解的批判进行的，而主要是通过学校教育提高学生的人文素质和语文素质，从而使学生对现实社会生活中诸多不合理的现象和不健康的语言习惯具有批判的意识和批判的能力。为了这种批判意识的建立和批判能力的提高，对文本以及文本作者、教师以及教师的讲解则要有感受和理解的强烈愿望。只要有了感受和理解的强烈愿望，学生就不会盲从书本、盲从教师，而是敢于提出问题，寻求更深入的感受和更切实的理解。这与先就带着批判意识面对课文、面对教师是完全不同的两回事情。

语文教师的教学主体性还表现在语文教师组织教学的主动性和自由性上。在现代社会，教育已经成为一个广大的社会事业，社会对教育的研究也越来越深入、越来越具体，各种各样的教学理论被创造出来，各种课堂教学的经验被介绍出来，这对语文教师提高语文教学的质量无疑是有促进作用的，但所有的这一切，都必须通过教师本人的接受和理解，都不能代替教师在组织教学活动中的主体性地位。如上所述，教师对文本的感受和理解是在自己人生经历和人生体验的基础上进行的。一千个读者就有一千个哈姆雷特，他们都尊重莎士比亚的创作主体性，但他们又各有自己独特的人生经历和人生体验，他们进入莎士比亚戏剧世界的途径和方式是各不相同的。我们不能企望一个中国的教师和一个英国的教师会以相同的形式进入莎士比亚的戏剧世界，也不能企望他们对莎士比亚戏剧的感受和理解会是完全相同的。这样，如何让学生感受和理解教师对莎士比亚戏剧的感受和理解，其途径也不会是完全相同的。与此同时，不同的语文教师有不同的特长，积累起的教学经验也是各不相同的，他们面对的是各不相同的学生，有着各不相同的语言文化背景。所有的这一切，都意味着他们不能照搬任何一种固定的教学模式，不论是社会还是学校的领导，都要尊重语文教师组织教学活动的自由性，不能用任何固定的教学模式和别人的教学经验将语文教师的手脚捆死。语文教师的教学要重视整体效果，不能只重外部的形式，要让教师充分发挥自己的特长，从而也把自己的特长转化为学生的特长，不能一刀切。条条大路通罗马，课堂教学是不能千篇一律的，是不能把任何一种固定的模式绝对化的。否则，语文教师在课堂上好像是在背一篇自己没有背熟的文章，唯恐自己忘了什么，唯恐自己出了差错，没有一点自由的感觉，他的教学语言活泼不起来，生动不起来，学生怎能感到趣味？学生学习的主体性怎能得到发挥？在这里，需要着重指出的是，我们中小学语文教学改革要进一步引导学生尊重语文教师的主体性，引导学生养成在教师统一的组织下积极主动学习的习惯，要为教师提供组织课堂教学更大的自由度，而不能为教师主体性的发挥设置更多的障碍，更不能鼓励学生过多地干预教师的教学组织活动。我们既不能鼓励教师压学生，也不能鼓励学生压教师。教学活动，特别是语文教学活动，是一种最自由的活动，也是一种最需要自由的活动。最真实的语言，最美的语言，最有感染力的语言，都是在自由的心境中从人的真实感觉、感受和认识中流露出来的。教师有压力，就讲不好课；学生有压力，就听不好课。要使学生感到学习的趣味性，首先要使教师感到教学的趣味性。在课堂上，趣味感是在教师与学生的关系中产生的，任何一方趣味感的丧失，都会同时破坏双方的趣味感。所以，尊重教师在教学活动中的主体性，对于发挥学生在学习上的主体性是十分重要的。

三、学生的学习主体性

当我们意识到文本作者的创作主体性，语文教师的教学主体性和教材编者的编辑主体性之后，才能正确地理解学生的学习主体性。

什么是学生学习的主体性？那就是在学习过程中，具有主体地位的始终是学生。在这里，我认为包含着两个层次的含义：其一是全部的语文教学活动，从教学大纲的制定，到语文教材的编订；从教学参考书的编写，到语文教师的课堂教学，都必须落实到学生的"学"上，这都是为了尽快提高学生的人文素质和语文素质。不利于学生提高的太低俗的内容和形式固然是应当排斥的，太高远、为特定年龄段的学生所无法接受的内容和形式也是不适宜的。所有这些都不是为了做给社会看的，不是为了让成人社会感到满意的，而是为了有利于学生的学习和提高的。这一点，说起来非常容易，但是做到或基本做到是相当困难的。因为对我们的语文教学做出实际的评估并对从事语文教学活动的人做出实际的价值判断的不是学生，而是成人社会。成人社会如何评估我们的教学活动、如何看待一个语文教师的教学效果是制约我们教学活动的一个巨大的力量。对学生学习主体性的强调对于转变成人社会的教育观念是有积极意义的，它告诉我们不能依照自己的主观感受评价语文教学和语文教师的教学活动；而要从学生学习和成长的需要看待和评价这一切；我们不是语文学习的主体，学生才是它的主体。其二是在整个语文教学活动中，学生都是一个积极主动的参与者，而不是一个被动的服从者。这表现在学生与文本的关系中，学生不是被动地记忆、模仿文本作者的文本，而是站在与文本作者平等地位上努力感受和理解文本作者的思想和感情。学生作为这样一个读者不是被动的，而是主动的、积极的，他所感受和理解的已经不是文本中的文字本身，而是这个文本作者的思想和感情，这些思想和感情是与这样的文本一体共存的，是经过自己的感受和理解才从文本中发现出来的。离开他的主动、积极的参与就不会感受到作者的思想和感情。与此同时，他不但感到了作者的思想和感情，也感到了自己对作者和对作者文本的思想和感情。我们通过岳飞的《满江红》不但感受到了岳飞的爱国热情，同时也感受到了对岳飞爱国热情的敬仰和崇敬，感到了岳飞《满江红》这首词的美。这都是主体参与的结果。没有参与，就没有这些丰富的感受和理解，文本的文字就仍然是一堆死的文字，它们也不会转化为学生的语言，学生的语文素质。这表现在学生与教师的关系中，就是学生不是简单地接受教师的讲解，而是感受和理解教师对文本的感受和理解，并通过感受和理解教师而更深入地感受和理解文本和文本作者的思想和感情。他感受和理解了教师对文本的感受和理解，深化了自己对文本以及文本作者的感受和理解，但这种感受和理解既不完全等同于文本和文本作者的自身，也不等同于教师和教师对文本的感受和理解。实际上，这才是我们常说的学生个性的培养，学生的个性不是一朝一夕就可以形成的，只要有了这种主动参与的精神，学生的个性就会逐步地鲜明化，有了个性，也就有了批判意识和批判精神。所有这一切都是学生主体参与的结果。没有学生主体的参与，不论是文本还是教师的讲解，都是外在于他的心灵的，文本的语言和教师的语言都不会转化为学生自己的语言。为此，我们就要调动学生在学习中的主体参与精神，使学生在整个教学活动中都感到自己是自由的、主动的、积极的，至于怎样才能调动学生的主体参与精神，这就需要发挥教师在组织教学活动中的主体性，在文本、教师和学生这三个活的关系中具体地组织课堂教学。

　　我们不妨从语文教育与社会文化的关系上感受一下语文教学中前三个主体关系问题的重要性。

　　不仅在语文教学活动中有这三个主体的关系的问题，在整个社会上，也有这三个主体的关系的问题。语文教学中的文本，实际上是人类和民族的文化遗产。它是过往人类创造的文化成果。它们的创造，体现的是它们的创造者的主体意志和思想愿望，他们对于他们的创造物是有主体性的。我们要感受和了解文化遗产的价值和意义，主要不是从它对我们现实人的直接使用价值来判断、来衡量，而更应当从它对当时社会、当时人的作用和意义来衡量。在这里，重要的不仅是这种遗产本身，更是它的创造者的创造精神和创造过程。一代代的人要得到更迅速的成长，是不可能一切从头开始摸索和创造的，必须首先了解过往人类的创造成果和创造过程。担负这种文化传承任务的是现实社会中的知识分子，他们的任务更接近语文教学中教师的任务，而从事现实社会各项具体社会事业的社会成员则需要掌握过往人类创造的文化成果，他们要通过现代知识分子的著作了解和掌握有关的文化遗产，以具体地从事社会的各项事业，他们在这种文化传承的关系中更接近语文教学中的学生的位置。在这里，也就有了社会文化中的三个主体的关系问题。这里有三个主体，而不是一个主体，这三个主体是有差异、有矛盾的。传统文化的创造者的主体性假若压抑了现实社会知识分子和一般社会成员的主体性，传统文化的创造者就被神圣化、绝对化了。在这时，现实社会的人就成了传统文化的俘虏，文化遗产表面上得到一代代人的传承，但一代代人却失去了传统文化创造者的创造精神，它所导致的是现实文化的衰弱和现实社会人的主体性地位的丧失。但是，假若现代社会的知识分子并不尊重人类的、民族的文化遗产，并不尊重过往人类的创造意志和创造精神，并不想感受和了解这些遗产是怎样被前人创造出来的，而是一味根据自己现实的愿望和要求抹杀前人的创造成果，他们的创造性也是得不到发展的。这种仅凭自己的好恶否定一切人类遗产的虚无主义态度，同时也意味着对自我以外的所有人的主体性的蔑视，意味着把其他社会成员都置于自己奴隶者的地位，它抹杀了前人对于自己创造物的主体性地位，同时也压抑了自己文化的接受者的主体性地位。这正像一个教师既不想切实地感受文本自身的意义和价值，也不承认学生在学习中的主体性的地位，蔑视一切，否定一切，打倒一切，只把自己的话当作圣旨。在这时，现实社会表面上有很繁荣的文化，知识分子编织着五花八门的理论，但这些理论却不是从他们对社会人生的感受和理解中产生出来的，而是从与别人对着干的方式中产生的。你说向左我向右，你说向右我向左；你讲唯物我唯心，你讲唯心我唯物，其实他自己是什么思想也没有的。这样的文化只是知识分子的花架子，它无法转化为促进整个社会和社会思想发展的力量。但是，广大社会成员的主体性也不能无视人类文化遗产的创造者的主体性，不能抑制和窒息了现实社会知识分子的主体性。在这时，整个社会陷入愚昧和盲目，否认知识，否认文化，否认历史，否认知识分子的社会作用；把狂妄当个性，把蛮干当创造，把迷信当信仰；整个社会陷入"盲人骑瞎马，夜半临深池"的盲目状态。以上这三种社会状态是我们都经历过的，我们应当吸取这些历史教训。人类社会发展的主要机制不是来自这三种主体性中的任何一种主体性的片面发展，而是来自这三种主体性的相互制约和相互促进。

我们说人文素质的提高是语文教学的首要任务，而在语文教学中始终坚持上述三个主体性，使学生在尊重历史文化遗产创造者的主体性和语文教师的教学主体性的同时坚持自己在学习和成长中的主体性，承认别人的个性，发展自己的个性；承认别人的自由，争取自己的自由，则是学生人文素质提高的根本标志，而在这样一种人文素质提高的过程中重构自己的语言系统，则是学生语文素质提高的基本途径。

四、教材编者的编辑主体性

最后，我们简单谈一下教材编者的编辑主体性。阅读教学因为有一个阅读教材的问题，所以教材编者也是阅读教学活动中的主体，他们对编辑教材是有主体性的，只不过这个主体是隐性的。这种主体性表现在编者对教材作品的选择和编辑有自己理解和表达的权利。但这种主体性也非绝对个人意志，编者首先要明白，编写教材是为教师和学生服务的。也就是说，他们对教材的加工都是为了学生的"学"和教师的"教"，是为师生了解文本作者所表达的思想感情而服务的。同时，作为读者，教材编者的主体性虽有一个发挥的空间，但也是有一个限度的，它必须接受作者的主体性为它设定的这个特定的空间，必须避免那种离开文本本身许可范围进行纯属于自己的天马行空般的自由发挥，必须避免那种脱离对文本作者的基本理解而进行的不着边际的思想批判和艺术挑剔。

大家知道，巴金的《灯》曾作为高中语文教材的经典课文而长期被学生学习。课文的结尾有一句话："想着想着，我不觉朝着山的那一边笑了。"曾有语文教学参考书把"山的那边"解释成"解放区""延安"，理由是作者写于1942年的桂林，1942年是抗战时期，桂林属国统区，国统区的对面应该是"解放区""延安"。这是典型的望文生义，政治图解。这种脱离文本本身的许可范围而作的纯属于自己天马行空般的自由发挥，是对编辑主体性的亵渎。因此，教材编者对文本作者、对师生始终保持一种开放的心理态势是教材编写过程中不断得到丰富和发展的基本前提条件。

第三节 从技能训练到策略教学的发展趋势

培养学生的阅读能力的观点，从提出并受到普遍的重视，至今已有几十年的历史，其中进行了大量的理论探索和实验研究，也积累了丰富的资料。但是，我们不无遗憾地看到，今天学生的阅读能力并没有质的飞跃，20世纪70年代提出的语文教学"少、慢、差、费"的现象也并没有多少改观。面对这样的困境，我们不得不认真检讨语文教学的理论。我们阅读教学所依据的理论基础是什么呢？其合理程度如何？是否需要突破旧的理论框架，形成新的更合理的理论体系？

一、阅读教学的理论基础

我们首先回顾一下目前阅读教学所依据的理论基础。

教育实践总是受心理学的影响。不同历史时期的心理学思想和当时流行的教学实践有着紧密的联系。在20世纪二三十年代，心理学家桑代克把学习看作是条件反射的联系，这种思想导致了对人类技能和行为的心理学研究，出现了分技能的分析。到了20世纪50年代，受斯金纳的影响，教育心理学更注重行为和任务分析，布卢姆的掌握学习和行为纠正成为课程的组成部分。这种教学观和教学方法至今几乎还影响着所有的学校和所有的课程。

目前在学校流行的阅读课程就是建立在21世纪初期和中期的行为主义理论和目标人类学之上的。这些理论认为，阅读是一种能力，这种能力可以分解为译码和理解两大分技能，而理解分技能又可以分解为理清文章思路、概括主要观点等更小的技能。当把这些分技能一个一个教给学生后，就能提高阅读能力。这种观点的假设是，每一项技能是可以教给学生并被学生所掌握的，所有这些分技能的相加等于阅读能力。

从阅读是掌握一系列技能的观点来看，学习阅读就是学习一套分层级顺序的分技能，从而形成阅读能力，一旦掌握了这些技能，学生就能熟练地阅读文章。从这些观点来看，读者被动接受文章里的信息，意思存在文章本身，读者的目的是再造这些意思。

早在 20 世纪 50 年代，就有人对这种根据阅读过程进行行为主义分析得到的阅读技能提出怀疑。20 世纪 60 年代的认知研究，20 世纪 70 年代的元认知研究都形成新的思维模式。新的思维模式认为，思维的重要特征包括：策略（程序知识）、关于策略的知识和关于自我思维过程的知识（元认知）、关于世界的知识（即科学文化知识）、动机信仰、认知类型等，这些组成部分以交互作用的方式运行。而且思维的认知、元认知和社会情感这些特征都影响着课堂教学的运行，且都可以在教学中加以改变。认知理论为阅读教学提供了新的理论框架。根据认知和元认知理论而形成了阅读理解的认知观。这种观点强调阅读的交互作用特征和理解的建构特征。所有的读者，不管是初学的还是熟练的，都运用其头脑具有的原有知识，结合所读文章提供的线索以及阅读情景的暗示来建构文章的意义模式。按照这一观点，即使是初学的人，如果给他们所读的文章适合他们所具有的知识，也能熟练地阅读；相反，即使是熟练的读者，如果给他们一篇含糊晦涩的文章，他们也会像幼稚读者一样读不懂。因此，读者的两个重要特征（读者进行阅读时具有的知识与读者用来促进和维持理解的策略）形成了新的阅读观的重要因素。

学生用来理解文章的原有知识是最重要的。这些原有知识包括：与文章内容有关的知识，有关社会联系和自然界的总的知识，有关文章组织结构的知识。任何年龄和任何能力水平的读者都运用他们的原有知识作为滤波器来解释和建构所读文章的意思。他们运用这些知识去确定读物的重要性，去推理文章的中言外之意，去监控理解。

除了原有知识外，熟练读者还具有一系列灵活而恰当的策略。他们利用这些策略去理解文章和监控正在进行的理解活动。他们具有关于这些策略的知识。这些知识包括：陈述知识（策略特征是什么），程序知识（策略怎样操作），条件知识。

根据阅读理解的认知理论，有的教育工作者提出了阅读策略教学的观点。什么是策略教学？策略指的是认知策略，也就是用于完成学习任务的认知活动过程。所谓阅读策略就是指读者用来理解各种文章的、有意识的、可灵活调整的认知活动计划。所谓策略教学，是指通过教学提高学生对学习要求的意识，掌握和运用恰当的策略来完成学习任务，形成监控策略运用的能力。哈里斯和普雷斯利正是从建构意义的角度去描述策略教学模式的特征："好的策略教学不是死记硬背，学生不是仅仅记住策略操作的步骤和机械地执行这些步骤，策略教学更不是简单反复的操练。好的策略教学应使学生认识到运用策略的目的，策略怎样和为什么起作用，何时何地可以运用策略。在教学情景中指导学生充分练习直至掌握。而且，要引导学生积极参与对策略的评价、调控和整合，使之成为学习的主动者。这样，师生在教学中对策略就形成了新的认识。这就是策略教学的建构模式。"

策略教学成了近几年国际教育研究的热门领域之一，是许多课程改革的又一个突破口。而阅读策略教学则是策略教学研究中的重要课题，逐渐取代技能训练而成为阅读教学改革的新方向。因为，阅读策略教学比阅读技能训练具有更大的优越性。如上所述，技能训练观认为阅读是掌握一套技能。换言之，阅读能力是由一系列技能组成的，每一项技能就是高度定型的、几乎是自动化的行为，经过反复操练就可以掌握。而学生在学校中学习不好是因为缺乏某种技能，教学目标就是要增强这些技能。策略教学规则认为阅读能力是整体性的，阅读是读者的原有知识和文章的信息相互作用而建构文章的意义模式。熟练的读者运用他们的原有知识和灵活的策略去建构文章的意义模式，他们监控正在进行的理解，并在理解出现困难时改变策略。他们根据自己的知识水平选择、调整策略。因此，阅读是积极的过程。阅读能力的发展，是读者形成阅读策略来理解文章的过程。学生学习不好是因为不能根据学习任务选择恰当的策略和灵活运用策略，教学的目标是教给学生有效的阅读策略和怎样恰当地运用策略。两者之间有以下几点重要区别：

一是目的不同。策略强调读者有意识地详细地计划认知活动。优秀的读者要意识到并仔细计划运用什么策略、什么时候运用和怎样调整以适应不同的阅读要求。而技能则往往认为是自动化的习惯行为。

二是复杂程度不同。策略强调阅读是在整体理解的背景下进行推理去建构和重构文章的意义。而技能则把理解看作是一系列分技能的相加。

三是灵活性不同。策略具有广泛的灵活性和适应性，读者要调整策略以适应不同的文章和阅读目的。而技能，从教学来说，即使不是刻板的，也起码暗示一成不变的运用于所有的文章。

四是有无意识的区别。策略运用元认知意识。优秀的读者在阅读时能够意识道自己在做什么，理解是否正确，从而导致监控和调节。而技能则认为通过反复练习和训练，读者就能在阅读任何文章中自动地或下意识地运用技能。

五是读者观不同。阅读的技能把读者看作是被动的学习者，只要掌握一系列分技能，就能自动而习惯地把技能运用于所读的文章，从而获得理解。而阅读的认知规则把读者看作是学习的积极者。他必须把原有的知识和新的信息整合起来，必须灵活运用策略去促进、监控、调整和维持理解，从而达到建构文章的意义。

因此，阅读策略教学观比技能训练观更为教育工作者所接受，从而逐渐取代阅读技能训练，成为阅读教学的主流。

二、"阅读策略"教学

那么，阅读策略教学应教什么策略？国内外的理论和教学研究表明，下面的策略能够有效地促进阅读理解。

（一）确定重要内容（区分重要和非重要信息）的策略

熟练的读者往往根据阅读目的有区别地阅读重要的和非重要的信息。文章的重要内容可以从两个角度去确定。一是作者在文章中所表达的重要意思。好的读者比差的读者能够更好地判断作者写作的关键部分。好的读者是运用三种方法完成任务的：运用他们的丰富知识来理解和评价文章的内容；运用他们关于作者的看法、意图、目的等帮助确定重要内容；运用他们关于文章结构的知识帮助确定和组织信息。文章结构知识在帮助读者确定重要和非重要信息以及在组织和回忆信息具有特别重要的作用。能确定和运用文章上层水平结构的读者比不能运用的读者回忆的信息更多。二是读者所需要的重要信息。这和前者有时是一致的，有时又有区别。学校的阅读教学往往注重指导学生去确定作者认为重要的部分，而忽略确定读者认为重要的部分。

虽然传统教学没有直接指导学生该怎样区分重要和非重要信息，但研究表明通过教学可以使学生获得这一策略。而且，区分重要和非重要信息的能力可导致有效的理解。因此，这一策略是认知理论课程的主要组成部分。

（二）概括信息策略

概括信息策略是指在阅读中简明扼要地写出所读材料的内容梗概，它是对原读物的浓缩，反映了原文章的主旨。

阅读中运用概括信息策略，有利于促进分析加工和整合加工的认知活动。概括文章的信息需要对文章内容进行取舍和浓缩，取舍和浓缩文章信息的过程也就是对所读文章进行深入而全面的分析加工和整合加工，因此，它能提高读者对文章的理解和记忆。概括常常和确定重要信息混淆在一起。其实它是更广泛、更综合的认知活动。确定重要信息是概括的必要条件，但不是充分条件。概括信息的能力需要读者仔细审视文章的整体内容，区分重要和非重要观点，然后综合这些观点，写出代表原文主要内容的梗概。这是较难的认知活动。

概括也分为从作者的角度去概括和从读者的角度去概括。从作者的角度去概括是为了理解文章和回忆重要信息而进行的认知活动。因为这种概括只是概括者自己看的，概括的范围、数量、形式都比较自由。从读者的角度去概括是要求学生为具体的读者对象（家长、小学生、报纸等）去概括一本书、一篇文章。这就要求学生注意篇幅、结构、语言等问题，突出重要的信息。这是从理解变为写作。

要培养学生掌握和运用概括信息策略，必须在阅读教学中进行循序渐进的系统的概括策略教学。概括教学系统主要包括以下内容：概括句子，概括段意，概括文章部分内容，概括一篇文章内容，概括文章中心思想，概括一本书或几篇题材相同的文章内容。

（三）推理信息策略

推理是阅读理解过程的核心。所谓推理策略，是指读者在具体的语言环境中，运用自己的原有知识和文章提供的信息创造出新的语义信息。当读者建构文章意义模式时，他们运用推理去补足文章省略的内容。即使阅读最简单的文章，也需要进行推理。

阅读推理策略有三个特点：一是语言环境对阅读推理具有重要的影响。这是阅读推理和逻辑推理的根本区别之处。逻辑推理是形式推理，在所有情景中其推理过程和结果都是一样的。而阅读推理是心理语言学的推理，对情景具有高度的依赖性。相同语言内容处于不同的语言环境，其推理结果不一样。二是推理是文章提供的信息和读者原有知识之间相互作用的结果。首先，文章提供的信息引发出推理。其次，读者具有的原有知识决定着推理的丰富性和合理性。三是推理的结果是创造出新的语义信息。这新的语义信息既不同于文章提供的语义信息，也不是读者原有知识的翻版，而是一种创新，源于前两者，又高于前两者。

阅读中一般要进行的推理主要有两种。一是连接推理。这是指通过推理把文章不同内容联系起来。读者阅读文章总是从一句到一句，从一部分到另一部分，一边阅读，一边把文章的各个句子、各个部分的内容联系起来，形成文章内容连贯的整体意象。有时候，文章内容之间、部分之间的联系是明显而直接的，这时候读者很容易把它们联系起来构成整体意象。但有时候，文章没有提供内容之间直接而明显的联系的信息，这时读者必须通过推理创造出一些新的信息，把文章不同部分的内容联系起来，形成整体意象。否则，对文章的理解就会出现断裂现象，只能获得支离破碎的语义片段。二是阐释推理。这是指通过推理把文章没有明说的内容阐释清楚，从而对文章的理解更为丰富、全面而深入。文章有的内容写得微妙而隐晦，要理解这些含蓄的语言，需要进行阐释推理。

因此，在阅读教学中，必须教学生学习推理策略，促使学生把原有知识和文章的知识整合起来，获得对文章丰富而深入的理解。

（四）质疑释疑策略

教师提问一直是阅读教学的主要方法，而学生提问则很少运用。在阅读中进行质疑和释疑是促进理解的有效策略。因此，引导学生掌握质疑释疑策略对培养学生的阅读能力具有十分重要的意义。

首先，质疑释疑在阅读中起到导向的作用。人们阅读文章时，不可能对文章中每一词语、每项内容都进行同等深度的信息加工，而是选择对文章某些部分（如重要内容）作精细加工，对另外一些部分（如次要细节）作粗略加工，甚至忽略不做加工。阅读中的质疑释疑正是把注意力引导到为完成学习任务所需要深入加工的信息之上，使信息加工更有效。

其次，质疑释疑可以促进积极的信息加工活动。学生阅读时提出问题，尤其是提出需要综合文章内容的问题，更能促使学生积极地阅读，启动和促进各级水平和各种方式的信息加工，从而成为积极的理解和独立思维的学习者，提高对文章的理解和记忆水平。

再次，质疑和释疑可以提高学生的元认知能力。优秀的读者在阅读中具有良好的元认知能力；他们有明确的阅读目的，知道为了实现目的应该做什么和怎样做；他们能够监控自己理解的状况，当遇到理解困难时能采取必要的修正策略。但是，一般学生，在阅读文章时，往往没有明确的阅读目的，也不知道自己阅读完后对文章是否理解和理解的程度如何。学生提出问题和寻找问题的答案，可以显示自己对文章的理解状况，以便于进一步地调整阅读认知活动。当学生不能回答问题时，学生再次加工相关信息，从而促进理解。这往往要运用往回看的策略，仔细阅读包含答案的部分内容，或综合各个部分的内容形成答案。有的学生缺乏这种策略。因此，引导学生运用质疑释疑策略，是培养学生元认知能力的关键一步。

最后，质疑释疑有利于激活学生的原有知识，从而加深对文章的信息加工。如前所述，学生原有知识影响着他们对文章的理解。学生缺乏恰当的原有知识会难以理解文章的内容。但学生有时形成阅读理解的困难，不是因为缺乏原有知识，而是因为没有激活相应的原有知识。因此，学生在阅读中通过恰当的提问，来唤醒头脑中储存的相关概念和经历，用来解释和重组所读文章的内容，使所读的内容更富于意义，从而提高对文章的理解和记忆。

（五）监控理解策略

好的读者比差的读者阅读得更好，不仅在于对文章的理解结果更全面、更深刻，而且在于阅读时对策略过程的监控和调节。监控理解策略主要包括：一是定向。在阅读前，通过分析阅读要求、读物特点、学习环境来确定阅读目的，以便按照目的来引导信息加工，这是成功阅读的前提。好的读者和差的读者的一个明显差别是阅读目的是否明确。二是计划。这是选择适合阅读目的、读物特点和自身特长的阅读策略，使阅读活动能顺利地进行。好的读者能够灵活地运用策略。他们在不同的情景中运用不同的策略，能够根据文章和任务要求调整策略。如要求学生回答问题时选择三种策略中的一种，这三种策略是：从文章中直接找答案、综合文章内容、运用原有知识。好的学生能更好地选择恰当的策略，差的学生趋向于运用唯一的策略回答问题。他们呆板地运用简单的文章匹配或尝试回答策略。三是检查。检查是否理解所读文章的内容。阅读有时会出现对所读内容不理解的现象，对于大多数读者来说，下面两种情况会使文章信息难以理解：缺乏理解文章所必需的知识；原有知识和文章信息产生矛盾（如自己常识错误、自己的认识模糊、文章信息含糊或差错等）。好的读者能够意识到他们的理解和所建构的文章意义模式产生了矛盾；差的读者却很少意识到理解的障碍。四是调节。这是根据理解情况来调整阅读策略，改变注意程度和阅读速度。换言之，当发现阅读困难时知道采取什么补救措施。好的读者监控自己的理解，当遇到问题时知道做什么。在监控中他们预料可能出现的问题，并采取行动去解决问题。差的读者很少意识到理解时所存在的问题，即使意识到问题也没有能力去解决问题。五是评价。就是阅读结束后评价自己的理解程度，了解认知活动的结果是否达到目的，以获取反馈信息。总的来说，监控理解最主要的两个组成部分：意识到理解的正确性和深度，以及当发现理解失败时知道做什么和怎样做。指导学生掌握监控理解策略是阅读教学的一个重要内容。

（六）激活原有知识策略

阅读认知过程的一个重要信息加工方式是同化加工，即读者利用原有知识去解释、消化文章的信息。因此，学生在阅读前是否具有恰当的原有知识，在阅读时能否激活这些知识影响着他们对所读文章的理解和记忆的程度。激活原有知识对阅读认知过程的重要作用主要表现在以下几个方面：在阅读前激活原有知识，能使学生产生阅读期望或图式。例如，新学期开学一般包括迎接新生和开学典礼等热烈场面，学生阅读有关新学期开学的文章时会期望文章可能包含这些内容，这种期望会引导学生阅读时注意与期望相联系的内容，便于对这些信息进行迅速而深入的加工。阅读时激活原有知识，能使学生运用原有知识来补足文章里省略的信息。原有知识主要表明世界生活是什么样子。对文章的理解，首先是利用原有知识去解释文章提供的信息所反映的世界生活情景，例如，有的人看到"玻璃杯掉到地上"的句子，他们就像听到"嘣"的一声响，看到了满地玻璃碎片的情景，这是对文章进行分析和整合加工时利用原有知识去重构世界生活情景的结果。其次，文章部分之间的联系也是利用原有知识去推理出来的，有的句子、有的部分，表面上看毫无联系，但经过原有知识的消化，它们内在的意义联系就显示出来了。这是因为人们具有丰富的有关世界生活的内容及其联系的知识，这些知识可以把分开的信息项联系在一起。文章部分间的联系只有在原有知识的帮助下才能建立起来。阅读后激活原有知识，能促进学生对文章内容的回忆。例如，阅读一篇有关婚礼的文章，具有这方面知识的学生能运用原有知识形成的图式引导记忆搜寻。

虽然学生的原有知识对理解文章起着关键的作用，但原有知识与理解之间的关系并不是简单而垂直的。有时原有知识没有激活，因此不能用于理解过程，这时对文章的理解只能进行不完全的分析加工和整合加工，学生被动地接受文章提供的信息，往往容易形成死记硬背的学习方式。有时原有知识不完善、零碎、肤浅，这时学生对文章提供的信息的解释和消化会产生困难，甚至造成错误的解释。有时原有知识和文章提供的信息产生冲突，这时学生原有知识的影响可能处于优势而根据原有知识去歪曲、排斥文章的新信息；或者文章新信息包含充分的理由和证据足以说服学生修改原有知识，接纳新的信息。也就是说，原有知识既可能促进阅读理解，也可能妨碍阅读理解。

总之，学生理解文章的内容，主要依赖于自己的原有知识与要获取的新信息的交互作用。当原有知识没有激活时，或原有知识出现缺乏时，阅读理解往往是肤浅的，甚至没有发生。因此，在阅读教学中引导学生调动他们的原有知识和生活经历来解释和消化文章内容，具有重要意义。

以上所列举的只是一些经过理论分析和实验检验后行之有效的阅读策略，尚有许多阅读策略有待进一步研究。

第四章　语文写作教学

写作是语文课程的重要组成部分。关于这一点，《九年义务教育语文课程标准》和《普通高中语文课程标准》都作了强调："写作是运用语言文字进行书面表达和交流的重要方式，是认识世界、认识自我、进行创造性表述的过程。"写作能力是语文素养的综合体现。语文教学应重视写作教学，使写作更好地为学生的学习、生活和将来的工作服务，真正做到"易于动笔，乐于表达"。

第一节　写作教学概述

学生的写作过程，表现为一个复杂的心理过程，它涉及学生掌握的词汇量、句子、语段组织能力、知识质量、观察能力、情感态度、思维品质和价值取向等多种内在因素，并经历从构思、起草、修改、定稿这样一个不断循环往复的过程。写作的特性，使得写作教学具有相当大的难度。如果我们把写作的能力比作"海"，课堂教学只能取其中"一瓢"而教。因为课堂教学内容和时间的有限性与作文能力培养的复杂性之间的矛盾，如何提高写作教学的效率，成为世界各国写作教学研究的难题。比如，研究者发现，知识是写作过程中一个非常关键的要素。除了知识在写作中具有原材料的功能之外，研究者还发现，知识在写作过程中能引导对写作主题的理解，它还与结构策略、修辞技巧、语言技巧、读者意识等相关。但是，语文课堂上的写作教学，不可能负载这样的教学重担，把学生写作所需的百科知识教给学生。从这个意义上讲，写作教学如果离开了学生自己主动的学，尤其是学生自己对百科知识的主动摄入，不可能摆脱纯粹技术的低效操练。

因此，必须思考这样一个问题：在课堂上，教师应该教给学生哪些有效的作文知识？换句话说，在写作所需的全部知识中，哪些是教师在课堂上应该教而且可以教的知识？对于这个问题的认识，影响着课堂作文教学的目标、内容和方法，左右着语文教师对教材的把握、对学生作文的评价，也左右着师生对作文的情感和态度。

下面简单概述 1904 年语文独立设科以来写作教学演进的轨迹，以写作知识及其呈现方式为叙述的中心。在概述之前，先对语文教育的历史分期作扼要说明。关于语文教育的历史分期，有诸多不同的意见。本章仅取其中较流行的一种分法，将我国语文教育分为三个历史时期：传统语文教育时期、现代语文教育时期、当代语文教育时期。以这三个历史阶段为纲要，对语文教材中的写作知识进行系统的梳理，把握其演进轨迹。

一、写作知识的演进轨迹

（一）传统语文教材中的写作知识

我国传统写作教学以"文章作法"为核心知识，以"写好一篇文章"为教学目的。传统的写作教材，基本上分为两类，一类是"文选型"的写作教材，即通过一篇篇选文教写作；另一类是"知识型"写作教材。南宋谢枋得编写的《文章轨范》和元代倪士毅编写的《作文要诀》分别代表了文选型和知识型教材，并由此形成了写作教材编写的"范式"。

谢枋得所编《文章轨范》共7卷，分"放胆文"（2卷）和"小心文"（5卷）两大类，选文69篇，均为唐宋名家名篇。每卷卷首均有教学目的、要求等提示，如"放胆文"（第一卷）卷首这样提示："凡作文，初要胆大，终要心小，由粗入细，由俗入雅，由繁入简，由豪荡入纯粹。此集皆粗枝大叶之文，本于礼义，老于世事，合于人情。初学熟之，开广其胸襟，发舒其志气。但见文之易，不见文之难，必能放言高论，笔端不窘束矣。"

这样的"提示"，所传授的"知识"较为含糊、笼统，大抵是一些关乎写作的原则、态度、习惯等，目的是促进学习者对于写作的"理解"，不太具有操作性。除了这些知识外，还有就是随文而生的"批点"，以帮助读者理解文章作法，如谢枋得在苏老泉的《春秋论》文末批曰："此文有法度有气力有精神有光焰，谨严而华藻者也。读得孟子熟，方有此文章。"在《师说》中"师者，所以传道授业解惑也"句后批曰："第一段先立传道授业解惑三大纲。"这样的随文批点方式固然有可称许之处，尤其是评点的"情境性"对学生理解范文起到较好的帮扶作用，但是，对于写作能力的提高而言，评点的价值恐怕不如其在阅读教学中的表现。

倪士毅所编的《作文要诀》主要讲述经义的写法，具有较强的应试性。该书摘引了大量的写作知识，论述了一般的写作原理，并按经义写作的程序加以详细描述，强调冒、原、讲、证、结。这就是"审题、立意、谋篇、布局"写作知识的雏形。"审题、立意、谋篇、布局"，从它产生的渊源来看，是一种应试策略，应付的是科举考试中的经义写作。后来，"冒、原、讲、证、结"的经义写作法在明代被进一步规范，形成了一种固定的文章写作模式，即"八股文"写作模式。当然，这是文章写作走向极端僵化的例子。

从这两类写作教材看，我国传统的写作知识，一类是具有较强应试性的文章作法知识。这类知识，又可分为两个子类，一是审题、立意、布局、谋篇的过程性写作知识；二是关于文章结构的知识，典型的就是起承转合，极端的是八股文的程式。另一类是写作知识，直接套用了阅读教学中的现成知识，指向一般写作能力培养的文章作法知识，主要在文选型的教材中体现。

这一时期写作教学，其共同特点都是指向"一篇文章"的做法，主要教学目的是教学生掌握命题作文的写作技巧。

（二）现代语文教材中的写作知识

五四运动以后，在西学东渐和白话文进入中小学教材的历史背景下，掀起了语文设科以来对于写作教学内容研究的"第一波浪潮"，出现了一大批研究白话文作文法、作文教学法的论著，如梁启超的《作文教学法》《中学以上作文教学法》、陈望道的《作文法讲义》、叶圣陶的《作文论》、夏启尊和刘薰宇的《文章作法》、胡怀琛的《作文研究》、叶圣陶和夏启尊的《阅读与写作》等。有人称，这个时期写作研究的特点，是白话文章作文法终结了文言写作理论，完成了从传统到近代的转变。

所谓"白话'文章作法'"，是"拿来"了西方的文体分类知识体系，并进行了普及性质的介绍。于是，文体知识成为现代写作教学知识体系的核心构成。文体分类知识的引进，最早可以追溯到傅斯年1914年写的《怎样做白话文》。在该文中，傅斯年引进西方分类理念，把白话文分为形状文、记叙文、辩议文、解说文四类，形成了与传统的"篇章学"迥然不同的"近代文体论"。这一时期关于白话文"文章作法"的大量论著，知识体系基本上是参照傅斯年的"西洋文体论"建构的。如梁启超在《作文教学法》讲演中把文章分为三大类，一是记载之文，二是论辩之文，三是情感之文，并主张在中等以上的学校里，侧重指导学生写作记载文和论辩文这两类实用价值最大的文章。陈望道的《作文法讲义》共12章，其中有六章分别介绍"记载文""记叙文""解释文""论辩文""诱导文"等文体知识。叶圣陶在《作文论》中对叙述、议论、抒情、描写四类文章的特点和做法进行了详细的说明，内容占了全书的一半。其余如夏启尊和刘薰宇合著的《文章作法》、胡怀琛等人合著的《文章作法全集》，都以各种文体作法为内容。此后半个多世纪，一直到20世纪八九十年代，文体知识一直是中小学写作知识体系的主干。写作教学的目的，也从传统的教学生掌握写"一篇文章"的知识转向教学生掌握写"一类文章"的技能。文体分类使写作知识教学实现转"篇"为"体"、转"个"为"类"的两大转变。

西方文体分类知识的输入，不仅改变了"知识型"写作教材的编写，而且也带来了"文选型"阅读教材编写范式的转型，那就是以文体分类为基础的单元编排模式，成为了现代语文读写教材的主流编写模式。其中，以追求语文教材编写的"科学性"为旨趣的《国文百八课》，就是读写结合、以写为主、按文体组织单元、以写作知识传授为目的编写的教材典范。

总之，引进西方逻辑分类法，构建以文体知识为主干的写作知识体系，传授记叙文、说明文、议论文三大教学文体的写作知识，是现代语文写作教学的主要特征。

（三）当代语文教材中的写作知识

在汉语、文学分科期间，由于指导思想出现了偏颇，认为写作能力的培养与训练"在语言和文学两科里完全可以做到"，"读了文学作品，就能够学会写一般的散文，而且比仅仅读一般的散文学得更好"，而汉语学习，对写作来说又是根本的。汉语打基础，文学作提升，专门的写作教学就没有必要了。在这种思想的误导下，写作教材建设与知识开发一度停滞，写作教学成为分科的"牺牲品"。

分科结束后，人教社于1958年、1963年新编了两套语文教材，但是，进入这两套写作教材的知识，仍然以记叙文、说明文和议论文的文体知识为主。自此，一直到20世纪90年代初，语文教材中的写作知识基本上是记叙文、议论文和说明文（有时包括应用文）三大文体的写作知识。

回顾百年语文教材演变的轨迹，可以得出这样一个结论：从开语文设科始，到20世纪90年代之前，中小学语文教材中的写作知识基本上是以文体知识为主，所致力于培养的是学生"普通文"——记叙文、说明文、议论文的写作能力。

从20世纪80年代开始，掀起了语文设科以来写作教学内容研究与教材建设的第二波浪潮。第一波浪潮以文体知识取代文章学知识为标志，第二波浪潮则以对读写关系的反思、对能力和知识关系的反思为标志，致力于写作知识的系统性、序列化的科学追求。改革开放后在"一纲多本"的新体制下推出的30余套语文新教材，阅读与写作分编的教材多达11套。这些教材的共同特征是：追求写作教学的独立性和科学化。独立性是途径，科学化是方向。所有这些教材，都试图解决分编型教材的科学化问题，试图改革旧的教材体系。

旧教材的基本特征是：文选系统；文体循环：记叙—说明—议论；讲读中心。几十年来，中学语文教材，内容不断更迭，体例不断改进，但这三个基本特征始终没有多大改变。从总体上说，这样的教材体系，不大符合学生语文能力形成和发展的规律。对此，新教材力求有所突破。但是，20世纪80年代以来出现的11套独立的写作教材，除浙江版教材以语文实践活动取代了知识和能力训练体系外，其余的教材，对原有教材中的"文体三分、循环训练"的知识体系进行的或多或少的改革，仍然无法摆脱"文体三分"的影响。

二、写作知识呈现方式的演进轨迹

从历史发展脉络看，写作知识在语文教材中的呈现，目前已经经历了两个转变：第一，从隐性知识向显性知识转变；第二，从零散、玄妙的显性知识到系统、周密的显性知识转变。

（一）传统语文教材中的知识呈现方式

我国传统的语文教材是"文选型"教材。在这类教材中，写作知识是以"语感"的形式隐于选文之中。对于这类知识，古代私塾的做法通常是以"范文死读"、潜移默化的方式，"通过语感来培养语感"。鲁迅曾这样回忆传统私塾的"死读"法："以前教我们作文的先生，并不传授什么《马氏文通》《文章作法》之流，一天到晚，只是读，做，读，做；他却绝不说坏在哪里，作文要怎样，一条暗胡同，任你自己去摸索，走得通与否，大家听天由命。"这番话颇为形象地描绘了传统写作教学"从语感到语感"式的知识传授特点。从知识和技能获得的角度来说，学生是在一种无意识的状态中自行"摸索"

出写作的"语感"。

"从语感到语感"的学习，心理学上称之为"内隐学习"。我们首先承认：内隐学习是语文学习的一条重要的途径。但是，如果把它作为现代课堂教学的主要"学得"方式，则是不妥的。首先，"通过语感获得语感"使教学内容的开发主要依赖教师个人的教学知识和教学技能，有水平的教师可以把自己从选文中摸索出的显性知识传授给学生；而知识水平、经验和教学技能较低的教师，只能以语感的"只可意会，不可言传"，把学生赶入到一条幽暗不明的知识"胡同"里去，任他们自己摸索。其次，从"语感到语感"，它与学校课堂教学所期待的教学时效是相冲突的。因为语感不能言说，一切需要在无意识状态下暗中摸索，它需要在大量的实践过程中反复发生，"操千曲而后晓声，观千剑而后识器"，让学生在大量选文中"悟"出写作知识，在追求时效性的课堂教学环境中是很难进行的。最后，以"选文"教写作，基于的理论假设是读写结合论，即学生的写作能力可以从范文借鉴中得到提高。但是，从阅读知能到写作知能，只存在迁移的可能性，而非必然性。换句话说，多读可能会写，但多读不必然会写。之所以有迁移的可能，是因为阅读与写作之间具有许多共同点，如一些共同的陈述性知识与共同的产生式结构。之所以没有迁移的必然性，是因为阅读与写作毕竟是两种不同的学习行为，"鉴赏一篇好文章是一回事，写出一篇好文章是另一回事，正如欣赏一位艺术家的小号表演是一回事，让我们去表演是另一回事。我们中的大多数是无法再欣赏美妙的演奏的。"

在教材编写体例上，纯粹以范文隐性呈现写作知识，因为其"难以言说"的默会性，不利于教师展开教学，因此，出现了"评点式"写作知识的呈现方式。知识的呈现方式从隐性向显性转化。选文评点，从课程论的角度看，是教材学材化的努力结果，对于传统的那种只给范文以供死读模仿的"文选"来说，在"方便学生自学"上，无疑是给"幽暗不明"的教学"胡同"里照进了几缕光。尽管这几缕光线还很微弱，但是，教材编写能考虑发挥学生学习的主动性，注重用"评点"的方式来呈现写作知识，以此引起学生的学习兴味，引领学生对选文的阅读鉴赏，领悟作者写作的"用心"，这是当时教材编写所体现的一个积极的因素。选评结合的传统文选编写模式，对后来语文独立设科之后的教材编写产生了极大的影响，我们在今天的语文教材中，可以看到传统的影子。

（二）现当代语文教材中的知识呈现方式

写作知识以"知识短文"的形式在教材中呈现，是现代语文教材编写的特色之一。

第一波现代语文教材建设热潮以语文知识的学科化为中心。"语文知识学科化"的成果之一，是系统的"习作"教材插入了选文中间，形成了"选文—注解—文章作法—作文练习"的教材编写构架，开创了语文教材读写混编、以"文章作法"的语识形式系统呈现写作知识的新体例。当时傅东华编的《复兴初、高级中学国文教科书》即是代表。此后，夏启尊和叶圣陶合编的《国文百八课》，以108篇"文话"（以文体知识为主）在写作知识"学科化"上做了开拓性的努力，构建了现代学科层面上的写作知识体系。

在第二波浪潮中，应对社会各界对语文教学效率的质疑，"读写混编"一度被当成了写作教学科学化的绊脚石。似乎只有在教材层面分别理出阅读与写作的两条"知识"线索，才会有阅读和写作教学真正的"独立"。遂掀起了语文教材读写分编的浪潮，追求写作知识独立的科学系统。

在20世纪两次教材改革的浪潮中，无论是写作知识的学科化还是写作教学知识的科学化，改革的共同点是都聚焦在写作知识的内部构架上（如"写作知识要素是什么""写作知识在教材中应该如何组织"），而一成不变的"知识短文"的呈现方式连同知识教学的可操作性与有效性，并没有进入教材编写者的视野。再者，标举"语文学科知识科学化、系统化"的教材改革，并没有带动语文教育效能的根本改观。正是出于对教材改革效能的质疑，特别是对"点点相连"式语文知识点教学效能的质疑，从20世纪90年代以来，在语文学科知识教学上，语文界出现了一股"淡化知识"的知识教育观。这种观点主张无论是语文教材还是课堂教学，都要淡化知识，甚至还出现了一股不该有的贬低知识教学的暗流，把知识教学和能力培养对立起来，提出写作教学要实现从知识传授向能力培养"转移"的说法。在此背景下，新课标提出"不宜刻意追求语文知识的系统和完整"。

"不宜刻意追求语文知识的系统和完整"是对语文教材过于片面追求语文知识系统的、完整的反驳。但是，这句话提出的具体语境常常被人们忽略，断章取义理解的结果是，人们认为，语文教学要"淡化知识"或"去知识化"。这种误解，对于写作教学的影响是，课堂教学缺乏知识性、技术性的支持，仅剩下某些形式化的练习，比如话题作文。换言之，当文体知识被忽视以后，写作教学往往被写作练习取代。

第二节　写作教学目标

希洛克斯曾对西方国家涉及写作领域的2000项研究进行了检视，提供了对这样一个问题的回答：有效写作需要什么知识？这些回答有助于确定更有效的写作教学目标。希洛克斯的研究表明，写作是一项非常复杂的任务，需要至少以下四类知识：关于所写内容的知识；处理内容的程序性知识；言语交流结构的知识；写作一篇特定类型文章的知识。下面，我们以上述研究成果作为对照和参考，概述我国及其他国家在写作教学上的目标定位。

一、我国写作教学目标

如果我们把希洛克斯所提供的上述四类知识用我们所熟悉的语言去表达的话，第一类知识相当于"知识面"，知识面的宽窄影响写作的内容，目的"写什么"的问题；第二类知识相当于"文章作法"，包括审题、立意、谋篇、布局的策略性知识，这些知识关系到"怎么写"的问题；第三类知识相当于遣词造句的"语言能力"；第四类知识则属于文体知识。这四类知识，在我国写作教学中都得到充分的重视，比如，我国写作教学历来倡导"多读多写、读写结合"，体现的是对"知识量"的重视；至于文章作法，则是我国写作教学的传统内容；其他两类知识，也历来为我国写作教学界所重视。

语文课程标准对写作教学的目标阐述如下：写作时考虑不同的目的和对象。写作要感情真挚，力求表达自己对自然、社会、人生的独特感受和真切体验。多角度地观察生活，发现生活的丰富多彩，捕捉事物的特征，力求有创意地表达。根据表达的中心，选择恰当的表达方式。合理安排内容的先后和详略，条理清楚地表达自己的意思。运用联想和想象，丰富表达的内容。写记叙文，做到内容具体；写简单的说明文，做到明白清楚；写简单的议论文，努力做到有理有据；根据生活需要，写日常应用文。能从文章中提取主要信息，进行缩写；能根据文章的内在联系和自己的合理想象，进行扩写、续写；能变换文章的文体或表达方式等进行改写。有独立完成写作的意识，注重在写作过程中搜集素材、构思立意、列纲起草、修改加工等环节。养成修改自己作文的习惯，修改时能借助语感和语法修辞常识，做到文从字顺。能与他人交流写作心得，互相评改作文，以便于分享感受，沟通见解。能正确使用常用的标点符号。作文每学年一般不少于14次，其他练笔不少于1万字。45分钟能完成不少于500字的习作。

高中语文课程标准有关写作课程的目标描述如下：学会多角度地观察生活，丰富生活经历和情感体验，对自然、社会和人生有自己的感受和思考。能考虑不同的目的要求，以负责的态度陈述自己的看法，表达真情实感，培育科学理性精神。书面表达要观点明确，内容充实，感情真实健康；思路清晰连贯，能围绕中心选取材料，合理安排结构。在表达实践中发展形象思维和逻辑思维，发展创造性思维。力求有个性、有创意的表达，根据个人特长和兴趣进行自主写作。在生活和学习中多方面地积累素材，多想多写，做到有感而发。进一步提高记叙、说明、描写、议论、抒情等基本表达能力，并努力学习并综合运用多种表达方式。能调动自己的语言积累，推敲、锤炼语言，表达力求准确、鲜明、生动。能独立修改自己的文章，结合所学的语文知识，多写多改，养成切磋交流的习惯。乐于互相展示和评价写作成果。45分钟能写600字左右的文章。课外练笔不少于2万字。

根据上述写作课程目标阐述，可以发现，我国中学写作教学的目标定位，体现了以下几个显著特点：

（一）学以致用的思想一直为我国语文课程标准（或大纲）所倡导

自1923年课开始，除去汉语、文学分科时的大纲、1978—1988年间三次大纲外，几乎历次的语文教学大纲、课标都把"应用文写作"列为必教的内容，体现了我国写作教学"致用"的主导思想。2001年、2003年相继颁布的初高中语文课程标准，同样也传达了"致用"的教学理念，比如，新课标突出写作"交际""交流"的功能，把写作当作书面表达与交流的重要方式,重视读者意识的培养,强调写作要考虑不同的目的和对象。在写作内容的选取上,强调与生活的联系,新课标建议中学写作教学要"鼓励学生积极参与生活,体验人生,关注社会热点"等,这些都传达了我国写作教学在课程层面的目标导向,是生活化、实用化的目标导向。

上述"实用"的写作教学取向,可以看作是我国百年写作教学一以贯之的取向。比如,叶圣陶就一贯重视写作教学的实用性,他曾说:"若以悠久之岁月而练习不可限程度收效之作文,实非今日所应有之事,宜以最经济之时间练成其最切实应用之作文能力","至于写作,最好在实用方面下功夫。说清楚一点,就是为适应生活上的需要而写作","练习作文是为了一辈子学习的需要,工作的需要,生活的需要,并不是为了应付升学考试,也不是为了当专业作家。"正是基于这种实用观,叶圣陶提出关于写作教学的一系列主张,如:作文命题应该贴近学生的生活实际,让学生有话可说,因为"实际作文皆有作为而发,言各有的,辞不徒作"。作文评价主要看内容是否达意而不是看技巧是否纯熟,因为"文字作用端在达意"。作文教学致力于"修辞立其诚""我手写我口"等好习惯的养成,因为好的习惯才能使学生在"生活上终身受用"。一定要教会学生"自行评改"作文,教是为了达到不需要教。独立的学习能力是学生在离开学校后续学习、终身学习的必要条件。在新课标有关写作教学的规定中,我们不难找到与叶圣陶论述相似的主张。

(二)我国写作教学的主要目标

叶圣陶曾经这样阐述:"基础国文"所包括的范围很宽广,文学只是其中的一个较小的范畴,文学之外,同样包在国文大范围里头的还有非文学的文章,就是普通文。这包括书信、宣言、报告书、说明书等应用文,以及平正地写一件东西载录一件东西的记叙文、条畅地阐明一个原理发挥一个意见的论说文;所谓阅读与写作的训练就是以这种中学生将来应付生活所必需的普通文为对象的。

叶圣陶的上述阐述,为以后的中小学写作教学目标定下了一个基本的模式:轻文学重实用。指向"实用"的三大文体——记叙文、说明文、议论文的文体知识的掌握成为写作教学的核心目标。因为记叙文、议论文和说明文的练习,被认为"是一切写作的'通用'之基础"。因为几乎所有文章,都是记叙、说明、议论、描写和抒情等表达方式的综合运用,如果掌握了这些表达方式,在此基础上去写各种具体的文体,才会游刃有余。

(三)端正写作态度,培育写作情感

这表现为以下三方面:第一,真实写作。在课程标准层面,我国一向提倡写作要"表达真情实感,不说假话、空话、套话,避免为文造情"。真实而负责地写作,力求写作主题的真实、内容真实、思想真实,这是我国写作教学中特别强调的情感教育目标。第二,读写结合。我国写作教学还重视阅读与写作的关系,鼓励学生多读多写,在高质量的阅读中提升写作能力,汲取有价值的写作素材,培养正确的语感。第三,重视兴趣的激发和生活的体验。新课标要求教师采取各种方法,"积极鼓励学生参与生活,体验人生",

以此激发学生的写作欲望，解决写作内容与思想贫乏的难题。在这目标引导下，许多教师积极探索作文教学的创新变革之路，出现了诸如生活作文、个性化作文、快乐作文、开放式作文、研究性作文等丰富多样的作文教学新形式。

二、国外写作教学目标

参照本节开头提及的写作所需的四类知识，可以发现，世界各国对写作教学目标定位，基本没有超出该框架。但是，在框架之内，各国在写作教学目标的侧重点上，仍然有较大的差异。

（一）美国中学写作教学目标

由美国国家教育和经济中心、匹兹堡大学合著的《英语、数学、科学、应用学习能力表现标准》（以下简称《能力表现标准》）被视为美国近年来基础教育课程改革成果的重要体现。该书所确定的能力表现标准，意味着所有学生在完成某一层级的学习后应该达到的能力水平。现以该书规定的初中写作能力表现标准为例，概述美国中学写作教学目标。

初中英语《能力表现标准》中的"写作标准"，主要是要求学生表现他们在五类写作方面的成绩。这五种写作类型分别是报告、文学作品的读后感、叙述性报道、叙述过程的文章、有说服力的文章。高中增加了"反思性文章"，共六类。下面是有关"报告""文学作品的读后感"和"有说服力的文章"这三种写作类型所应该达到标准的具体阐述：写作是一个由作者组织语言进行有效交流的过程。写作往往是通过一系列初步计划，几易其稿、反复修改，听取反馈意见得以进行的。目的、读者、背景、内容对写作的形式和内容乃至其风格、语言、态度都有影响。

学生写一篇报告要做到：构建文章内容，建立个人风格，激发读者的兴趣；把握好贯穿全文、传达主题思想的基本主线；构建一个与特定目的、读者、上下文相适应的基本框架；包含恰当的事实和细节；删除多余的及不恰当的信息；运用一系列适合的写作技巧，诸如提供事实和细节，描述和分析主题，叙述相关的轶事，比较、对照、指出并说明其优越性和不足之处。

美国的写作教学目标与我国有较大的差异。我国的写作教学体现了为将来写作"打基础"的理念，因此，我们把将来各种写作类型的普遍基础记叙、说明、议论的能力培养作为教学重点。而美国的写作教学则体现了直接为将来写作做准备的思想，因此，他们将学生在校内外的学习、生活和工作中可能碰到的所有写作形式归纳为四类，教学目的是让学生掌握每一种写作类型所特有的基本技巧和规则，以使他们能够熟练地运用，以应对实用写作的需要。这样，在教学中，我国中学生练习的是教学文体——记叙文、说明文、议论文三大文体，而美国中学生练习的是现实文体——在生活中真实存在的各种问题如报告、读后感、旅行日记、社论等。

（二）英国中学写作教学目标

英国基础教育阶段的课程分四个阶段，其中第三和第四阶段学生的年龄分别是 11 ～ 14 岁、14 ～ 16 岁，相当于我国的初高中阶段。这两个阶段的写作教学目标如下：

1. 范围

应鼓励学生对各种目的的写作充满信心，建立自己鲜明的且具有独创性的写作风格，意识到对所写内容认真投入的重要性。提供机会指导学生针对特别读者群、广泛未知的读者群，发自己进行写作训练，鼓励学生进行有美学意义和富有想象力的写作。进行说明性、解释性、辩证性、叙述性、报告性、描述性、劝说性和释义性的写作来传达思想。通过评述、分析、假设、回顾和概括的写作方式开发思维。学生的写作范围应该广泛，如便条、日记、私人信件、正式信函、时间顺序性写作、报告、小册子、评书、散文、广告、报刊文章、传记、自传、诗歌、故事、剧本、电影剧本。

2. 主要技巧

指导学生坚持写作，提高写作能力，培养在纸上或计算机屏幕上进行写作规划、起草、修改和校读等各个过程的能力，鼓励学生在具体写作中，自己决定过程或需要程度。学生应该有机会对自己和他人的写作进行批评性分析，应指导学生进行流畅性写作及必要的快速写作。在上交修改后的终稿时，保证书写工整，字迹清楚，适当地利用一些手段。培养学生叙事性文章的写作能力。鼓励学生掌握相应的技巧。培养学生的诗歌写作能力，鼓励学生掌握相应的技巧。培养学生剧本和对话的写作能力，鼓励学生掌握相应的技巧。培养学生从事非文学类文体的写作能力，鼓励学生掌握相应的技巧。在书写方面，应帮助促进有关常规拼写规则、词族、词根及其派生词的知识。此外，还应当指导学生拼写不规则的复杂的多音节词，仔细校对自己的作品，并适当地使用字典。要求学生书写工整、笔迹清晰可辨。

3. 标准英语和语言学习

鼓励学生充满信心地运用正式和非正式的书面体标准英语。鼓励学生扩大对句子语法的理解，直到学生有效地组织语篇。鼓励学生熟练并有创造性地选择及精确地运用词汇，包括同义词和双义词。

从上述的英国语文课程标准来看，英国英语课程中的写作教学目标，也与我国的有较大的差异。这些差异主要表现为：虚构性的小说、诗歌和剧本写作都纳入课程标准。而我国语文课程标准一向不提倡文学性写作。因此，小说、诗歌、剧本等文学体裁，并不纳入课堂教学文种。从词、词汇到句子、篇章结构的运用，语言学方面的许多知识点都进入写作课程内容。这也是与我国写作教学迥异之处。这种差异，一方面源自语言差别：作为表音文字的英语和作为表意文字的汉语有差异。另一方面，就是传统。在我国，汉语文的教学和语言教学一向比较疏远，在实际教学中，也往往走两条不相干的道路。而最近，淡化知识的倾向更加剧了语言教学与读写教学之间的疏离。英国的中学写作教学对学生所应掌握的各种写作形式的选择，也与我国有明显差异。对于写作类型，英国首先将其分为两大类，一类是"有美学意义和富有想象力"的文学性写作，另一类是非文学性的写作。在两种类型的写作中，他们又选择各种具体现实文种，力求涵盖生活中常见的文体，然后，在范围广泛的文体中，又确定学生应该掌握的各种写作形式，供学生练习。这各种各样的写作形式，不同于我国的归纳（记叙、议论、说明、描写与抒情），包括说明性、解释性、辩证性、叙述性、报告性、描述性、劝说性和释义性的写作等八种类型。分类之细，为我们突破文体三分的思维定式提供了新的思路。

第三节　写作教学设计

一、教学设计的要素和特征

（一）教学设计的要素

教学设计是针对具体的学生，对教学内容在规定时间的纵向展开进行合理的安排。或者说，教学设计就是教学内容在具体班级的条理化、程序化。

教学设计在国际教学研究领域已成为一个具有较为完整和严密的理论方法体系和具有很强操作性的独立学科。教学设计体系包括七个子系统，为教学设计的基本内容和操作步骤规约了"七部曲"：第一步，确定教学目标；第二步，分析学习者的特征（是否具有学习当前内容所需的预备形式以及具有哪些认知特点和个性特征等）；第三步，根据教学目标确定教学内容（为达到教学目标所需掌握的知识单元）和教学顺序（对各知识单元进行教学的顺序）；第四步，根据教学内容和学习者特征的分析确定教学的起点；第五步，制订教学策略（包括教学内容活动进程的设计和教学方法的选择）；第六步，根据教学目标和教学内容的要求选择和设计教学媒体；第七步，进行教学评价（以确定学生达到教学目标的程度），并根据评价所得到的反馈信息对上述教学设计中的某一个或几个环节做出修改或调整。

（二）教学设计的特征

1.预见性

预见性是教学设计之前，对课堂教学情境、师生互动、教学内容和方法的实施与变动、教学目标的达成、教学中可能出现的问题、课堂教学效果等诸多方面做出周密的分析和科学的预见，以保证课堂教学的成功。只有根据具体学生、具体情境、具体文本，对即将展开的教学做出科学的预见，才能进行周密的课堂教学设计。

2. 目的性

没有明确的目的，就没有成功的设计。目的是设计的方向。课堂教学设计的目标应该是经过一两节课的努力能够实现的。目标定得太空泛或太高，经过一两节课的努力根本不能实现，容易使课堂教学内容组织松散；目标定得太低，又容易使课堂教学效率偏低，不太容易调动学生的积极性。教学设计中目标的确定，要注意结合课程目标、教材内容和学生的实际情况，具体而务实。

3. 可行性

教学设计要充分考虑到设计内容、策略的可行性。特别要考虑一定长度内时间的合理分配；要考虑教学方法与学生、与教师本人执教风格的匹配性。同样的教学设计，由不同的教师执教或者在不同的班级实施，效果可能截然不同。因此，在模仿、借鉴他人设计的时候，切忌盲目照搬，要考虑设计执行者和设计实施对象之间的差异性，以保证设计的成功实施。

4. 开放性

开放性是教学设计的特性。一般的设计强调的是设计对执行的约束性，即设计一旦确定，对完成任务的实际活动起到指导和约束作用。任务的开展、时间的安排都必须严格按照计划行事。但是，教学设计强调预设的同时，也强调开放。这是由教学对象的独特性所决定的。教学的对象是人，是具有主观能动性的学生。正是因为教学对象的特殊性，课堂教学就成为了一个复杂而开放的系统。在这个系统中，有保障设计顺利实施的确定性因素，如任务、文本、目标、教师，也有影响设计按既定方向运行的不确定因素，如学生的反应、师生交往和课堂变化的情境。因此，教师在进行教学设计的时候，一定要注意设计"留白"，也就是预见课堂教学中各种不确定的因素，并保持开放的心态，机智地根据课堂教学中的各种"变化"来调整原有的设计，以保证目标的顺利实现。

二、中学写作教学设计的反思与讨论

下面，我们根据教学设计的要素和特征，对写作教学实践展开反思与讨论。

（一）从总体上讲，教学设计是当前写作教学的薄弱环节

中学写作教学设计的问题，首先在于设计意识的淡薄。换言之，目前写作教学设计的问题，首先不是设计"好不好"的问题，而是设计"有没有"的问题。

课堂里写作教学设计的"缺失"或"自我放逐"表现为教师热衷于以学生的"习得"式"自由写作"代替通过"教"使学生"学得"写作知识、提高写作能力的规范教学。早在1916年，叶圣陶就批评了教师在写作课上的不作为，他说："今日教授作文，每任儿童自由发挥，一二聪颖儿童不无思想，而多数儿童往往随意凑合，绝无秩序。教师不察儿童之能力，不行基本之练习，故有此弊。"时至今日，语文课堂依然欠缺规范的写作教学，即使有，也是"半截子训练"，只抓起草这一环，没有让学生受到真正的全程训练，学生写作能

力的形成和提高，往往停留在自发和经验的层次。

写作教学设计的缺席，与教师的写作教学观有关。许多教师对写作"可教还是不可教"存疑。还有相当一部分老师认为，写作唯一的法门是练，除此以外别无他法。放弃对写作教学的"教"，是一种"无为而治"。还有一些教师认为，让学生"爱写什么就写什么"能激发学生写作的兴趣，而兴趣是学习最好的老师。因此，这些教师在写作课上的努力是想方设法请来"兴趣"这个老师，以代替自己。可以说，主张放弃正式的课堂写作教学的声音，从来就没有断绝过，这样的声音，在其他学科是绝少出现的，但是，在语文学科，却常常是"理直气壮"地提出："改革作文现状，一要取消集中辅导和训练；二要取消内容、文体及字数的限制，仅作数量的要求。"写作教学，连需不需要"教"都需要讨论，教学设计落后的问题，也就不难理解了。

因此，教师在写作教学中的设计，往往表现为课前寻找合适的作文题。课堂教学的大部分时间，交给学生自己写作。

（二）写作教学设计的重点，往往放在写作内容上

撇开一些老师在写作课上"不作为"的问题，应该承认，许多优秀的老师在作文教学改革上进行了积极的、卓有成效的探索与努力。但是我们也看到，当前写作教学设计有一种明显的倾向，即教师往往把设计的重点，放在"写什么"上。如何迅速有效地在一堂课的有限时间里，帮助学生"获得"可以写的生活内容，是当前许多语文教师进行写作教学设计的追求。

在"找内容"这样的目的指引下，出现了一些以"制造写作内容"为中心的教学设计，设计的策略主要有三种：

1. 搞活动

这种课的一般程序是：（教师）设计活动—（师生）组织开展活动—（学生）写活动。这样的教学设计，实质上就是"生活体验式的活动开发与组织"，目的是解决写作"无米下锅"的窘境。比如，在作文课上组织学生炒菜，炒完了菜，要求学生把整个活动过程写下来。

2. 设情境

这种课的一般程序是：教师创设与题目相关的具体生活情境—学生体验（主要以情感的体验为主）—记录体验或感悟。教学设计等同于"情境的设计与体验"。比如，某语文教师在上课铃声响了以后，迟迟不去课堂，教室里就像炸开了的锅一样，学生纷纷猜测老师不出现的原因。等到开课近一刻钟之后，教师才假装"急匆匆"地走进教室，什么话也不说，挥笔在黑板上写下《当老师迟到以后》。

3. 读材料

这种课的实质是引导学生通过文字间接"体验"生活。因为它省时且经济方便，为许多语文教师所热衷。比如，教师分发材料，让学生写"读后感"，目的是让学生从文

字材料中摄取写作内容。

上述三种设计的基本假设是：学生作文的问题出在生活的"源流"上，"源流"枯竭因此内容"贫乏"，所以，教学设计要从"开源"着手，让学生通过"生活体验"来获取写作内容。

强调写作与生活的联系，这种做法无可厚非。但是，把课堂教学设计的重点放在"生活制造"或者"生活体验"上，却值得我们反思：首先，我们需要反思这种教学设计的前提——"学生写作的最大困难，在于内容缺失，而内容的缺失，原因在于生活的贫乏"是否成立？其实，"写什么"的内容问题和"怎么写"的技能问题孰重孰轻，至今尚无定论。其次，就算"写什么"更重要，学生生活贫乏的问题，能否通过课堂上时间短暂的"体验"就能解决呢？

（三）写作教学目标的设计，往往过于空泛

在中国期刊网输入"写作教学设计"检索到近百个写作教学设计方案，浏览这些教学设计，不难发现，写作教学目标设计也存在较大的问题，这些问题集中在三个方面：

1. 目标的设计过于空泛

比如，某教师设计的作文课名为《因为出彩，所以出众》，教学目标是：感受优秀作品用词之传神；初步学会用恰当的词语形象化地表达；怎样叫"初步学会"；评定学生是否"初步学会"的标准是什么；什么是学生应当学会的"形象化表达"的技巧。

2. 目标的设计过于宏大，不具有可行性

比如，某教师设计的作文课的教学目标是"引领学生在作文体验中学会做人"；"培养学生对事物有正确的情感态度"；"指导学生学会观察生活"。这样的目标定位，常见于在写作教学设计中。其不当之处，是不能正确处理写作教学"可教"与"不可教"的关系，不能正确处理"教"与"育"的关系。把需要长期培养的写作态度、写作情感、写作价值观等放在课堂有限的时间内"教"，是不太合适的。

3. 目标的设计过于随意

前文提到，教学目标的设计要结合课程目标、学生实际和教材内容，体现目标设计的理据。但是，由于写作教学内容选择的随机性，有些教师往往根据个人喜好而不是课程内容的安排来选择作文题目，导致写作教学目标的设计，随具体题目而设，琐碎而狭隘，缺乏系统性和连贯性。

三、国外写作教学设计

国外写作教学设计主要有以下两个特点：

（一）与我国写作教学设计"内容"不同

国外写作教学设计的重点是"怎么写"——写作某一具体类型的文本所需的规则与技术，用我们所熟悉的术语表达，就是文体写作策略。比如，某教师上"论辩文"写作

课，其教学目标是让学生掌握论辩文的基本结构和语体特征，而不是让学生加深对所论辩话题的认识，后者为我国许多老师所热衷。该教师的设计步骤如下：第一步，把教学目标告诉学生，然后给学生一篇论辩文，学生分组讨论文章后问题；第二步，解构文本，让学生明白论辩文的特点，包括结构与语言、读者与写作的目的等；第三步，再给学生一篇论辩文，分组阅读讨论，强化学习效果；第四步，给学生电视节目中的某一论题，让他们设定读者，然后运用头脑风暴进行思考；第五步，每人写下头脑风暴的结果，分组讨论，派代表把讨论结果写在黑板上，然后全班合作，针对论题中的每个问题，选择三个强有力的观点。然后在家庭作业中要求学生根据课堂讨论的结果形成论辩文的提纲。

这个教学设计中，共用时 132 分钟，其中讨论第一篇范文的文体结构和语体特点，花费 43 分钟；讨论第二篇范文的文体特征以检验前一环节学习效果，费时 23 分钟，两项时间相加为 66 分钟，占了教学时间的大半。时间安排的详略体现出教学目标和内容设计的重点。

（二）与我国写作教学设计"活动"不同

过程教学法是国外写作教学设计的一个基本框架，即教师常常在过程导向的框架之内，组织教学环节。所谓"过程教学法"，通常把写作分为计划、起草、修改、发表四个阶段，每一个阶段都有相应的写作策略和教学策略，课堂教学中，教师往往围绕具体的写作类型与写作任务，以写作的四个阶段为基本步骤，组织课堂教学。根据写作的过程来设计教学的步骤，其明显的好处是把修改纳入教学环节，提高学生修改作文的技能，并使修改的结果直接体现在定稿中。综上所述，目前我国写作教学设计尚有很大的改进空间。

第五章　语文口语交际教学

从历史性来看，口语交际教学由听说教学演化而成，目的是发挥语言的交际功能。语文课程标准提出了口语交际教学的理念和目标，使教学有了依据和方向。口语交际教学与读写教学是相互促进，相辅相成的，应当正确处理它们之间的关系。口语交际训练的途径与方式有：专门的、结合阅读教学的、结合写作教学的、随机的及其他的。口语交际教学案例为教学提供了借鉴和参考。

第一节　从听说教学到口语交际教学

口语交际就是交际双方在特定的语境里，为了特定的目的，或基于一定的话题，运用口头语言和适当的方式，传递信息、交流思想和感情的言语活动，是"听说"双方互动和交流的过程，具有应用的广泛性、表达的特定性、内容的随机性、形式的独特性、手段的多样性等特点。为了使口语交际达到理想的效果，提高学生的口语交际水平，应当重视并积极开展口语交际教学。虽然这在当今已成为语文教育界的共识，不过，由于人们的认识是逐步深化和发展的，它的提出有近 30 年的历程。

20 世纪三四十年代我国语文教育界开始注意到口头语言能力的培养，出现了"口语领先"和"以口语为基础"的提法。20 世纪五六十年代的语文教学大纲只是粗略地提到"提高学生口头表达能力"，未对听说教学提出要求。改革开放初期，1980 年的中学语文教学大纲也提到"进一步提高口头表达能力"，仍未列出听说教学的内容。1986 年的中学语文教学大纲提出在初中培养"听说能力"，高中培养"说话能力"，列出了各年级听说能力的基本要求，对听说教学开始有所涉及。1992 年的初中语文教学大纲提出了"听话能力"和"说话能力"的教学要求，在教学内容中要求进行"听话训练"和"说话训练"，采取"听""说"分开，分别训练的做法。1996 年的高中语文教学大纲又将其合并为"听说"，并提出"在语言交际中，应对机敏"。2000 年公布的修订版初中和高中语文教学大纲，基于对现代社会口语交际能力日益重要的认识，首次将"听"和"说"合成"口语交际"一项，但其内容与表述均较简要。2001 年颁发的《全日制义务教育语文课程标准》和 2003 年颁发的《普通高中语文课程标准》，将这两个系列整合在一起，明确提出

"口语交际"，详细地提出各个学段口语交际的教学目标，将口语交际作为"表达与交流"的重要内容，提出教学建议，力求突破"听话、说话"这种单向静态的言语实践，并将其作为与识字写字、阅读、写作、综合性学习并列的一项内容，其内涵更加丰富，其地位和作用更加突出。语文课程标准对口语交际教学提出的要求，体现了对语文功能的全面理解，对语文素养的全面关注，也是学生全面发展和终身发展的需要。

口语交际教学开展之前，听说教学一般是分为听话和说话两部分进行的，有着基本的能力要求和训练目标。听话是接受有声语言、吸收信息的过程，听话能力是人对有声语言的感知和理解能力，包括对语音的辨识能力、对语义的理解能力和对话语的品评能力等。听说教学对听话能力提出的具体要求有如下几个方面：听新闻广播和一般性发言，听读深浅适度的文章，能复述基本内容，说出要点和中心；参加讨论，能听出不同意见的分歧所在；会做听讲笔记；养成专心听话的习惯等。听话训练要求能听清讲话人的意思，能记住对方讲话的重点，能评价讲话内容，能增强辨别判断能力。说话是以有声语言实现人际间的思想交流，说话能力是一种综合能力，要将内部言语转化成外部言语，因此，需具有组织内部言语的能力、快速的言语编码能力、表达情意的能力和调节控制能力。听说教学对说话能力提出的具体要求有如下几个方面：说普通话；回答交谈，讲述见闻，介绍事物，发表意见，做到语音清晰，意思明白，条理清楚，态度自然；养成有礼貌说话的习惯等。说话训练的内容包括选好话题，选择合适的叙述方法，讲究说话的策略和技巧；正确组织词句准确、切实、简练地表达所要述说的内容；把握声音的高低、语速的快慢和语调的抑扬顿挫；控制说话的神态。说话训练的目标可以概括为：发音准确，口齿清楚；说话有实在的内容和明确的观点；意思集中，前后一贯；用词妥帖，语句完整；根据具体对象，说得合乎分寸。显然，在听说教学阶段听与说教学是有所侧重、各有目标的，但它是一种单向的接受或表达，尚未融为一体，有一定的局限。

而口语交际教学力求突破局限，改变这一状况。如果说听说教学只是两个分开的教学内容的话，那么，口语交际教学则以交际为核心，把二者联系起来，成为一个整体，而不是听与说的简单相加；如果说听说教学只是单向的活动，在语文教育中只起着点缀作用的话，那么，口语交际教学则正式登台，扮演着不可或缺的角色，进行着双向或多向的互动的信息交流；如果说听说教学更多地处于封闭的静态的语言练习环境中的话，那么，口语交际则力图通过人际交往的实践来磨炼学生的听说能力，使其更具现实性和动态性；如果说听说教学立足点更多地集中在学校及课堂的话，那么，口语交际教学则把着眼点扩大到社会和生活，使之走进生活，贴近社会实际的需要。从听说教学到口语交际教学的嬗变，反映了改革开放以来语文教育理念的进步。特别是新课程标准颁行以来，经过一段时间的教学实践，人们对口语交际教学的认识更为深入，其教学方法更为多样，教学效果也得到了一定的提高。

一、明确了口语交际的要求

口语交际是人类运用最广泛的交际手段，是在一定的语言情境中相互传递信息、分享信息的过程，具有交流信息、沟通感情和审美愉悦的功能。为了实现其功能，保证口语交际的成功，以适应现代生活的需要，交际双方必须遵守共同的要求。否则，可能由于表达错误或领会错误，影响交际效果。口语交际应遵循以下基本要求：

（一）准确清晰

言谈话语的水平如何，对口语交际有着重要影响。言语清新生动，有声有色，能产生感人的力量，给人留下深刻的印象。所以，要提高口语交际的质量，言语应当力求准确清晰。口语交际中的准确，要求内容正确，中心明确，重点突出；发音准确，吐字清晰，说规范的普通话；用词准确，造句基本符合语法规范；没有语病，不含混其辞，不东拉西扯，信口开河，说话应力求紧扣题旨，力戒似是而非，避免措辞模糊，以便完整地表达自己的思想。口语交际中的清晰，要求语脉清晰，条理清楚，层次井然；语流通畅，前后连贯；语意完整，句式简洁；逻辑性强，有说服力；不啰唆重复，不颠三倒四，不自相矛盾。言语交际，要注意长话短说，言简意赅。冗长、啰唆的讲话，则不能在一定时间内以最简明的语言来传输最大的信息量，浪费时间，降低效率。从心理学的角度看，同样的信息多次单调机械地重复，容易使人产生疲劳和困倦，导致听者厌烦，影响讲话效果，也不符合口语交际中用语简洁清晰的要求。总之，口语交际要做到说清楚，听明白，对方知道的或不重要的少说或不说，点到即可；对方知道的或重要的则多说或详说，说得恰到好处、适可而止。

（二）文明礼貌

一个人的文明礼貌，不只通过一举一动的"行"来表现，大量的是以有声有情的"言"来反映。这种"言"的表达，往往是他思想状况、文化水平、心理素质，乃至气质、个性的综合表现，也是其文明程度的标志。口语交际中的文明礼貌是使交际在友好状态下进行的保证，起着协调人际关系、营造良好社会风气的作用，更是传递社会文明，达到成功彼岸的桥梁。口语交际中的文明礼貌，体现在以下几个方面：一是言语之美、讲求口语的文雅、谦逊、可亲，使人闻之如沐春风，身心愉悦。二是言语之诚，应当坦诚相待，讲真话，说实话，以真诚的言语打动人心，赢得信任，获得支持。三是言语之谦，不应自高自大，或盛气凌人，要用平等的态度对待交谈的另一方，尊重对方；要学会倾听对方的谈话，关注别人的谈话内容，让别人充分发表自己的看法，也不要谈论别人不想谈论的话题。口语交际中的文明礼貌，还应注意给予恰当的称呼，恰当使用谦辞和敬语，注意词语的感情色彩和说话的语气。只有采取平等合作的态度和方式，才能使口语交际达到满意的效果。

（三）适合语境

语境是口语交际中言语表达时所处的现实环境和具体情景，包括表达某种特定意义时所依赖的言辞因素和客观因素。所谓言辞因素，即说话所依赖的前言后语；所谓客观因素，是指时间、对象、场合等。适合语境，就是要求言语表达的内容（即特定的意义）与语境要素配合适当，具有明确的针对性、目的性与和谐的机变性、一致性。适合语境的要求，一是要看时机。言语交际要切合一定时代、历史阶段所具有的特点，还要切合具体的交际时间。时间稍纵即逝，时不我待，机不再来。生活中当说不说，则错失良机，不当说而说，则适得其反。口语交际的效果与交谈时机的选择密切相关。二是要看对象。要考虑不同对象的不同经历、职业、文化水平、不同思想状况、精神状态、性格特征，不同处境、心情，不同性别、年龄等。还要考虑其对某一问题的关心程度和所持的不同态度，考虑对象的接受能力和实际需要，针对特点，从对象的具体情况出发，寻找对象感兴趣的话题，选择得体的言语形式，恰到好处地说话。三是看场合。场合是指交际时的地点与氛围。场合是决定口语交际表达效果的重要环境因素。口语交际必须考虑场合因素，适应特定场合的要求。场合有庄严与随便、正式与非正式、喜庆与肃穆、欢乐与悲痛、公开与私下、单个接收对象与多个接收对象、有第三者与无第三者之分等。同样的话在不同的场合说，所产生的实际效果不一样。所以，看场合说话，就要自觉接受场合的约束，不说与氛围不相协调的话；同时，也要注意寻找适当的场合，使环境气氛适应自己的话题。

（四）理解差异

人们在口语交际中，由于各自的用语习惯和用语规则不一致，出现用语差异，而由于各自坚持自己的用语习惯，则可能引发用语冲突。不论是用语差异，或用语冲突，都会影响或背离口语交际目标的实现。成功的口语交际，要求"说""听"双方在"信息理解"过程中务必保持全方位的"同一性"。在口语交际从"信息发送"到"信息接收"的全过程中，只要"说""听"双方在某一环节上出现了"不同一性"，用语差异就随即发生。用语差异从"说""听"双方的实际情况与条件不同的角度理解，可分为外部差异与内部差异。外部差异是指差异虽然发生在"说""听"双方之间，但不限于只发生在双方之间，且具有一定的社会普遍性。内部差异，是指差异只发生在"说""听"双方之间，往往较少或不具有社会普遍性。口语交际中用语的外部差异，主要通过交际双方所用语言种类的音义差异、文明差异、习俗差异、礼仪差异和观念差异等原因显现。而其内部差异主要是通过交际双方个人目标的追求差异、个性差异、气质差异、文化差异、情感差异等原因显现。特别应当提到的是，每个民族的文化必然在它的语言中有所体现，口语表达者的民族文化对语言的运用会产生深刻的影响，听者不了解表达者的文化背景往往会出现话意理解上的偏差。为了消除这些差异口语交际的负面影响，口语交际应做到"入乡随俗"，就是到了什么地方，就按那个地方的规矩说话和办事，还要做到"用语守规"，即用某种语言进行口语交际，就应当遵守这种语言的用语规则，而不应当说话人表达的是一种语言规则，而其思维理解所遵守的却是另一种用语规则。从听话人一方来说，面对着说话人一方种种难以避免的"差异"现象的存在，则应遵循理解差异，努力消解差异的规则。所谓理解差异就是语言交流的双方要了解彼此的文化语境（包括风俗习惯、思维方法、民族心理、历史来源等），听话人应尽量努力对说话人的意图、目的有正确的应对，特别是说话人以"双重思维"（如用汉语规则思维，用英语规则表述）进行口语交际时，听话人不妨对其种种失误持理解态度。而消解差异则要求在理解差异的基础上，对对方加以纠正，通过差异的消解，推动对方用语水平的提高。由于用语差异而发生用语冲突时，应以宽容之心看待，主动予以化解，以保证口语交际获得成功。

二、探索了口语交际的教学方法

口语交际的要求因交际双方面对的条件不同，对其把握应各有侧重，具体对待，才能有利于在口语交际中实现。口语交际教学中要达到上述要求，使学生的口语交际能力得到提高，应当采取不同的教学方法，为此，近年来人们进行了积极的探索，总结出了一些经验。

（一）营造氛围

在语文教学中一部分学生怯于口头表达，不善交流，对口语交际束手无策，有的学生一言不发，有的很少说话，有的无话可说。即便开口说话也存在口齿不清、啰唆重复、条理不清、不知所云等问题。对此，教师应积极创造轻松、和谐的气氛，消除学生因胆怯、沮丧、反感而产生的心理障碍，鼓励学生大胆交流。教师应深入了解学生，与学生建立平等、融洽、和谐的师生关系，要放下架子与学生一起聊天、交谈，让学生敢于说话，善于交流。只要学生能谈点看法，即使不很成熟，也应予以鼓励。还要建立积极向上的人际关系，形成民主、平等、开放的班级秩序。让有优越感的同学意识到自己的不足，让有自卑感的学生看到自己的长处，使学生养成合作学习、讨论问题的习惯。在课上，教师要以和蔼亲切的态度、柔和委婉的语气和鼓励性评价去组织教学。在师生交流、学生交流时，应避免讽刺挖苦或相互讥笑，要以公正的态度对口语交际的内容进行补充或修正，使师生之间、学生之间互相尊重，互相支持，互相促进，形成一种浓厚的口语交际氛围。

（二）创设情境

口语交际是在特定的环境里产生的言语活动，这种言语交际活动离开了"特定的环境"就无法进行。因此在进行口语交际教学时，应有计划、有目的地依据教学目标和教学要求，精心创设符合生活的交际环境，使学生有一种身临其境、似曾相识的感觉。在这种情境中，学生情绪高涨，学习主动，以浓厚的兴趣，走进"交际情境"，犹如处于口语交际的现场，去作进一步体验。口语交际创设情境的方式很多，可以陈设相关的实物，绘制有关情景的图画，制作必要的道具，展播录像节目，播放录音渲染气氛，通过多媒体课件再现情境，教师或学生的语言描述或表演，模拟社会生活实例，让学生置身于现实的场景中去观察、说明、辩论等，使学生感到交际对象就在自己面前，引起交流和表达的愿望，从而触景生情，有感而发，提高口语交际水平。

（三）提供台阶

学生的口语交际能力因年龄而异，因个性而别，这种能力只能逐步提高。特别是对于那些进行口语交际有困难的学生，有步骤、循序渐进地进行，可以降低难度，使其充满信心，达到较高的水平。如有的教师把口头表达分为三阶段进行训练：

1. "敢说"阶段

这主要是帮助学生克服羞涩与胆怯心理，积累词汇量，调动口语交际的兴趣。内容有日常对话、自我介绍、设疑解惑、自由交流、自由辩论等。

2. "愿说"阶段

这主要是激发学生自主交际意识变化，变"要我讲"为"我要讲"，将说话重点转到语言的锤炼、思维的拓展方面。内容有：有问必答、主动交流、自我推荐、焦点访谈、专题辩论等。

3. "会说"阶段

这主要是训练学生说话的敏捷度和技巧性，培养学生富于感情，工于表达。内容有：情境对话、自我欣赏、巧问妙答、正反辩论、即兴演讲等。

也有的教师根据学生心理生理、认知水平以及语文能力发展的一般规律，把说话训练分为三个阶段：

1. "说响"阶段

这就是树立敢说意识，调动和激发学生的主动性和积极性。这个阶段的具体目标是：说话时仪态大方，声音清晰洪亮，基本能控制语音的高低和语速的快慢，基本能通顺地表达想要表达的意思。

2. "说通"阶段

这就是提高学生语言运用的能力和技巧。要求说话的内容中心明确，思路清晰，重点突出到简明、连贯、得体。

3. "说美"阶段

这就是在声音、语言、情态等方面进行综合训练，声音动听，话语优美。本阶段的具体目标是：在语言运用方面，要求立意新颖深刻，语言有文采；在声音运用方面，能灵活自如地运用发音和朗读技巧表达感情，较好地调动和感染听众的情绪；在情态运用方面，能运用表情、体态、手势来增强话语的表现力，较好地打动和鼓舞听众。

（四）选择话题

口语交际教学要有适当的话题，才能激发学生交流的热情和兴趣，使学生乐于参与。要选择贴近学生思想水平和生活实际的话题，以使学生真实、诚恳地表达自己的见解。

例如，可选择以下话题：

1. 结合学生的年龄特点

如以"我最得意的一件事""我的特长""入校以来我最成功的一次""我的价值""我的理想"等为题，让学生克服自卑心理，树立口语交际的信心，展现自身的风采。

2. 结合学生的学习、生活

如"是分数重要还是能力重要？""爸爸、妈妈的唠叨，对你学习做人有哪些影响？""被班主任或同学误解，该如何澄清？"等。

3. 根据地域特点

学生对自己所处的周围环境一般较为熟悉，如果这些地方有名胜古迹、人文景观等，让学生做导游，就有话可说。

4. 根据社会热点

社会热点是人们关心的话题，也是学生口语交际的好话题，抓住热点话题，可使学生关注国内外大事，透过社会现象看到本质，提高学生的基本素质。

5. 联系现实生活

以"打招呼""打电话""访亲友""看病号""婉言谢绝""自我介绍""学会赞赏""推销商品""商务谈判"等话题进行口语交际训练。

（五）实现互动

口语交际的核心是"交际"，强调双方的互动行为，注重人与人之间的交流与沟通，是一个互听互说的双向交流的过程，而不是简单的听和说的相加，不能只重说，不重视听及应答的训练。如果把多元互动的口语交际，变成单一的你听我说，就会成"独角戏"，达不到口语交际的要求。口语交际教学的互动，可有以下几种：

1. 师生互动

教师既是课堂教学的组织者，也是口语交际的参与者，应走下讲台，融入学生，创造一种师生心理相融、民主交往的气氛，有助于学生主动参与交流。

2. 生生互动

要把集中学习、小组合作学习、个体自主学习等有机结合起来，实施多层次、立体型的教学组织形式，促进学生之间的交流。

3. 师生与媒体之间的互动

多媒体能够虚拟学生喜闻乐见的实景，使学习能在和现实情况基本一致或相似的情境中发生，可以引发学生思维，拓展口语交际的多维信息。

4. 师生与环境互动

学生可以将课堂上讨论的话题带回家与父母交流，并听取他们的意见，然后再回到课堂上发表自己的看法。这样也拓展了口语交际的空间，有利于学生主动地参与表达交流。

（六）变换形式

口语交际训练的形式是多种多样的。采取不同的形式，经常变换，避免单一化，可以激发学生学习兴趣，增强他们的学习热情。训练形式可以不拘一格，学生或同桌，或小组，或班级，组成一个临时的口语交际单元，既可以进行画面解说、自我介绍、演讲，也可双人对话、采访、问答，或多人讨论、辩论等。

常见的口语交际形式有以下类型：

1. 介绍类

自我介绍、介绍我的家乡、介绍我的一张照片、介绍一座城市、介绍一种动物等。

2. 独白类

说笑话、说故事、说说自己的奇思妙想、说说自己的愿望、谈读后感观后感、说目击情况、发布小新闻，等等。

3. 交往类

祝贺、转述、劝阻、商量、请教、赞美、批评、安慰、解释、约请，等等。

4. 表演类

演剧、演讲、主持节目，等等。

5. 讨论类

某种思想对不对，某种行为好不好，某个措施行不行，某事该怎么办，建议，小辩论，等等。

三、注意到口语交际教学中的效果

口语交际教学虽脱胎于听说教学，但作为整合而成的新领域，强调了自身的交际功能，因此，在教学中除了采用不同的方法调动学生学习积极性外，还应当根据口语交际的特点，抓住学生薄弱环节，有所侧重地开展教学，才能达到良好的教学效果。

注重实践。人的口语交际能力是在口语交际的实践中形成的，只学习知识，不能运用于实际，那只是纸上谈兵，不能真正提高口语交际水平。所以，口语交际教学要唤起学生的主体意识，发挥学生学习上的主观能动性，使之成为口语交际实践的主体。要多提供实践的机会，不仅在课堂教学中，还要保证有足够的时间和空间，让学生勤学习，勇于实践，善于表达交流。应重视日常生活中口语交际能力的培养，而不必过多地传授口语交际知识。在学生的日常生活中，存在着大量的交际活动，要引导学生利用这些活动进行学习和锻炼，还应有针对性地组织一些有价值的活动，如让学生参加剧社表演、参加宣传活动，参加社区志愿者活动，采访，走访有关部门等。实践活动应让学生以自己的智慧，去设计活动方案，制订活动规则，召集会议，布置安排工作，让他们自己去与别人打交道，请求帮助，解决问题等。在口语交际的实践活动中，学生将学会"倾听"，学会"表达与交流"，学会"进行人际沟通和社会交往"，学会与别人"合作"，逐步形成"具有文明和谐地进行人际交流的素养"。

注重个性。为了正确地进行口语交际教学，在教学中还应注意突出其交际性，提高学生沟通交流的能力；注意口语化，发挥口语浅显、易懂的优势；注意重视和引导学生的个性表达，使口语交际做到"声如其人"，而不致千人一腔，众口一词。对于学生不同的口语个性，教师应予以尊重和理解，不能用一种模式，不能用自己的规定，去限制学生；要善于发现学生的口语风格，发挥他们的长处，同时，引导他们克服各自的缺点，防止口语表达中的片面性和不良倾向。

注重开放。口语交际教学不应局限于课堂，应打破封闭，将其拓展延伸到课外和校外，让学生多一些学习的自主权和自由度，让学生在广阔的社会实践中感受生活、表达生活。这可以鼓励学生通过多读课外书，自由交流；可以充分利用课间、晨间进行；可在学校开展各种活动后讨论活动；也可利用电影、电视节目进行；还可就社会热点问题发表意见。

注重示范。教师口语表达中的许多特点、许多习惯，会潜移默化地影响学生，所以，教师应努力提高自己的口语交际水平。教师在口语交际中应发挥示范作用，在听学生说话时能集中注意力，抓住要点，善于领悟，及时做出良好反应；在说话时要说标准的普通话，且口齿清楚，音量适当，态度自然，口语表达准确、简练、畅达；能在不同场合恰当地交谈、发言、辩论，应对机敏。这样，教师在指导学生进行口语交际训练时，才有说服力。

从 20 世纪 80 年代中期的"听说教学"到 21 世纪，尤其是新课标颁布后的"口语交际教学"，是语文教育改革走出的可贵的一步。口语交际教学是听说教学的发展，打破了以往单向听说的格局，使口语交际教学形成开放、互动的局面；它从"师—生"单向静态交流为"师—生""生—生""个人—集体"双向和多向的交流，使学生在双向、多向互动的口语交际训练中，逐步形成自然、大方的口语交际能力。可以说，这一变化突出了语文的交际功能，适应了快速发展的现代社会对口语交际提出的新要求，吸收了国外母语教育的基本经验和共识，体现了当今语文教育理念的调整与突破，是改革开放以来语文教育领域和制度的一项重要推进和完善。

第二节　口语交际教学的理念和目标

为了搞好口语交际教学，提高学生的口语交际能力，在语文教育中必须明确其理念和目标，弄清其与阅读教学、写作教学之间的关系。新的语文课程标准提出了口语交际教学的理念，制订了不同阶段的教学目标，使教学有了依据和方向。

一、口语交际教学的理念

口语交际教学的理念即对口语交际教学的基本认识或价值取向，是在对口语交际教学的深刻分析和未来发展的基础上形成的。语文课程标准对口语交际教学的理念作了阐述，《全日制义务教育语文课程标准》指出："口语交际是现代公民的必备能力。应培养学生学会倾听、表达和应对的能力，使学生具有文明和谐地进行人际交流的素养。"《普通高中语文课程标准》也指出良好的口语交际能力是现代公民的重要素养。口语交际是在一定的语言情境中相互传递信息、分享信息的过程，是人与人之间交流和沟通的基本手段。口语交际教学应注重培养人际交往的文明态度和语言修养，如有自信心、有独立见解、相互尊重和理解、谈吐文雅等。应重视指导学生在各种交际实践中提高口语交际能力，选择他们感兴趣的、贴近生活的交际话题，采用灵活的方式组织口语交际教学，而不必过多传授口语交际知识，还应鼓励学生在各科教学活动中以及日常生活中锻炼口语交际能力。这些理念是依据时代和社会发展的迫切需要提出的，对以往的听说教学思想有所发展，充分体现了以人为本的思想，凸显了以下几个方面。

（一）口语交际教学应着眼于提高学生的素质

现代社会对学生的综合素质提出了更高的要求，其中之一就是应具备一定的口语交际能力。口语交际教学不仅要求发展学生的听说能力，而且要求在口语交际中规范口头语言、培养言语交际、待人处事、临场应变、表情达意等能力。这不仅是一种人际交流中表现出来的灵活、机智的听说能力，还是一种做人、做事与交往的能力，更是一个人能否和谐发展，能否融入社会的问题，实际上反映了现代社会对公民素质的要求。口语交际教学正是着眼于学生未来的发展和着力于培养高素质的现代公民，即着眼于学生的明天，关注学生将来的发展。学生只有具备了一定口语交际能力，才能促进自身素质的提高，才能适应现代社会生活的需求。

（二）口语交际教学应促进国际的沟通交流

口语交际不仅是一种个体行为，而且是一种双方的互动交往。一个人能说会道，会听别人的话语，却不一定能与他人沟通。也就是说他虽有听说技能，但并不一定能达到与人沟通的水平。这里就存在一个如何沟通、如何与人相处、如何与人合作的问题。人无时无刻不处于社会生活之中，当今人与人、人与社会的交流越来越频繁，运用口语交际处理好人际的沟通交流，越来越重要。缺乏沟通可能导致封闭、可能会落后于社会。所以，口语交际教学应注意培养学生如何与人相处、如何发展合作精神。既然是交际活动，那么双方在应对中的情感态度就十分重要，在交往中应有文明态度和语言修养，要有自信心、有勇气、有独立见解、诚恳待人、尊重对方、谈吐文雅，能够按照口语交际的要求文明地进行交际沟通和社会交往。这是与人沟通的必需，也是与人合作的前提。口语交际教学对此应予重视。

（三）口语交际教学应注重培养学生的能力

口语交际要求有较好的理解力、判断力、语言组合能力、思维能力和应变能力等，因而教学不必过多传授口语交际知识，而应注重其能力的培养，其学习方式的实践性十分突出。口语交际教学要让学生在交际实践中学习，如要为学生创设生动、具体的口语交际情境,让学生积极主动地进入口语交际实践过程;要精心设计和组织各种有趣的活动，让学生在活动中锻炼口语交际能力；要帮助学生如何克服怯于表达的心理障碍，通过积极的评价，发挥其激励功能，使学生自信、大胆地进行口语交际。这样，学生才能在教师的指导下，在课内外口语交际实践中提高能力。

由于对口语交际的认识存在某些偏差，教学实践往往出现一些误区，如口语交际内容远离学生生活，缺乏真实性和实用性；口语交际处于单向活动，缺乏交互性；口语交际只局限于优等生，缺乏参与的全体性；教师只是言语交际的参与者，缺乏教学过程中的指导性，等等。教学必须全面理解和掌握口语交际的理念，寻求对策，走出误区，从而不断提高口语交际教学的实际水平。

二、口语交际教学的目标

口语交际是中学阶段语文教育的重要内容之一，明确口语交际教学的目标，有利于全面完成口语交际教学任务。语文课程标准制订了口语交际教学的总目标和阶段目标。

（一）义务教育阶段的口语交际教学目标

具有日常口语交际的基本能力，在各种交际活动中，学会倾听、表达与交流，初步学会文明地进行人际沟通和社会交往，发展合作精神。

义务教育阶段的口语交际教学目标分为4个阶段：

第一学段：学讲普通话，逐步养成讲普通话的习惯。能认真听别人讲话，努力了解讲话的主要内容。听故事，看影视作品，能复述大意和精彩情节。能较完整地讲述小故事，能简要讲述自己感兴趣的见闻。与别人交谈，态度大方，有礼貌，有表达的自信心。积极参加讨论，对感兴趣的话题发表自己的意见。

第二学段：能用普通话交谈。在交谈中能认真倾听，并能就不理解的地方向人请教，就不同的意见与人商讨。听人说话能把握主要内容，并能简要转述。能清楚明白地讲述见闻，并说出自己的感受和想法。能具体生动地讲述故事，努力用语言打动他人。

第三学段：与人交流能尊重、理解对方。乐于参与讨论，敢于发表自己的意见。听他人说话认真耐心，能抓住要点，并能简要转述。表达要有条理，语气、语调适当，能根据交流的对象和场合，稍做准备，做简单的发言。在交际中注意语言美，抵制不文明的语言。

第四学段：能注意对象和场合，学习文明得体地进行交流。耐心专注地倾听，能根据对方的话语、表情、手势等，理解对方的观点和意图。自信、负责地表达自己的观点，做到清楚、连贯、不偏离话题。注意表情和语气,使说话有感染力和说服力。在交流过程中，注意根据需要调整自己的表达内容和方式，不断提高应对能力。讲述见闻，内容具体、语言生动；复述转述，完整准确、突出要点。能就适当的话题作即席讲话和有准备的主题演讲，有自己的观点，有一定说服力。课堂内外讨论问题，能积极发表自己的看法，有中心、有条理、有根据，能听出讨论的焦点，并有针对性地发表意见。

评价学生的口语交际能力，应重视考查学生的参与意识和情意态度。评价必须在具体的交际情境中进行，让学生完成有实际意义的交际任务，以反映学生真实的口语交际水平。

（二）普通高中的口语交际教学目标

增强人际交往能力，在口语交际中树立自信，尊重他人，说话文明，仪态大方，善于倾听，敏捷应对。注意口语的特点，能根据不同的交际场合和交际目的，恰当地进行表达。借助语调和语气、表情和手势，增强口语交际的效果。学会演讲，做到观点鲜明，材料充分、生动，有说服力和感染力，有个性和风度。在讨论或辩论中积极主动地发言，恰当地应对和辩驳。朗诵文学作品，能准确把握作品内容，传达作品的思想内涵和感情倾向，具有一定的感染力。

在选修课程"语言文字应用"中提到：在实践活动中增强口头应用的能力，能根据交际的需要，选择恰当的时机和场合，提出话题，敏捷应对，注意表达效果。参加演讲与辩论，学习主持集会、演出等活动。口语交际的评价，应考查学生参与口语交际实践的态度，能否把握口语交际的基本要求，善于倾听，在交流中捕捉重要的信息，清楚、准确、自信地表达自己的思想和感情。

上述义务教育和高中的口语交际教学目标具有以下特征。

1. 阶段性

口语交际教学在总目标下分设 4 个学段，按九年一贯的思路，整体设计，分段实施，呈现螺旋上升状态。随着年级的上升，各学段对某一内容的教学要求也逐步提升。如听人说话，第一学段要求"能认真听别人讲话，努力了解讲话的主要内容"；第二学段要求，"听人说话能把握主要内容，并能简要转述"；第三学段要求"听他人说话认真耐心，能抓住要点，并能简要转述"；第四学段要求"耐心专注地倾听，能根据对方的话语、表情、手势等，理解对方的观点和意图"。这些目标根据学生年龄年级的特点，在不同阶段有不同的教学侧重点，体现了鲜明的阶段性。按照各阶段的目标可以由浅入深，由易到难地实施教学。

2. 完整性

口语交际教学目标有总目标和各学段目标，有义务教育阶段目标和高中阶段目标，构成了完整的目标体系。同时，这些目标体现了知识和能力、过程和方法、情感态度和价值观三个维度的要求。"具有日常口语交际的基本能力"，这是"知识和能力"的目标；"在各种交际活动中学会倾听、表达和交流"，是"过程和方法"的目标；"初步学会文明地进行人际沟通和社会交流，发展合作精神"，是"情感态度和价值观"的目标。

这表明口语交际教学目标不仅考虑学生能力的提高,同时也关注口语交际能力习得的"过程和方法",以及在这个过程中应当获得的健康的情感、积极的人生态度和正确的价值观。教学目标的三个维度,相互渗透,融为一体,体现了其完整性,充分注重了学生语文素养的整体提高。

3. 可行性

口语交际教学目标符合学生的身心发展规律,也符合学生语文学习的规律,具有较强的可操作性,为教科书选择、编拟和确定口语交际的教学内容提供了依据。如根据"听故事、看音像作品,能复述大意和精彩情节"这一目标,可以在教学中安排"听故事、讲故事","听童话、演童话"之类的教学内容。根据"在交谈中能认真倾听,并能就不理解的地方向人请教,就不同的意见与人商量"的目标,可以设计"向别人请教""学会商量"等教学内容。如此,口语交际教学目标经过细化,明晰具体,切实可行,便于实施。

4. 开放性

口语交际教学目标中要求"具有日常口语交际的基本能力","增强人际交往能力","能根据不同的交际场合和交际目的,恰当地进行表达","课堂内外讨论问题"等,这表明了口语交际教学要求面向社会,面向生活,课内外结合。教学应当深入学生、了解学生,努力选择贴近学生生活的话题,鼓励学生在各科教学活动中以及日常生活中锻炼口语交际能力,把口语交际教学的外延开放到学生所有的生活领域。如果无视学生实际,不能联系生活,拘泥于教材的教学,就达不到口语交际教学目标。所以,开阔眼界,加大教学的开放度,为学生搭建一个与现实生活相联系的口语交际的舞台,将使口语交际教学达到良好的效果。

口语交际教学目标的以上特征,为我们开展口语交际教学提供了广阔的视野。提高学生的口语交际能力,不仅是语文教育的一项基本内容,也是现代社会对公民素质的一个基本要求。口语交际能力的培养,不仅有利于提高学生的言语能力,还能起到活跃思维、提高思维敏捷度和应变能力的功效,对促进学生适应社会,培养他们形成良好的人际关系也有积极的作用。因此,语文教育应以新理念对口语交际教学给予更多的关注。

三、口语交际教学与读写教学的关系

口语交际与读写同是语文教学中不可分割的一部分,它们有机地统一于语文教学之中。口语交际是通过口头语言进行的,读写是通过书面语言进行的。口头语言是书面语言的基础,它不断丰富和发展着书面语言,离开口头语言,书面语言就会僵化,从而丧失生命力。书面语言一经形成,便规范、简化和优化着口头语言。口头语言与书面语言密切相关,相互影响。口语交际运用口语,读写运用书面语,因而,口语交际与读写既有区别,也是互相联系,互相依存的。

人们学习语言,通常是以听、说开始,在口语交际中逐步提高口头语言的理解能力和表达能力;然后学习读写,提高书面语言的理解能力和表达能力。从口语与书面语的

关系来看，提高口语交际能力有助于读写能力的发展，读写能力的发展又促进口语交际能力的提高。因此，口语交际教学与读写教学是相互促进，相辅相成的。正确地处理它们之间的关系，可以相得益彰，使口语和书面语和谐一致地得到发展。

（一）口语交际教学与阅读教学的关系

1. 口语交际教学对阅读教学的促进

口语交际影响着阅读，有利于阅读能力的提高。其一，口语交际需要一定的材料，其中相当一部分靠阅读获得。搜集信息、吸收营养、探求新知，这些在无形中扩大了阅读面，培养了积极阅读的态度和良好的阅读习惯。其二，口语交际可以培养学生的语感，学生的语感提高了，阅读能力也会得到相应的提高。其三，口语交际教学有助于学生智力的开发和思维能力的提高。说话准确清楚反映了思维的准确性、敏捷性、条理性和逻辑性，而在口语交际中形成的思维能力以及观察力、想象力、联想力的培养，都能加深对阅读内容的理解，提高阅读能力。其四，口语交际教学可采取不同的方式，如就课文内容进行即兴发言、演讲、交谈、采访、讨论、表演（对白）、辩论等，这不仅可激发学生的兴趣，还可以活跃阅读教学过程，帮助学生正确理解所学内容，体会感情，使阅读教学收到更好的效果。

2. 阅读教学对口语交际教学的促进

阅读可以丰富学生的语言积累，提升其口语交际能力。其一，阅读教学为口语交际提供内容。口语交际得有话题，才能有话可说，课文及其他内容为口语交际提供了材料，使师生之间、学生之间有了共同的交流基础。其二，阅读就是理解原文，进行思考的过程，阅读能力的提高意味着理解能力和思维能力的提高，这一能力能促使说话明晰完整，有条理，有逻辑。其三，阅读课文为口语交际提供了学习语言的范例，课文大都是文质兼美的文章，学生通过学习，可以提高语言的鉴别能力和感受能力，学到富有表现力的语言和遣词造句的技巧，学到运用语言的技巧，使口语交际更准确得体，富有表现力。其四，阅读教学给口语交际提供了大量练习和指导的机会，在阅读教学的各个环节都可以安排口语交际练习，如朗读、复述、口头答问、口头质疑、讨论等，对此进行必要的指导，可以提高其教学效果。

3. 口语交际教学与阅读教学应密切结合，相互促进

我们不应把口语交际教学看作独立的形式，而应与阅读教学相结合。在阅读教学中进行口语交际训练，教师可通过对范文的朗读、复述、答问、讨论等形式，品味文章蕴含的情感，体味作者遣词造句的妙处，变书面语言为口头语言，从而训练学生的口语交际能力。如在阅读教学中学生理解课文有一定难度，为了帮助学生理解，教师可提出一些问题让学生思考、回答。教师要尽可能在关键地方巧设问题，启发学生积极思考，给学生创造口头表达的机会。教师提出的问题，要使学生感到有话要说，有话可说，使之发言积极，讨论热烈。这实际上就是进行了一次很好的口语交际训练。同样，口语交际

教学也可通过对所学的课文内容进行对话、讨论、辩论、演讲等，使学生加深对阅读课文的理解，形成良好的倾听习惯，学会及时调整表达的内容。

（二）口语交际教学与写作教学的关系

1. 口语交际教学对写作教学的促进

口语交际中的说话是写作的基础，把要说的话写成文字，就是文章。如果话说得通顺明白，有条有理，写作也就通顺有条理，提高口语交际能力对提高写作能力是大有好处的。其一，口语中有取之不尽、用之不竭的语言库存，在口语交际中博采口语，从中吸取养料，可以丰富语言，改变写作中语言干瘪乏味的弊端。其二，减少写作困难。写作前，让学生把要写的内容，有头有尾、有条理地说给大家听，由同学和老师评价，肯定其优点，指出其不足，提出改进的意见。经过自己口说，大家提意见，动笔写作时，心里有谱，写出来的文章质量就会提高。其三，开拓写作思路。写作前让学生进行讨论交流，可以帮助大家明确题意，活跃思维，理清思绪，使学生从中得到启发，提高写好作文的信心。其四，便于指导。口语交际不仅有学生的交流，而且师生互动，这就给教师反馈了信息。教师根据这些信息，可以针对写作的重点、难点和疑点进行指导，也可根据个别学生的问题进行点拨。

2. 写作教学对口语交际教学的促进

写作比说话更严密，为说话提供了凭借，对口语交际起着提高和完美的作用。其一，写作可为口语交际做准备，让学生写些自己喜欢写的东西，轻松愉快地积累口语交际的材料，写得越多，口语交际的素材就越丰富，也就不愁无话可说了。其二，写作可以降低口语交际的难度。有的学生口头表达较差，"口讷讷不能言"，可以写说，通过对有关内容的写作，整理思想，使口语交际做到心中有数，在此基础上引导学生说出来，让学生怎么写就怎么说，将书面表达转换为口头表达，口语交际也就不会感到困难了。其三，写作需要思考，要求写出来的文章明白、完整、有条理，这种思维能力的提高，可以提高口语交际的水平和效果，使说话有条理、连贯和完整。也就是说，写作对口语表述有理清思路，确立观点，明晰层次，突出中心的作用，有对思维周密细致的强化作用。其四，写作的语言一般经过斟酌，用语注重准确生动，这可以影响到口语表述，使其更规范、简练。

3. 口语交际教学与写作教学应密切结合，相互促进

说话与写作在表达目的、内容、构思、词语等方面都是相同的，说是写的基础，写可以看作把说的话写出来，写和说不能割裂开来。口语交际教学与写作教学的结合，可以先说后写，以说促写，如在写作教学中的各个环节都可渗透口语交际训练。在写作前，教师讲授一些写作知识并对学生进行具体指导，学生听取这些指导就是听力训练。写作课上教师组织学生通过讨论确立作文要表现的主题，引导学生谈自己所选择的题材以及自己对文章的构思，这是锻炼学生的说话能力。经常进行口头作文，如复述情节、口述见闻、看图说话、谈论感想、概述要点、口头扩述等，让学生有中心有条理地进行口头

表达，学生的思路清晰了，语言丰富了，将口头语言转换为书面语言，就能为写好作文打下基础。此外，也可以是写了再说，以写代说。如教师和学生共同进行习作讲评，教师可选择一些优秀习作和有毛病的文章念给学生听，让他们比较优劣，发现别人文章的优缺点，再由学生口头发表意见，进行评议修改，这就是进行口语交际训练。又如召开辩论会、演讲会，可让学生先写好发言稿再参加。有写得认真，语言准确生动，条理清楚，结构紧凑，这就使"说"有质量，提高了"说"的水平。同时，如果依据写的内容说得不明白，听得不顺耳，那就说明"写"有问题，需要进行修改。

第三节　口语交际训练的途径与方式

口语交际教学的主要任务是学习必要的知识，指导学生进行实践，规范学生的口头语言，使学生掌握一定的技能，养成良好的习惯以及待人处事的交往能力，为此，必须通过实践与训练来实现或完成。口语交际训练是语文教学的一部分，其教学可以按照教材编排的内容，在教师指导下有目的、有计划地进行。如果认为口语交际在日常生活中无处不在，自然而然就能掌握，无须进行专门的指导，显然是片面的，不利于口语交际能力的提高。而如果局限于教材，只依据有限的内容对学生进行训练，这就过于单一，显然远远不够。口语交际训练是多样化的，可以进行分项的、单独的倾听或表达，也可进行综合的、互动的口语交际训练。

一、专门的口语交际训练

不同版本的语文教材安排口语交际的内容和次数不尽相同，但都是专门的口语交际训练课的主要参考。在进行教学时，教师首先要全面熟悉教材编排的"口语交际"系列，利用其中的基本理论和练习设计，对学生进行专门的理论指导和系统性的操作训练。其次，根据所教学生的实际情况确定练习的侧重点，增加练习的数量，指导各种训练，以使学生的口语交际能力得到提高。

人民教育出版社编辑出版的《初中语文》课本安排的口语交际内容有：说话要态度大方，口齿清楚；说话要清楚简洁；说话要有中心，有条理；说话要连贯、严密；说话要讲究方式；说话要看对象；说话要注意语调和语态；说话要注意语言美；开辩论会，开演讲会。《高中语文》课本安排的口语交际内容有：引导学生和把握口语交际的基本要求，大胆开口，文明得体；培养双向的口语交际能力：倾听、应答，培养双向互动的口语交际能力：劝说、讨论、演讲、辩论。这些内容包括了一个中学生应具备的口语交际能力。教师必须认真备课，讲清要领，做出示范，指导练习，上好专门的口语交际训练课。

专门的口语交际训练要做到：一是与学生生活实际紧密联系，具有广泛的适用性；二是遵循由易到难，由简单到复杂的规律。通过教材中的专题训练，使学生比较系统、快捷地掌握口语交际的有关知识，提高相关技能。

二、结合阅读教学的口语交际训练

（一）复述

这是把书面语体转化为口头语体，既忠实于原材料，又不完全照搬，以训练学生用自己的话来叙述课文内容。教师首先要求学生熟记课文内容，理清各部分的内在联系，讲明各种复述方式的不同特点和要求，按照"详细复述—概要复述—创造性复述"的序列依次布置练习。这种方式主要用于训练学生能够较长时间连贯地、有条理地、完整地说话，由依赖模仿读物到能动创造说话。复述可以使"读"过渡到"说"，也可以提高学生的记忆力、联想力、抽象思维和求异思维的能力。

（二）答问

这是在"读"中练"说"，以"答和问"带动"说话"，训练学生克服不愿说或不敢说的心理障碍的常用方式。教师首先应在课前设计好问题，安排发问的时机，然后在课中引导学生深入钻研课文，于有疑处解疑，无疑处生疑，按照"师问生答—生问生答"或者"一问一答——问多答—连问连答"的序列激励学生说话。这种方式主要训练学生会用讲述语体解答问题或者提出问题，说话有分析、推断有依据的表达能力。教师对学生答问中的内容、表达技能，说话时的仪态习惯等要给予评价，保护和调动学生说话的积极性。

（三）课堂讨论

这是在理解课文的过程中提出某个看法不一致的议题，引起讨论，要求学生在短时间内发表个人意见的训练方式。教师首先应该全面估计，选准有价值的议题，既可以针对课文内容，也可以对课文作引申；既能"牵一发而动全身"，又能激起学生争议的兴趣，让学生有话可说，有话好说，然后在适当的时机引出讨论，按照"同桌讨论—小组讨论—全班讨论"的顺序，由小范围到大范围进行练习，让每一位学生畅所欲言，都有充分发表见解的机会。这种方式训练的方面广，信息流通多而且快，着重于训练学生扣紧议题积极思维，大胆发表个人见解，倾听别人意见并且辨明正确与否，也要求注意发言的言语和仪态。教师要重视讨论过程的指导和控制，及时评点，通过讨论达到训练说话和思维的目的。

三、结合写作教学的口语交际训练

（一）口头作文

这是在命题或提供材料以后，学生按照具体要求经过短时间的构思，用口头语言连贯完整地表述作文的练习方式。教师首先要教给学生构思口头作文的基本方法，从文章的中心、选材、结构等方面定下几个"点"，连"点"成"线"，再扩"线"成"面"。然后从不同的角度交叉选用几种程序进行训练，例如，思维上可以从形象到抽象：看图说话—按所供文字材料口述成文—按题目和要求口头作文；做法上可以由易到难：拟提纲口述构思、凭提纲口述全文、打腹稿出口成章；形式上可以从部分到整体：口述所选材料、口述开头结尾、口述全文；文体上可以按照记叙、说明、抒情、议论的顺序逐渐过渡。这种方式着重训练学生敏捷的思维构思，快速遣词造句并组织成文的能力，对加快书面作文的速度很有帮助，难度较大，功效也较大。有时也采用"先说后写"的做法，把说的训练与写的训练结合起来，质量更高。

（二）例文评析

这种方式的做法是把作文教学过程中用于"指导"环节的范文或者用于"讲评"环节的习作让学生宣读，并结合本次作文的要求让学生评析，发表意见，使学生获得更多的说话机会，把自己的理解或意见表达出来。此举在作文之前，可以使学生加深对本次作文要求的认识；在作文之后，可以发现和小结本次作文的得与失。教师主要做好材料准备和引导点拨的工作，不要越俎代庖。

（三）讲故事，写故事

这种训练方式首先要有故事。故事的来源可以是读过的文学作品、看过的影视戏剧、听别人讲的印象深刻且完整的故事。内容的要求是思想健康、倾向积极、趣味性较浓、艺术性较高。讲故事的学生应事先熟记全部情节和主要人物关系，正确理解主题，控制好语调和语速，有些内容可以做适当的加工创造。这种方式着重于训练学生语言表达的连贯性、生动性和感染力，当然也离不开运用体态语等配合渲染，增强效果。写故事是在听故事基础上的写作。可以把听到的故事用自己的语言记述下来；可以根据故事的材料重新构思，安排情节可以根据现有的故事推测、想象、发展故事；也可依照所讲故事的结构或情节，写一则自己熟悉的新的故事。

四、随机训练

（一）在生活中随机训练

丰富多彩的生活给口语交际教学提供了活水源，教师要用心捕捉现实生活现象，诱导学生广开思路和言语，发展口语交际能力。生态环境、文化景观、社会焦点、时事话题等，都是学生口语交际的载体。教师可以结合实际，与学生一起搜集本地民间传说、饮食文化、民风民情，一起关注国内外重要事件，然后一起讲述倾听，一起争论，擦出思想的火花。例如，利用每天语文课前几分钟观看"三分钟新闻播报"，让学生谈谈自己看到的、听到的新鲜事，如父母闹别扭、邻里有纠纷、印度洋海啸、巴以和谈、奥运花絮等，如此还培养了学生的理性情感，关心家事国事天下事，养成学生终身学习的习惯。

（二）在活动中随机训练

学校、班级等经常开展活动，抓住活动的机会进行口语交际训练会取得比较理想的效果，如"怎么过生日""成绩差了怎么办""伤心事对谁说""假如我是班主任"。学生面对的是真实的问题和真实的情境，自然就能敞开心扉，真诚地交流，并在相互接受与倾听中学会平等参与、真诚合作、共同成长。丰富多彩的活动立足于学生的生活和经验。在活动中，学生不是被动接受知识的"容器"，而是具有主动性的知识的构建者。教师则是引导者和促进者，要帮助学生摒弃已有知识对思维的框定，积极探究未知领域，形成个性化的知识。

五、其他方式的口语交际训练

（一）课余会话

会话是两个或两个以上的人在一定的交际情境中进行的交互式口语交际。它要求能够控制话题、融洽感情和随机应变，谈吐得体并注意方法和技巧。课余会话包括日常的一般交谈、电话联系以及假设情境与角色的模拟对话，要求学生选好话题，控制谈话的中心与时间，不宜扯远，该收则收。这种方式着重训练学生的社交语言，培养大方得体的说话态度，实用价值高，应鼓励学生广泛使用。

（二）采访

采访是一种通过提问获取特定信息的双向交际活动。它有鲜明的交际意图，最终的沟通效果取决于采访者的提问能力和被采访者的答话能力。从形式上看，采访类似于一般的聊天，是人与人之间的沟通，但由于采访者和被采访者之间的交际关系大多是临时建立起来的，而且交谈的话题是固定的，内容也较为严肃、公开，这就使采访具有一定的难度。采访者有可能提问不当，遭到被采访者的拒绝，或者对方转移话题，使采访者得不到自己需要的信息。也有可能采访对象的口才不太好，性格内向或没有情绪，不愿接受采访，不能提供有价值的信息。因此，高明的采访者应该熟练掌握采访用语，确保在愉快、轻松或幽默风趣的交谈中实现采访意图。采访可以很好地锻炼一个人的口语交际能力。采访要尊重采访对象，区分场合，恰当、机智地提问，得体地赞美对方，要善于引导、控制话题和场面。可以说，一个优秀的采访者所具有的口语交际能力，能够保证他在绝大多数交际活动中获得成功。采访和答问一般是针对某一事件或问题进行了解或接受了解。无论是采访的一方还是答问的一方，首先都应明确目的和熟悉对方。采访者应拟出提纲、逐一发问、注重礼貌、灵活引导和适可而止。答问者针对发问的核心回答，态度要明确、观点要鲜明条理要清楚；有些不宜正面回答的可以委婉拒绝。这种方式可以训练学生的思维更加灵敏，语言更加简洁，培养交往能力。

（三）即席讲话

即席讲话是在特定场合，就某个问题发表见解、提出主张，或在特定语境中表达某种感情、某种愿望。它的特点是话题明确、针对性强、态度明朗、直陈己见、有感染力、有说服力、短小精悍和生动活泼。这种方式一般多用于活动现场，尤其是被邀请参加活动的礼仪场合。即席讲话并非不假思索地随便应付几句，而是要在极短的时间内针对面前的场合与对象决定该说什么和要说多少。由于没有事先准备的边想边说，因此，即席讲话思维要快，开口却不能急。即席讲话要做到快速选题、快速取材、快速结构和从容展开；要扣紧现场的某一方面或活动的主题确定说话的基调，开头可以有"引子"，但若能直接切入主题更好。这类场合不可不讲，但不宜多讲，说话应贴近听众，力求简洁生动，富有感情色彩。这种方式可以训练学生克服在众人面前畏惧说话的心理，培养机敏思考、灵活定向和流畅表达的能力。

（四）口头报告

这种方式是围绕某个问题、某件事情和某项活动的前因后果，向听众作比较完整的口头介绍，如读书报告、实验报告、参观活动报告等。报告前要求学生选取力所能及的题目，充分准备和提炼材料，拟好报告提纲。报告要向听众说明目的和背景，声音要响亮，条理要清楚，层次要分明，语言要通俗易懂，尽可能运用视觉性的描述语言，并随时注意根据听众的反应来调整自己的言语和报告内容，提高口头报告的有效性。这种方式主要用在训练学生的说明性语言。

（五）劝说

日常生活中，当我们的同学、朋友和亲人遇到坎坷，碰到烦心事，情绪低落、内心痛苦时，我们要用话语去安慰、劝说并帮助他们走出低谷。当有人由于缺乏周全的考虑或一时糊涂，做出一些错误的决定和行为时，也需要我们良言相劝。当我们在商量、决定一件事情时，也要劝说别人接受自己的观点。可以说，劝说在日常交际中使用非常普遍。劝说是一门艺术。对不同的情况、不同的对象，使用的方法也大不一样。一般来说，在劝说之前，要摸清情况，了解对象的经历、素养、性格、习惯，弄清事情的缘由、责任及结果，然后再开始劝说。劝说要讲策略，掌握劝说的时机、氛围、内容、方法、语言、语气、距离和态度等。有时需要正面劝导，坦率直言，以理服人；有时需要委婉含蓄，直话曲说，借例言理，逐步开导；有时亦可运用"归谬法"，迂回包抄；有时不妨先运用"激将法"，再因势利导。

（六）辩论

辩论，也称论辩，是指持不同立场和观点的双方就某一论题展开针锋相对的论争。它是一种特殊的言语交流形式，以驳倒对方的观点，树立自己的观点为目的。和讨论相比，辩论更激烈、尖锐。辩论不仅可以辩驳谬误，区分是非，发现真理，对辩论者来说，它还可以磨砺思想，锻炼口才，训练思维的敏捷性、灵活性和应变性，增强批判的能力。辩论要努力做到"四善"：进则善攻，能敏锐发现对方立论的漏洞并及时突破；退则善守，当对方反驳时能充实论据巩固自己的论点；变则善转，当形势不利时能有缓解再求改观的办法；终则善收，在辨明真理达到一定效果时果断结束。在口语交际教学中，学生进行辩论训练，可以全面提高他们的听说能力。就听这方面来说，要和别人辩论，就是要驳倒对方，为此必须高度集中注意力听懂对方的意思，判断它的谬误所在。说的方面，辩论者要快速阻止自己的语言，并清楚流利地说出来，说出的话不能是可有可无的闲话，它们必须切中对方的要害。可见，辩论是一种培养训练学生口语交际能力的有效途径。

（七）演讲

演讲，也称演说或讲演，即当着众多人的面讲话，是在特定的时空环境中，以有声语言和辅助性体态语言为手段，公开向听众传递信息、阐明事理、抒发感情，以期达到感召听众的一种交际方式。演讲是一种直接的带有艺术性的社会实践活动。广义地说，凡是以多数人为对象的讲话，都可以称为演讲，如领导人的报告、教师的教学等。狭义的演讲，是指在公共场合，就某一问题或事件发表自己的观点。现代社会中，演讲已成为一种相当普遍的言语交际形式。信息时代，人与人之间、国与国之间交往日益繁多，各种政治、经济、科学、文化活动及社交活动数不胜数。这些活动都需要通过演讲来发表见解、提出主张和释疑解惑，从而达到说服人、感染人、教育人、鼓励人的目的。口语交际教学中的演讲训练，教师应对学生多加指导，演讲内容上要求学生观点新颖、选材精当、构思精巧和语言精彩。形式上要求学生善于运用语音技巧，让每个听众都听得清楚；善于调整语速和运用停顿，制造气氛，突出重要内容；善于配合表情、神态和适当的动作，增强表达的感情色彩。要多为学生提供练习演讲的机会，锻炼学生在大庭广众讲话的胆量，培养学生在公共场合发表意见的能力。

（八）主持

主持是在一定的场合中对某项工作或活动进行过程的掌握或处理。根据内容，主持可以分为会议主持和活动主持。会议有程式性会议和非程式性会议。程式性会议主要强调形式意义的会议，如开学典礼、代表大会的开幕式和闭幕式等。非程式性会议没有严格的程式，只是根据会议的宗旨和议题发言，会议的进行主要靠主持人的随机控制，如研讨会、座谈会、办公会和民主生活会等。主持会议要耐心倾听，让人充分发表意见；要注意调动全体与会人员的积极性，集思广益；要注意工作方法，维护全体与会人员的团结。活动主持有讲演、论辩、竞赛、演出、游艺、联欢等文体、艺术、社交活动的主持。活动主持起着组织引导和点染深化的作用，主持人要在一定时间内用语言推进节目的程序，营造气氛，沟通观众与节目之间的关系。

主持言语要求：

1. 生活化

首先是言语材料贴近生活，贴近观众和贴近现场；其次是口语化，除必要的朗诵词外，要求温和亲切、平易自然和生动活泼。要避免故弄玄虚、不看对象、文白相间、念字背词。

2.少而精

言语要尽量简洁，避免喧宾夺主、令人生厌，又要尽量构思精巧、言语精到，避免呆板老套、千篇一律，追求形象性、情意性、哲理性、新颖性，追求风趣幽默。

3.活泼得体

在保证不喧宾夺主的前提下，言语要适时介入并尽力调动其他对象介入，要用最生动活泼的言语来求取得最佳主持效应。同时，又要注意言语的得体，调侃而不失分寸，风趣而不轻浮，幽默而不令人尴尬，自嘲而不伤己人格。

（九）戏剧表演

戏剧是一种综合的舞台艺术，它集语言、动作、歌唱和舞蹈为一体，反映社会生活的矛盾冲突。人物台词是推动戏剧发展的主要手段，对话和独白既可以展现人物的个性、心理，又直接促使矛盾冲突的发展。戏剧表演就是将戏剧文学剧本和人物动作搬上舞台，进行在创造的表演过程，其中上演的大部分内容，就是来源于日常生活的交际口语。因此，练习戏剧表演，模拟其中的人物对话，对提高实际的口语表达水平大有裨益。许多演员都有一副好口才，这和他们长期从事这门艺术有很大的关系。许多国家的口语交际教学都非常重视戏剧表演的训练。因为戏剧中有各种各样的情境，每一角色的语言都可以作为典范。学生通过多次表演活动，能够体会到在什么情境中说什么话，对什么人说什么话以及如何得体有效地与他人进行口语交际。而且，学生在戏剧表演中进行的本身就是口语表达活动。无论是学习的内容还是学习的方式，都与口语交际教学目标相契合。利用教材中选编的戏剧或改编某些课文进行表演，既能有效地训练学生口语表达能力，又能加深对课文的理解。

第四节　口语交际教学案例

一、案例一："我的理想"教学过程

（一）示范、引导，创设情境

从问学生"见过采访吗"开始，在师生问答中简介采访及答话要领——最重要的是要听清记者的问话，才能做出回答。语言文明、清楚和态度大方、自然也很重要。教师模仿记者，采访一名学生。

师：请你谈谈长大后想做些什么？

陈：我想当一名教师。

师：长大后为什么要当教师呢？（教师点拨，指导学生把原因讲清楚）

陈：老师教给我们很多知识，还教我们怎样做人。现在甘肃省许多贫困山区的孩子上不了学，他们没有学校，没有教室，更没有老师。我想去那儿当老师，把知识教给他们，让贫困山区的孩子都能上学。

师：我代表贫困山区的孩子谢谢你，你真有爱心，谢谢你接受我的采访。

陈：不用谢。（同学们鼓掌给予鼓励，教师接着连续采访一两名同学）

（二）自我实践，放飞理想的翅膀

同桌进行采访交流活动，四人小组进行交流活动，组与组进行采访活动，学生采访老师。每组选出的优胜者进行采访实践，教师及时评价，给予鼓励。

第六组赵同学，第一组孙同学。

赵：您好！请问您长大后想做什么？

孙：我想当一名生物学家，把沙漠变成绿洲，让沙漠种出庄稼、长出果树，让我们生活的空间更大，让那些濒临灭绝的珍稀动物都能生存下来，有一个美好的家园。

赵：你的理想真伟大！祝你成功！谢谢合作！

第八组李同学，第五组谢同学。

李：您好！（握手）请问你长大后想干什么呢？

谢：我想像我妈妈一样，当一名清洁工。

李：你为什么想当清洁工？

谢：我要像妈妈一样，把我们的城市每天都打扫得干干净净，当一名城市美容师。虽然这项工作挣钱不多、很累，但它同样是我们社会不可缺少的一项工作。我要发明新型的高效能的清扫工具。

李：太好了！你的理想很崇高，谢谢你的合作！

（三）课外延伸

回家后，每位同学画一张关于"我"的20年后的理想图。

简评：上述课例在教学中注意了师生的互动，符合《课程标准》提出的"重在参与"的精神。但从口语交际的角度看，教师选择的话题显然过于宏大。虽然形式上具有"采访"的具体情境，但这种宏大的"谈理想"式采访，从根本上看不具有真实性，学生的回答恐怕有作假之嫌，也可能是临时应对，根本没想到要对自己所说的话负什么责任。像这种导向性的话题，在口语交际教学中不宜提倡。教师应该将所要鼓励的"理想"转化为更贴近学生思想水平的具体话题，以求学生真实、诚恳地表达自己的见解，哪怕有欠"崇高"、并不"伟大"。真实、诚恳是口语交际的第一要义，也是口语交际教学的第一要义。

二、案例二：如何进行电话交流

生：我们在讨论明天爬山的事。

生：我们在议论爬山比赛谁会获得第一名。

师：这到底是怎么一回事？谁能详细地告诉我？

生：周老师告诉我们，明天要搞一次爬山比赛。

生：山上有数学题，看谁找得到，做得对，谁找得多，做得多，谁就是第一名。

师：噢，是这么回事。那谁去放数学题？放在哪儿？

生：今天午饭后周老师就去放数学题，有的放在石头缝里，有的放在树枝上。

师：好。这个活动真有意义。那么，你们现在关心的是什么？

生：我最关心的是明天能不能得第一名，得一等奖。（众笑）

生：我最关心明天的天气。

师：为什么关心明天的天气？

生：因为明天要是刮风下雨，我们的爬山活动就搞不成了。藏在山上的数学题就会淋湿了，刮跑了。

师：那么，你们希望有一个什么样的天气？

生：我希望明天天气晴朗，一丝风都不刮。

师：谁能说得具体一点？

生：我希望明天万里碧空飘着朵朵白云，太阳光照在身上暖洋洋的，我们好高高兴兴地搞爬山活动。（众赞叹）

师：说得好。徐州人民广播电台每天上年十点半预报天气，现在正好时间到了（打开收音机），请仔细地听。（这是根据教学需要，请播音员特别录制的，但学生们信以为真，流露出失望的神情）

师：这是真的吗？

生：阿姨说明天有大雨。

生：阿姨说明天的最低温度是零度。

生：还刮东北风，四到五级，阵风七级。

生：阿姨说明天的最低温度是零度。

师：能不能连起来说？谁连起来说给大家听？

生：电台广播说，今天下午到明天，徐州市和各县阴天、有雨而且雨量大。偏北风，风力四到五级，阵风七级；明天最低温度零度。

师：说得不错。同学们，看来明天的活动不能搞了。（同学们不大高兴，议论纷纷，一学生举起手来）

师：你要说什么？

生：有时天气预报也不准。（众笑）

师：大部分天气预报还是准的，看来你是很想明天按计划搞活动，是不是？（生点头）那好，朱校长也来听课了，我们问问她明天怎么办。（朱校长回答，活动改在星期六举行）

师：哟，周老师在教育局开会，今天不回学校了，活动改期这件事她不知道，怎样告诉她？

　　生：写信告诉她。

　　师：写信太慢，来不及了。（众生纷纷举手）

　　生：打电话告诉她。

　　师：很好。打电话是个好办法。那么，我们拿起电话，向周老师说什么呢？

　　生：我们对周老师说，明天天气不好，爬山活动不搞了，星期六再搞。

　　师：说得还不够清楚，不够全面。想看最要紧的是什么话？谁再来说一说？

　　生：我们对周老师说，天气预报说明天有雨，爬山活动不搞了，请您今天下午不要到云龙山放数学题了。

　　师：很好。同学们想不想打电话？

　　生：（兴高采烈地）想。

　　师：同桌的同学互相练习一遍。每个人当一次周老师。（学生兴致勃勃地握起拳头当听筒，互练了一遍）

　　师：正好，我这里有两部玩具电话机，我来当周老师，请同学们给我打电话，谁说得最清楚，谁就代表大家到办公室给周老师打电话。

　　生：（拿起电话就打）喂（众笑）

　　师：拿起话筒要拨号码，老师忘记告诉你了，文教局的电话号码是25206，如果记不住，可以查电话号码簿或拨114，问查号台。（该生打电话后，其他同学也争先恐后地举手，要求打电话，老师又找了两个同学表演，说错之处，予以纠正）

　　师：现在，我找一个同学到办公室给周老师打个电话。（同学们高兴极了，都把手举得高高的，有的还站起来。课堂气氛异常活跃。老师指定一名学生前去）

　　师：哎呀。还有一件事。二年级其他三个班的同学们还不知道，怎么办？

　　生：写个通知到广播室广播一下。

　　师：这个建议好。因为事情紧急，我们在前面加上"紧急"二字。现在练习写一个紧急通知。（交代了通知的格式和内容，然后让同学们写，老师巡回指导）

　　简评：本堂课没有专门让学生学习如何"打"电话，而是重视如何进行电话交谈，而且在整个教学过程中，学生在教师的指导下始终持续着说话练习，学生能及时发现问题，及时改正。从整体效果看，这节课最大的成功在于它突出了"口语交际"教学的主要目标，教师精心创设了一个逼真的教学情境，该情境与许多课堂情境不一样，它融进学生真实的学习生活中。师生在仿真的情景中自然、流畅地交谈。像这样还学生以生活的真实，就能够最大限度地调动学生参与口语交际活动的积极性，并能有效地提高他们的表达、交际能力。同时，学生在活动中还培养了解决实际问题的能力。教师让学生自己感受在什么情况下需要广播，在什么情况下需要打电话，在什么情况下需要写通知，学生在体验中学得轻松愉快而且扎扎实实。

第六章 文学审美

第一节 美的起源

优秀的文学作品总能启发人和鼓舞人，给人以积极向上的力量。在欣赏文学作品的过程中，读者就是在进行审美感知和审美体验。谈文学不可能离开审美。其实，在美被发现的过程中，人不仅发现了客观世界的美，而且发现了自己能够感觉到美之所以为美。中国文明的历史正是为探索与追求美的实现，永不停息的奋斗的历史。本章试图追根溯源，从美学的角度探究文学。

追溯中华民族的历史，会得到这样一个答案：我们是华夏子孙，是龙的传人。"龙"是中华民族的象征。确切地说，我们的祖先在劳动中，在同大自然进行抗争的过程中，产生了龙的观念和形象，并把它神圣化、图腾化和艺术化，顶礼膜拜，把它看作希望、力量和美的化身。历史资料告诉我们：华夏氏族是以蛇和青鸟为主要图腾的氏族联盟，前者发展为对龙的崇拜，后者发展为西王母的传说。这些神话、传说能帮助我们理解与推想远古图腾活动的依稀面目。作为中华民族象征的"龙"的形象，是蛇加上各种动物而形成的。它以蛇身为主体，接受了兽类的四脚、马的毛、鬣的尾、鹿的角、狗的爪、鱼的鳞和须。随着氏族的不断合并，氏族社会组织的扩大，氏族图腾出现了融合的现象。氏族的最大合并与联盟就是龙与凤图腾的结合。《山海经》中所说的"人面鸟身，践两赤蛇"就是这种融合的体现；战国的楚帛画中绘有在龙凤之下祈祷着的生灵。这足以说明这两种形象的结合被固定下来，成为华夏子孙一直敬仰的图像。

图腾作为一种意识形象，反映了人作为自然奴隶的地位，表现了人对自然力的崇拜。除大自然的天象地貌外，在靠狩猎谋生的时代，人随时随地都必须准备着同鸟兽蛇虫争斗。为了让"神力"附身，为了在争斗中取胜，他们想象自己能身生两翅，翱翔太空。希望自己能腹生四足，身长千尺，头上长角，可以腾空驾雾，顶破苍穹。他们的想象是如此地丰富，不但让自己的氏族首领执掌神圣的图腾，而且想象着自己的整个民族都是具有神力的图腾的后代，只要高举图腾就足以战胜一切。图腾凝聚着全民族最美好的理想，是"力"的化身，也是"美"的化身。先民忍受着痛苦，让图腾在自己的身上留下印迹，于是出现了文身。图腾成为装饰，不仅留在人身上、器物之上，而且所有的宫殿建筑、住房的屋脊，都留下了具体的或符号化了的龙凤形象。在所有表现神力的殿堂和神庙中，都存有这种带有深沉感情的艺术特征的积淀。

美是不以我们的意志为转移的客观存在。它影响着我们，教育着我们，提高生活的境界和意趣。人类历史文明所反映的是人们为实现"美的世界"进行奋斗，并积极从事美的创造所留下的业绩。那么，什么是美？什么是美感？美又是怎样产生的？这是令许多人感到困惑的问题。美是一种理想的概念，是主客观关系的产物，是真的感性现象，是能引起快感的善。美感是客观的"物"与主观的"情"相互交织、相互作用的结果。有物有情，缘物起情，借物寓情，唤起美感。高山的美，美在巍峨壮观；江河的美，美在气势磅礴；莲花的美，美在庄重高洁。

在探究中国美的观念、美的形式的起源的时候，如果离开龙凤的具体形象，就不可能说清楚中国美学传统从意识到形象，从内容到形式的具体特征。图腾的内容及其具体的形象，一开始就决定了我国民族传统形式的特征。龙蛇的飞舞和凤鸟的盘旋，使中国的艺术形式一开始就讲求"气势"，盘旋蜿蜒的曲线，似乎是无意地接触了美的运动的旋律。我们的祖先借助龙蛇的屈曲和气流的曲线以及水的漩涡，发现了曲线美、弧度美。这远远早于西方人的发现。那种神龙见首不见尾的含蓄和虚实相生的情韵，也因为原始人丰富的想象而产生。汉墓壁画上的飞天形象，宫殿建筑中的飞檐高琢，流传百世的"曹衣出水、吴带当风"，它们模拟的线条，所表现的飘飞的气势，无不与当初的龙凤飞舞的形象有关。中国艺术所讲究的风力、气力、风神和气韵，也同龙凤图腾相关联。

北宋山水画家范宽所表现的"山从人面起，云傍马头生"的意境，郭熙在《林泉高致集》中总结的传统经验："山欲高，尽出之则不高，烟雾锁其腰则高矣；水欲远，尽出之则不远，掩映断其脉则远矣"，这种若隐若现、若实若虚的手法，正是来源于原始人所赋予龙凤的丰富而美好的想象。龙凤图腾为以后的艺术家提供了原始材料，相沿成习，便逐渐转化为民族的审美习惯与心理需求。

中国最早的文字由形、声到义的衍化过程，往往与神符结合在一起。甲骨卜辞记载的本是祭祀的事实，它与符号化后的图像相去不远。被视为重器的青铜礼器，就是符号化后的图像与原始文字结合在一起的典型作品。大量陶器的纹饰也都是由描写具体生动、多样的动物形象转化形成抽象的、符号的和规范化的几何纹饰。这些几何图案都带有某些氏族图腾的含义。奴隶社会，青铜礼器是杀俘祭祀时的重器，其上吃人的饕餮纹饰，恰好表明新兴奴隶主政权确立时，作为树立权威所需要的图像标记。为了对具体的形象加以必要的提炼，为了把准备加以夸张的意愿融合在有限的符号的器皿上，制作者对线条进行了深入细致的研究。这就为中国独特的表现感情的形象的"线"的艺术奠定了基础。那种简单几笔就勾勒出一个具体图像的要求，其高度的概括性达到了相当高的水准。一旦作为符号标记的图像被固定下来，文字就产生了。正如许慎在《说文解字》中所说：

"仓颉之初作书，概依类象形，故谓之文。"这正说明了汉字的形成是借线条进行模拟、造型的过程。

中国汉字成为一种独特的艺术，有两个方面的特点：一是由汉字本身的象形性所决定，像龟文似龙鳞，舒体放尾，长翅短身，借简约的线条表现出种种形体姿态、情感意兴和气势力量。

二是从再现到表现，从写实到象征，从"形"到线的发展过程中，借线条的对称、均衡、连续、间断、重叠、单独、粗细、疏密、反复、交叉、错综和一致。不自觉地创造了一种纯美的形式，一种动的旋律，既表现出自然对象和客观世界的节奏、韵律，又符合变化、统一的形式规律。这些线条常常可以象征着代表主观感情的运动形式。通过它运动的韵律，可以窥及一个人的性灵，可谓"性灵自由表现"的产物，也许"字如其人"就是这个道理。

第二节　美学思辨

老子是我国最早的美学辩证法和主客观统一论者，他的思想是通过《老子》的记载流传的。作为周朝的史官，他从奴隶社会中看到了矛盾，于是弃官而走。他并不认为现实社会是美的。他提出的美学理想是"朴"，即回到自然中去，返璞归真。作为奴隶主阶级的史官，他有可能较其他人更清楚地看到贵族统治者的残暴腐朽，看到他们为了满足私欲以杀人为戏的灭绝人性的残虐。因而向往远古时代的相安，提倡人的复归。他的感情是朴素的，认为自然是最美的，现实的人却是丑的。他具备了"有无相生，难易相成，长短相形，高下相倾，声音相和，前后相随"的朴素的辩证思想，才能进一步认识到"曲则全，枉则直，洼则盈，敝则新，少则得，多则惑"的道理。从有到无，从实到虚，从动到静，然后才能进入美感的至妙至微境界。这里，老子不仅看到美的客观因素，而且注意到美感的主观因素。他提出的事物所具有的"恍惚美"，比所有的美更美，这就是"大象无形"。

孔子肯定物质世界，肯定自然的声色和它的美，并强调声色形象的功能。他肯定人的情感，把伦理和人的心理贯通起来，认为只有伦理的爱，才是一种最自然的"爱"，礼乐表现的即是这种爱，满足人的正是这种爱的愉悦。正常的人应该通过这种爱来陶冶自己美的情性。统治者也应该通过宣扬这种氏族传统的礼乐来教化百姓。孔子所讲的礼乐，是以礼为中心，乐是辅助礼的。孔子所讲的音乐的"兴、观、群、怨"，其社会功能就在于对人们所起的教化作用。乐中有礼，乐中有教，达到道德熏陶的目的。孔子是严格把礼作为主体、作为中心的。

荀子继承和发展了孔子的"礼为中心""乐以致教"的思想。他强调"情"的平衡。荀子在《荀子·乐论》中说："夫乐者，乐也，人情之所必不免也。故人不能无乐。""凡音者，生人心者也。情动于中，故形于声。声音之道，与政通矣。"音乐可以让人娱乐，这是人性情和爱好所不可缺少的。所以，人不能没有音乐。音乐是从人们的内心情感产生出来的。情感在内心萌动，所以才能在音乐上表现。声音的道理，同政治有相通的地方。也就是说，乐中有礼。由此可见，他强调的是以"礼为中心"的健康的合乎伦理的乐。其美学理想是和谐的美以及在和谐基础上的壮美和优美，不同风格的气势或韵味。

孟子发挥了孔子的天道即是人道的思想。"仁"者，人也。在孔子解释"礼"为"仁"的基础上，孟子在《孟子•告子上》中强调了"人皆有不忍人之心"，以及"口之于味也，有同嗜焉；耳之于声也，有同听焉；目之于色也，有同美焉"。他强调人们有共同的美感，强调美的功能主要在于陶冶性灵，追求的是一种依靠内心的涵养培养起来的内在的心灵的"净化"。他认为自然的美不在物而在心，在于"人性"的显现。人道即是天道，尽心即能知性，知性也就能知天。孟子强调的是"性"的和谐。孟子在《孟子•尽心上》中说："存其心，养其性，所以事天也；夭寿不贰，修身以俟之，所以立命也"。其意是说，保持人的本性，培养人的本性，这就是对待天命的方法。短命也好，长寿也好，我都不三心二意，只是培养身心，等待天命，这就是安身立命的方法。礼乐的功能在于养性陶情，就在于"反身而成"，近乎老子的"返性归真"。美的实现，关键在于尽心与率性，"率性之谓仁"，只有符合真的人性，并让这人性自由而充分地表露出来，才是"仁"和"人道"之所在，才是"美"之所在。

庄子发挥了老子的"大巧若拙，大辩若讷""大音希声，大象无形"思想，强调想象的联类无穷时美感的作用。他认为，美感的作用主要是通过调动"心象"来调动人的感情。在《大宗师》中说："夫道有情有信，无为无形。可传而不可受，可得而不可见。"他发挥的正是老子所说的"恍惚"的如醉如迷、如梦如痴的境界。他认真地区别了形象与概念、感性与理性对于美感的关系；他认为真正完美的艺术形象及其所显现的境界，是不可能借概念说得清楚的。沉默是最丰富的语言，于无声处听惊雷，不表示却是最完全的表示。美的境界是只能意会不能言传的。言不尽意，庄子看到的是"言"与"意"的矛盾。作为泛神论者，他承认有一个声、色的世界，承认美的世界有一个客观存在的"数"，它可以得之于手，而应之于心，只是口不能言。"可以言论者，物之粗也；可以意致者，物之精也。"要领悟到真正最高的极精致美的境界，就要独与天地精神往来，要天地与我并生，万物与我为一。实际上就是物质世界的"精神"与我的内在世界的"精神"相与为"一"。简言之，想象中的"物性"和"人性"的交融，分不清何者为我，何者为物的美的世界。他强调美的创造要充分发挥浪漫不羁的形象想象。只有大解脱，才能实现内外境界的大交融，才能求得颖悟，达到理想的精神境界。

孟子和庄子都注意到美感中人的内在精神，但两者有很大不同。前者出发点是求实，后者务虚。前者落脚点是归胜，后者相忘。前者强调积极进取的伟大人格理想："富贵不能淫，贫贱不能移，威武不能屈。"后者追求遗世绝俗的独立人格个性："彷徨乎尘垢之外，逍遥乎无为之业。"同样追求内在的、精神的和实质的美，前者重在主题内容的探讨，后者则更多着眼于艺术的创作规律。两者的思想在中国美学发展史上都产生着极其深远的影响。

《诗经》是我国第一部诗歌总集，是审美实践的记录。当人从神的桎梏下开始摆脱出来，当人的理性开始认识到自己的存在，便把歌声舞步从神坛之前移开，转向表达自己对异性的相悦之情。于是，人从禽鸟的歌声中得到启发，从鱼龙的摇摆中模仿求情的舞步，通过文字的形式把倾慕的感情记录下来。记叙我国古人的美好情性的第一首诗就是《诗经》中的开篇《关雎》。"关关雎鸠，在河之洲。窈窕淑女，君子好逑。参差荇菜，左右流之。窈窕淑女，寤寐求之。求之不得，寤寐思服。悠哉悠哉，辗转反侧。参差荇菜，左右采之。窈窕淑女，琴瑟友之。参差荇菜，左右笔之。窈窕淑女，钟鼓乐之。"《关雎》出自《诗经·国风·周南》，作为《诗经》的首篇，它也是我国爱情诗之祖，主要反映一个青年对一位容貌美丽的姑娘的爱慕和追求，及其求而不得的痛苦和想象求而得之的喜悦。它所歌颂的正是符合伦理思想的美好情感。又如《诗经·郑风·风雨》中写道："风雨凄凄，鸡鸣喈喈，既见君子，云胡不夷？风雨潇潇，鸡鸣喈喈，既见君子，云胡不瘳？风雨如晦，鸡鸣不已，既见君子，云胡文学素养教不喜？"又如《诗经·小雅·采薇》："昔我往矣，杨柳依依，今我来思，雨雪霏霏；行道迟迟，载渴载饥，我心伤悲，莫知我哀。"还有《诗经·秦风·蒹葭》："蒹葭苍苍，白露为霜，所谓伊人，在水一方，溯回从之，道阻且长，溯流从之，宛在水中央……"这里有鸟鸣，有求爱的舞步，有兴奋的节奏，有美妙的声色。所有这些都通过理性化的符号作为定情的标记被固定下来。它符合我们民族伦理的要求，是纯粹的人类的自然感情。其中典型的词语含义深远，例如，"关关"指相爱之声，"雎鸠"指偎依之人；"风雨"是咏难见，"鸡鸣"是叹不眠；"依依"言难舍，"霏霏"哀思长；"苍苍"感茫茫，"流水"哀路遥。这里有物有情，缘物而起情，借物而寓情，比喻形象贴切，感情真挚深沉，语言整齐精练，具有委婉、悠长、醇厚的韵味，唤起了读者的美感。《诗经》中的这些诗篇是对美感的最好诠释，因为美感正是客观的"物"与主观的"情"相互交织、相互作用的结果。这些诗是人类形象思维的结晶，是自然感情的流露，是审美的杰作。

《诗经》是我国古人表达感情的丰富经验的总结。其中的作品反映了各方面的生活，具有深厚丰富的文化积淀，显示了我国古代诗歌最初的伟大成就。其作为艺术构思的民族特色而存在的赋、比、兴，对两千多年的艺术史产生了深远的影响。朱熹在《诗经集传》中说："赋者，敷陈其事而直言之也。比者，从彼物比此物也。兴者，先言他物以引起所咏之辞也。"最初，人们只是借一物比一物，渐渐地从草木鸟虫的姿态中体味它们的韵味和感情，并总是把客观的草木鱼虫看作和人一样，既有内容又有形式，二者同样在变化着，这是"比"的基础。有了这一基础，人们才能展开联类的想象，由联类而触发感情，这就是"兴"。"兴"正是艺术的基本特征，所谓美感、兴趣和滋味也就在这"因物起兴"之中。

赋体文学的出现和"赋"的表现手法的探究，成为春秋战国时代的话题。文字作为记事的需要，开始于卜辞、钟鼎铭文和《易经》的某些经文。因为属于纯粹的记事，难以朗读，也唤不起审美感受，只有当记事从以祭神为主转为通过状物来叙人事、抒人情为主时，记事才具有美学意义。古人说："诗有三义，赋止居一，而比兴居其二。""赋"作为正言直述、质直敷陈的文体，其美学意义在于一个"情"字，在于"事"中的寓情托性或"叙"中的发情、率性。在形式上，则表现为文章的韵律和气势。如孟文的浩荡，庄文的奇诡，荀文的谨严，韩文的峻峭等，体现的都是个人独特的风貌与品格。人的性情和文章的气势是互为表达的，赋之区别于原始的甲骨记事，正是它在记事说理中充满了丰富饱满的情感和想象。赋发端于先秦，并成为后世铺叙人事和描写世情的样本。

真正运用比兴手法，按照美学的原则，自觉创造赋体文学的是屈原，他的代表作《离骚》。王逸在《离骚经序》中对其艺术手法进行了评价："《离骚》之文，依诗取兴，引类譬喻。故善鸟香草，以配忠贞；恶禽臭物，以比博侯；灵修美人，以媲于君；宓妃侠女，以譬贤臣；处龙弯凤，以托君子；飘风云霓，以为小人。其词温而雅，其义皎而朗。"作品一方面借比兴手法，积极展开想象；另一方面言幽怨之情，以明心见性。《离骚》正是屈原全部人格的显现，寄托了一个执着、顽强、忧伤、怨艾、愤世嫉俗、不容于时而又积极追求真理的灵魂。其中的无羁而炽热的浪漫想象，融合着个体性灵本质、情操和素养，构成一个有机整体，开创了中国抒情诗的真正光辉的起点，成为无与伦比的典范。赋体文学的产生，正是由于它广泛地描写草木虫鱼，发挥充分的想象，铺采摘文，又赋之以一定的感情而逐渐成熟起来的。它反映的是一个时代的物质丰富与统治者极尽享乐的形式需要。它们取的是《楚辞》可歌可咏的音乐旋律这一形式而不是取其精神。何谓"文采"之美？楚辞是沿古体，它足以让人看到原始神话的世界；它可以"被之管弦"，可以让人看到代表南方楚文化充满浪漫激情有关图腾巫术的歌舞远古传统；它没有那么多的"诗教"规范，却以自身原始的活力，狂放的意绪，无羁的想象，使后代人为之动容。

在统治者沉湎于安乐和追求登仙羽化的同时，原始歌舞随着适应宫廷娱乐的需要，在底层沿着写实的方向把原始的一种仪式舞蹈发展为武术竞技的角抵戏。角抵戏是六国时所造，秦时得到推广。到了汉代，民间使之更进一步戏剧化了。《西京杂记》曾有记载，神话被人间化了、故事化了。神力转化为人力的生理功能，情节也合理化了。据传夏桀时就有倡优，西周末年就有由贵族豢养的专供他们声色之娱的职业艺人"优"。倡优不仅供人取娱，而且从滑稽调戏转而为世俗人事的讽刺。司马迁在《史记》中所说的"谈言微中，亦可以解纷"，说的就是"优"在此时所发挥的讽喻作用。在汉武帝"罢黜百家，独尊儒术"之后，艺术服膺于人事的功利目的，更加强了民间歌舞戏剧"写实"的倾向，角抵戏的讽喻对象也从帝王扩大到官吏。所扮的人物有特殊的扮相，戴假面，在露天表演，多少包含些故事情节。以后发展起来的"参军戏"，其中扮官的被戏弄的对象叫参军，而执行对其戏弄职责的演员叫苍鹘。戏剧发展中的清醒的现实主义传统，正是随着人事的不断复杂而愈益深刻的，它是从另一方面表现秦汉以后社会美的主题的。

汉代，与民间戏剧一起产生并发展起来的，是从赋体文学中分离出来的，以写实记事为主要内容的历史散文。代表性的作品有司马迁的《史记》，班固的《汉书》。司马迁并不把艺术看成是统治者行"德"和被统治者表"敬"的工具，非常强调感情在艺术中的作用。他在《太史公自序》中表露出这样的观点："美"均出于"发愤之作"。他颇有感慨地写道："昔西伯拘羑里，演《周易》；孔子厄陈、蔡，作《春秋》；屈原放逐，著《离骚》；左丘失明，厥有《国语》；孙子膑脚，而论兵法；不韦迁蜀，世传《吕览》；韩非囚秦，著《说难》《孤愤》；《诗三百篇》大抵贤圣发愤之所为作也。"对于屈原的《离骚》，司马迁在《屈原列传》中进行了说明：《离骚》就是被放逐的忧伤。天是人类的原始，父母是人的根本。人在处境穷困的时候，才会追念本源。所以在劳苦困惫时，没有不喊天地的，在疼痛痛苦时，没有不喊爹娘的。屈原秉持公心德行正直，竭尽忠诚和才智，辅佐他的君王，但进谗言的小人却从中挑拨离间，他的处境可以说是艰苦的。守信义却被君王怀疑，尽忠诚却被小人诽谤，他能没有怨愤吗？屈原写《离骚》，原来是从怨愤中产生的。屈原的文章很简练，措辞很深曲，所反映的志趣高洁、行为不苟，所引用的词汇虽有些琐碎但用意却极远大，所举的虽多为眼前常见的事例，但所体现的道理却很深远。由于他志趣高洁，所以作品中引用芳香的花草；因为他行为不苟，所以他自甘疏远，从污浊如稀泥浊水的社会中解脱出去，出污泥而不染，保持高洁的品德。屈原的这种高洁的志趣，可与日月相争光。

司马迁受儒家思想影响，但他主张艺术是用以表现情性的，他所抒写的就是这些情性的"实"。这正是他的历史散文区别于徒有形式的赋体文学和其他说理散文而具有深刻美学意义之所在。他的历史散文不仅被人视为历史著作，而且看作是一部文学作品。关键在于他早把自己的感情融化在所表达的历史人物对象之中，他笔下的人物一个个都栩栩如生，为后世的传奇、话本和小说树立了典范。班固对司马迁有些片面的评议，指出其不足。而刘向和杨雄在广泛涉猎了各种书籍之后，称司马迁有卓越的史家的才能，钦服他善于叙述事件和道理，雄辩但不浮华，朴素但不平俗。他的文章文理清晰，含意深远。《史记》是真实的记录。这一时期，有人概括为"史官文化"，其特点是写实性、朴实性、宏伟性和飞动性。

两汉美学思想的基本特征主要表现它的社会化内容。通过殷商以来一千多年的奴隶社会，逐渐建立起自己阶级统治的理论。具体完成这一杰作的是董仲舒。他承继《大学》《中庸》《孝经》的思想，吸收汉代的一些黄老学说，把黄老的阴阳五行概念全部改造成为永恒不变的道德规范，即"阳尊阴卑""五德始终"，把黄老的自然的道，从属于儒家意志的仁，为贵族统治阶层建立永恒的等级秩序。这种兼收并蓄被改造后的经学儒家正统思想，也就成为地主阶级统治中国近两千年的思想。其影响之深远难以估计，在美学领域中所起的作用非同小可。董仲舒从孟子继承"率性之谓仁"的观点，认为美之源应归于"性"。"仁之美者在于天，天，仁也"，"仁者，人也"，天人是合一的。所以说，美是一种性的本然。这种本然的性是有差别的，"圣人的性"是天生的美，"中人的性"通过教化，施之以"仁"，也是可以美的，"斗筲的性"只有施之以"刑"，才能使之"敬"、"孝"，或能使之近于美。董仲舒的"三性"正是儒家"性"的阶级性，这里包含着"性善情恶"的观念。圣人的性是自然的性，近于天，是至高、至善、至美的；中人的性近于仁，有性也有情，是社会的性，有善有不善；斗筲的性似乎只有情欲，是动物的性，一定要有严格的规范，从圣人之性中获得移植，也就是教化，才可能具有善性。因此，要实行"圣人"的统治。"诗本性情之发"，这"性情"除了自然的性质之外，还具有阶级的社会性质，即要符合封建统治阶级的要求。所谓的性情，还有内外与自然或社会的区别。"性"是出之于内的，"情"是缘之于外的。同样以真为美，以美为善。西汉经学家们在"性"与"情"各有美丑上表示了他们对"美的本质"的不同观点。例如，司马迁以屈原的"志洁行廉"因怨而作的"发愤之情"为美，班固则以自然之性为美，杨雄、王充和左思等都有各自的主张。无论是重"言志"，还是贵"言情"，都把美看作是性的参与，是自然的人或人化的自然的结果。"言性"是"写"，要的是自然浑成，追求内心的"和谐"，出现优美的境界；"言情"是"抒"，要的是一吐为快，表现壮美的气势。写"性"，要以物观物，近于物我相忘，相当于王国维的"无我之境"，例如"采菊东篱下，悠然见南山，寒波澹澹起，百鸟悠悠下"。写"情"，要以我观物，相当于王国维的"有我之境"，例如"泪眼问花花不语，乱红飞过秋千去"。总之，美是自然性与社会性在"性"上的统一，作为人的本质力量的对象化，它使人"欢气发之于内"，给人带来愉悦之情。这种理解随着历史的发展和中国特殊的儒、佛、道思想的相互渗透、相互补充而又相互生发而不断深化、不断成熟，并逐渐成为中国美学思想发展独具的体系与性格。

第三节　美的发展

一、变革的美学

　　魏晋南北朝时期，封建统治者在政治上形成了重门第、重身份的豪族门阀制度。门阀士族地主阶级从上到下以皇帝为首，都过着荒淫、放纵、豪侈和腐朽的生活。在这种政治环境下，魏晋文人有的崇尚曲隐，有的诗杂仙心，有的归隐田园。在汉代盛极一时的儒家经学，到了魏晋则呈现出衰弱无力的状态，随之发展起来的是老庄思想被改造之后的玄学，及异族侵入中原之后相继被推行起来的道教和佛学思潮。美学思想处在这种变革时期，也逐渐摆脱经学的束缚，朝着新的方向发展，这是我国文化历史继战国时期以后的第二个新的争鸣阶段。

"三曹"的才华和思想是保证这种飞跃的最初政治条件。他们不仅才气横溢，文才高蹈，在"建安七子"中名列前茅，而且在当政时接连下《求贤令》《举士令》《求逸才令》，使"美才"之士均能显其才华。魏文在《典论》中甚至把文章看成是"经国的大业，不朽的盛事"，为了鼓励人们从事这种不朽盛事的创造，《典论》写成之后，他还特地刻石立碑立在庙门外。曹氏父子把文艺从儒家经学的"教化"和东汉迷信的樊篱下解放并独立出来，在美学思想上他们强调的是作家气质才性的作用。《典论·论文》中说："文以气为主，气清浊有体，不可力强而致……"这里的"气"是"性"的自然，是"才"的表现。它反映的是人对自身人格的尊重和对人生执着的追求。这种气是慷慨的，是世积乱离的结果，它充满了矛盾，表现的是激越的意绪，发的是"对酒当歌，人生几何"的慨叹。它在矛盾中激荡、探求，迸发着"烈士暮年，壮心不已"的激情，它的美是阳刚的。在讲究建功立业"慷慨多气"的建安风骨之后，继起的名士也已否定传统观念和礼俗，发出"抚枕不能寐，振衣独长思""何期百炼钢，化为绕指柔"的政治悲愤。他们的理想大多在门阀世族严酷统治的现实中被撞得粉碎。于是他们只好到大自然的怀抱中去找人生的慰藉和哲理的安息。他们的心思、眼界和兴趣，由环境转向内心，由社会转向自然。正如嵇康所写："目送归鸿，手挥五弦；俯仰自得，游心太玄。"这时，"性"的美由"阳刚"引向"静穆"，引向心灵平衡的怡然之乐。与之相应而发展的就是"以无为本""崇本息末"，以玄学为主的美学观。"无为无不为"说的就是在虚静的"玄无"境界中，实现无遮拦的想象、联想，使人的"性"与物的"情"彻里彻外地融合在一起，这样就使人进入一个美的和谐的境界。玄学家承认"情"是在物欲的基础上，强调"任自然"而达到内心的平衡，即追求心灵"无哀乐"的平静和纵欲之后能不为情欲所累。所以他们中的大多数都服药炼丹，饮酒任气，高谈老庄，自认为满怀哲意。他们通过"玄想"去追求，又通过"玄想"获满足。所谓"得意忘象"的理论就是在这样的基础上创立起来的。"象"的玄想是为了"意"，意即自得，自可忘象。所谓"得意忘象""得意忘形"，正是描写他们放浪形骸之外的极乐境界。但这个境界是靠玄想获得的，它是虚幻的，只是为了心灵的和谐，只能意会而不能言传，所以又是空灵的，离开了教化的目的，一切艺术都需要达到这种心灵和谐的愉悦境界。因而从另一个角度说，他们的探求是从玄学方面触及美学的某些特征，构成了中国美学传统影响极其深远的特征。其发展结果是，诗歌求言外之意，音乐求弦外之音，绘画求象外之趣，都要求虚中见实。"象"为虚，而"意"为实，形有尽而意无穷。在审美欣赏中，讲究的是曲致、隐秀，追求主观的性情在与客观物象的一刹那契合中，悟出人生的真谛。

陶渊明是受玄学影响较深的诗人，他在《五柳先生传》中说："好读书，不求甚解；每有会意，便欣然忘食。"他的《饮酒》一诗是最好的例子："山气日夕佳，飞鸟相与还，此中有真意，欲辩已忘言。"正是想把自己所"悟"到的说出来，又觉得不好说、不必说，于是用"欲辩已忘言"一语带过，让读者自己去体会。陶渊明把美感归于想象，归于"意"的闲适，只有这样才能从吟诵的诗句中看到图画，也可以从图画中听到声音。据说，李白听蜀僧弹琴，联想到万壑古松，杜甫看刘少府画山水幛，仿佛听到山上的猿声。再如，刘方平的"今夜偏知春气暖，虫声新透绿窗纱"，龚自珍的"落红不是无情物，化作春泥更护花"，都是通过联想使物象"人化""情化"了，并在这过程中获得美感的满足。

佛教的东传，战乱的频仍，文人的朝不虑夕，加深了避世、出世的思想。当时统治者加以提倡，这就加速了玄学"佛化"的过程。儒道思想中的"虚无""玄无"也就向佛教的"空无"发展。原来还属于人的精神境界的"性"，这时脱离人的精神境界而发展为一种精神之外的本体的"性"了。人的性反而成为佛的性的依托，这正是宗教之所以为宗教的特征。所以说："涅槃惑灭，得本称性。"得本就是顿悟，一旦悟及佛性，一切就都可以忘却。玄学家原来想要忘却的只是"象"，其中还有我的"性"存在，这里连"我"都忘却了，《注维摩诘经》第3卷中写道："无我，本无生死中我，非不有佛性我也。"佛性的我代替了我性的我，原来是"心灵的观照"，是我观"物"，现在是"佛性的观照"，是"物"观我。这里的佛性还不是具体可见的"物"，这就更加"虚之又虚""玄之又玄"了，所以是"空无"。其中所包含的深意近于我们现在所理解的"物我相忘"的心理现象。在艺术鉴赏中，这种心理现象是存在的，它是一种意识本体，这对进一步阐明美感的特殊意识形态，具有一定的历史意义。后代人以禅喻诗，如司空图所说的"超以象外，得其环中"，严羽的"羚羊挂角，无迹可求"；如"空中之音，相中之色，水中之月，镜中之象"，"禅道唯在妙悟，诗道亦在妙悟"；龚相所说的"学诗浑似学参禅，悟了方知岁是年，点铁成金犹是妄，高山流水自依然"；苏轼的"暂借好诗消永夜，每逢佳处辄参禅"。他们讲的都是禅趣。这是佛家禅理影响于艺术，使之向"含蓄""蕴藉"纵深发展的具体例证。它发展的终极正如儒家道化、道家玄化一样，在数千年中国传统精神的影响下，从外国传来的佛学思想，也沿着"儒化"的方向发展。它们相互渗透、相互补充、相互对立又相互向着自身的对立面转化，最后是儒、佛、道熔于一炉，构成了中国独特的文化传统。

在中国美学史上，有一个值得关注的现象：许多诗人墨客非常崇尚莲花。他们借莲花抒发胸臆，比附圣洁，赞赏节操。屈原曾向往"集芙蓉以为裳"；曹植形容她为理想中的洛神；李白借她赞美韦应物的诗如"清水出芙蓉，天然去雕饰"；白居易借她创作了富有情调的《采莲曲》；李商隐在《赠荷花》中更是抒发了自己对荷花的赞美之情："世间花叶不相伦，花入金盆叶作尘；唯有绿荷红菡萏，卷舒开合任天真；此花此叶长相映，翠减红衰愁煞人。"大多诗人都把莲花拟人化，借她来赞颂人世间的伦理美。而我国理学的开山祖师周敦颐在《爱莲说》中把这种伦理美的描写推到了一个高峰。

周敦颐在作品中表明了自己的看法："爱莲之出淤泥而不染，濯清涟而不妖，中通外直，不蔓不枝，香远益清，亭亭净植，可远观而不可亵玩焉。"他赞扬莲花尽管置身于污泥浊水之中，却不同流合污，始终洁身自好，坚持正道。赞扬莲花美，美在庄重、高洁，毫无妖艳献媚之态。赞扬莲花里外如一，外表的美与内在的美是那么一致，她端庄自持，不旁逸斜出，不攀藤附葛，与地不争丰瘠，与人不争功过。由此使人对她怀有崇敬的心情。观赏她会使人流连忘返，但却不动邪念。这样就把一种理想的伦理美展现在世人面前，这是周敦颐的贡献。不过，把莲花之美引入道德领域，并非周敦颐的首创，而是佛学思想的内容。周敦颐的《爱莲说》在很大程度上是受佛学思想影响的结果。在古代，莲花象征佛教之花。佛学的重要著作《华严经探玄记》中就以莲花为喻，对于自性清净下了四个定义：一、如世莲花，在泥不染。二、如莲花自性开发。三、如莲花为群蜂所采，比真如为圣所用。四、如莲花有四德：一香、二净、三柔软、四可爱，所谓常乐我净。在此，莲花的美，莲花的芳香、柔软可爱，也被称为德。这样，就把美学引入了伦理道德的领域，甚至被列入道德规范，让其信徒们以此作为修养的目标或道德理想。这是佛学思想家们的一大创造。周敦颐的思想是道教思想和传统儒家思想的结合体，同时又受到佛教思想的影响。《爱莲说》的写作就同佛说有一定的因缘。这一作品是周敦颐卜居庐山、在"廉溪"筑了书堂之后写的，这座书堂命名为"爱莲书堂"。"廉溪"发源于莲花峰下，水中有莲，庐山曾是晋僧慧远与陶渊明等结莲社的地方，是佛教圣地。当时周敦颐虽在虔州任通判，但已有"退居"之意。在这样的地方和这样的思想情绪下，写出这样的作品，不能不让人产生联想。《爱莲说》中的"莲之出淤泥而不染，濯清涟而不妖，中通外直，不蔓不枝，香远益清，亭亭净植"与《华严经探玄记》如出一辙。"出淤泥而不染"在哲学上是净染问题，是理学家关于性论中的一个重要问题，与佛学有密切联系。其意是说人性本自清净，但人的欲念会使其污染。怎么办呢？只好寡欲。这样，无欲就会变为圣贤，呈露人性的清净，像圣洁而优美的莲花一样。

周敦颐的《爱莲说》和佛学著作《华严经探玄记》把美引入伦理道德领域，实际上提出了伦理美的思想，对美学和伦理学研究很有价值。借莲花提出了伦理美，在某些方面具有普遍意义，它道出了某种人类共同的伦理美的思想。我们仔细玩味周敦颐所描写的莲花的品格时，眼前就会浮现出许多像鲁迅、周恩来、高尔基、冼星海一样具有莲花品格的人。其实，古今中外许多具有伟大抱负和强烈事业心的人，都具有这种品格。

二、《文赋》的艺术价值

陆机的《文赋》对创作心理进行了专门的描述和探究。在陆机的笔下，形象思维的活动状态被描写得淋漓尽致。他说："遵四时以叹逝，瞻万物而思纷，悲落叶于劲秋，喜柔条于芳春。心懔懔以怀霜，志眇眇而临云……其始也，皆收视反听，耽思傍讯，精骛八极，心游万仞。其致也，情曈昽而弥鲜，物昭晰而互进，……观古今于须臾，抚四海于一瞬。"其意是说，顺应四季的变化，感叹岁月的流逝，观望万千事物，思绪纷纷。在萧瑟的秋季哀伤黄叶的飘落，在芳香的春天赞赏柔曼的枝条。哆哆嗦嗦像怀里揣冰霜，渺渺茫茫像登临云绵。……在作文开始时，不看不听，专心致志地思考，从侧面问研究，精神追逐到很远的地方，心思游到很高的地方。在写作快结束时，心思逐步开朗，越来越鲜明，事物也以清晰的形状依次呈现出来，……浏览古今三万年只在须臾之间，巡视五湖四海共在一个瞬间。刘勰在他研究的基础上完成了我国第一部较完整的美学著作《文心雕龙》。刘勰专题研究了"神思""风骨""情采""隐秀""时序"等创作规律和审美特征，在《原道》中说："日月叠璧，以垂丽天之象山川焕绮以铺理地之形；此盖道之文也。仰观吐曜，俯察含章，高卑定位，故两仪既生矣，实天地之心。"可解释为：日月像重叠的璧玉，来显示附在天上的形象；山河像锦绣，来展示铺在地上的形象；这大概是大自然的文章。向上看到日星的光耀，向下看到山河的色彩，上下的位置确定，便产生了天地。这里讲的既是天地的形象，又是人的性灵，通过神与物游，而成为人之文。他认为美就是主客观关系的产物。他肯定自然的美和人性的美，强调自然的美，美于文；人性的美，美于质。刘勰把创作的过程看成是"以心求境"的过程。由于受儒家思想的影响，他认为圣人的性是美的，只有具备圣人的"性"，才能"原道心以敷章，研神理而设教"和"洞性灵之奥区，极文章之骨髓"。他的美学观点可以说是集儒、道、佛三家思想之大成。我们从《文心雕龙》中可以看到我国美学观点的独特体系，它一直影响于后世作家、艺术家的思想和创作。

第四节　文学高峰

　　隋统一中国后，重新建立起一个统一的多民族国家，经济空前繁荣。由于隋炀帝昏庸暴虐，广大百姓无法忍受沉重的压榨，走投无路，官逼民反，爆发了农民大起义，很快就推翻了隋政权。接着在中国历史上出现了唐王朝，唐朝建立后，吸取了隋亡的教训，对统治者和百姓的关系认识较为深刻：水能载舟，亦能覆舟。为了巩固统治，开国后采取了许多比较开明的措施，积极发展农业生产，经济很快走向繁荣，呈现出富足的景象。这就为文化艺术的发展繁荣奠定了坚实的基础。这一时期，中外交通发达、对外交流的频繁、印刷术的发明和科学的进步等多种因素，使唐朝成为当时世界上一个先进、文明的国度。唐朝统治者还在文化教育方面采取了一些较开明的措施，在学术、宗教上实行了兼收并蓄的政策，因而促进了艺术上的百花齐放，以及各种流派、风格的形成。唐王朝采取科举制度，规定以诗赋取士，于是形成了重诗文的社会风气。对外贸易和文化交流事业发达，唐朝的音乐、舞蹈和绘画等艺术。在西域、中亚和印度的影响下，得到了空前的发展。诗歌与绘画、诗歌与音乐、说唱与舞蹈，都开始趋向融合。美学领域出现了大交流、大融合的局面。

　　盛唐时代，"诗仙"李白的诗歌写得清新飘逸，能够代表这一代美学风貌。他"好神仙非慕其轻举"，能凭借奇特的想象，在梦幻中进入神仙世界，他的名篇《梦游天姥吟留别》展示了他所追求的没有权贵、没有黑暗现象的无限美好的境界。他一生漫游无数的名山大川，脚步几乎踏遍中国。浪漫主义的精神，再加上大自然的陶冶，使李白具有豪迈、开朗的胸怀。然而，由于怀才不遇，他在诗作中也流露出"人生得意须尽欢，莫使金樽空对月"这种及时行乐的消极思想，但其思想的主流是昂扬向上的。正如他在《宣州谢朓楼饯别校书叔云》中所写的"俱怀逸兴壮思飞，欲上青天揽明月"，表现出乐观向上、积极进取的精神。"清水出芙蓉，天然去雕饰"是对李白美学思想的高度概括，也是这一时期的美学要求。因为李白所处的是一个开放的时代，他能够使自己的思想不受羁绊，毫无顾忌地勇往直前，具有坦荡的胸襟，雄浑的气魄，也正体现出这一时代的精神美。李白不愧为继屈原之后我国文学史上又一位伟大的浪漫主义诗人。

韩愈反对佛教提倡儒学。为了复兴儒学，他力求创造一种融会古人词汇语法而又适合于反映现实表达思想的文学语言，力求用这种新颖的文学语言创造一种自然流畅、直言散行的新形式。他主张"言贵独创，词必己生"，这与李白的"性真""质直""反对雕琢"的主张一致。韩愈在文体上提出的改革要求适应了当时的时代需要，他的美学理想与这个时代从性情出发、讲究气势的风气是一致的。韩愈不论为文为诗，都以"气势"为特色，这种气势是他所倡导的新散文运动的"美"的力量之所在。

唐朝的现实主义受儒学传统的影响，这个时代的士人多数是外儒内佛。他们大都是在抒发自身的遭遇和官场的不得志时，反映了人民的疾苦。《琵琶行》的作者白居易曾提出"文章合为时而著，歌诗合为事而作"的理论主张，但他后来修仙学佛，以醉吟为乐，修香山寺，号香山居士，反映人世与出世的矛盾；柳宗元的山水诗文，正是这一时代文人入世不得而又出世不能的精神写照。其他文人的创作，如刘禹锡的沉郁苍凉、孟郊的冷露峭风、贾岛的清奇古僻和李贺的诡谲凄恻。尽管风格各不相同，但都在不同程度上以他们的作品触及了当时的社会现实，表现了那个时代带有普遍意义的情感意绪。而山水画盛于此时，也是这一缘故。他们中有的身居山林，危坐终日，纵目四顾，以求其趣；有的醺酣大醉，以墨乱泼，挥毫写字，应心随意。

统治者寻求享乐主要是从歌舞演唱中获得。从西域传来的异国曲调与本土清乐的结合，便形成了唐代的大曲。舞多配乐，或文或武，或豪壮或优雅，都表现出那个时代的氛围。为追求这种世俗性的欢乐，从宫廷到市井，从写"性"的诗歌不断发展为表"情"的词曲。从"斜风细雨不须归"到"明日落红应满径"从"春来江水绿如蓝，能不忆江南"到"斜晖脉脉水悠悠，肠断白蘋洲"，从悠闲到感伤、从惜春到断肠，情越写越深，意越写越沉。浑厚、宽大的诗境被纤细、新巧的"词境"所取代。词清丽多彩、深情委婉，词境的转变是曲折尽情，美妙多姿的，既有抑扬顿挫的音律美，又有浓厚的诗情画意。与诗相比，它表达出更浓厚、更细腻的主观感情色彩，是"有我之境"的最好传达。

随着社会的动荡，社会关系和阶级矛盾的复杂化，促使市井艺术以说唱的形式来呈现人世间的悲欢离合。于是出现了唐代的传奇小说。生活的荣辱得失和变幻不定，为小说作者提供了现实的基础；从"志怪小说"中又借鉴了创作的经验，因而在情节、结构、语言和人物塑造等方面都有不同的开辟和创造，呈现出情致婉曲、文采华茂的特色。当时不仅达官显贵嗜爱传奇小说，知识分子也以此作为进身之台阶。由于一些有影响的诗人名士亲自执笔，更加促进了传奇小说从精简逐渐向精美的方向发展。这类作品，有反对包办婚姻、反对门阀等级和表现爱情忠贞的《李娃传》《柳毅传》；有揭露热衷功名、玩弄女性的知识分子《莺莺传》《霍小玉传》；还有通过幻梦实写人生的《南柯太守传》《搜神记》等。这些作品均继承了《史记》以来的现实主义传统，尽管有的充满了"人世沧桑、荣华易尽"的悲凉之感，有的给"风尘侠客"带上一层神秘的色彩，但都是对封建统治阶级荒唐离奇生活的真实揭露，并借"游侠之风"寄托人们对不平世态的愤懑之情。这些故事几乎成为后代小说家、戏剧家汲取题材的宝库，对宋元的杂剧和明清的文言或白话小说产生了一定的影响。

唐末五代美学思想的遗风，在宋初获得进一步发展。统治者接受了唐和五代灭亡的教训，通过加强中央集权，权力达到高度集中在统治者所建立的中央朝廷。统治者把儒家经学吸收佛道后的理学思想作为"道统"加以继承，用它来巩固人事的伦理，强调道学与人学同出一源，使美的哲学成为古文家论道的探讨中心。"性理之学"成为继佛学之后影响于赵宋以后美学思想最深的哲学思潮。柳开是宋代复古运动的首倡者，他推崇孔子、孟子、杨雄和韩愈的文章，因为这些大家都以教化为目的，都以讲求气势为理想。苏轼的议论文以其说理透辟、辩丽恣肆，成为继承韩愈的典范。宋代的话本从俗讲、变文的形式上获得启发，对人物或事件进行细致描写时，用韵文来写景状物，起到了渲染烘托、承上启下的作用，它对戏剧和杂剧的形式产生了一定的影响。长篇的"讲史"借叙述朝代的兴衰，通过细节的渲染，揭露统治阶级的腐朽，痛斥他们屈辱求和的卖国行为，歌颂保卫祖国的英雄，表现对人民苦难的同情，它成为元明以后长篇小说的先导。

苏轼是士人的代表，他想做一个风节凛然、有所作为的儒者。他曾提出革新弊政，最后却成为变法的反对派，曾多次遭贬。曲折的生涯使他酷爱陶渊明，热衷于道教的养生术，追求老庄的隐逸生活。他不仅以禅语入诗，而且以参禅喻诗，强调诗要有禅趣。其实，他一方面对政治未能忘情，另一方面以佛老思想作为逆境中自我排遣的精神支柱。他的词在超然物外的旷达大度中仍能坚持其对人生和对美好事物的执着，表现为"大江东去"的豪放；同时又透露出消极逃避、无可奈何的感伤，"人生如梦，一樽还酹江月"表现的正是这份沉重的情怀。尽管如此，他的词豪放中所透露出的深沉，对封建社会秩序还是具有一定的破坏作用的。他所创立的豪放词风对南宋爱国词人辛弃疾产生了直接的影响。在美学上追求质朴无华、平淡自然的情趣韵味，达到了一定的哲理高度，被以后的诗家所崇尚，同时也影响到了山水画家。明朝公安派的袁宏道把苏轼奉为"诗神"。有专家学者评论说，苏轼积极追求人生理想而又逃避社会、厌弃世间的生活态度，以及他的美学理想和审美趣味，几乎成为后代感伤主义思潮的先驱。正是在这种感伤主义思潮的影响下，人们因建功立业不得转而寄情于山水，在绘画上找到了情感的归宿。绘画的创作由于统治者的提倡，审美风格与审美理想也由神佛雕刻具体人事、仕女牛马转向山水花鸟、自然美景上来。大部分士大夫在经历了官场变幻不定的失意后，为了迎合皇帝，赢得"高士"的雅号，便执笔挥毫，从山水花鸟中发现可供寄情托性、愉悦陶醉的美的世界。在物质欲望满足的前提下，发现了一个理想化了的牧歌式的生活和自然图景，以此寄托空虚、失望、迷惘、孤寂的情感。这是城市经济兴起之后，他们深知人事的错综复杂矛盾，历经喧闹欢歌之余，转向宁静的自然，找到心灵的栖息地。他们唱的是牧歌短笛之曲调，写的是疏林晚照溪山意，画的是封建乡村的理想图。希望自身能与自然融为一体，以摆脱人事的羁绊，表现了他们对人生认识清醒后的疲倦。他们谈禅而不信佛，离世而不出世，隐逸而又居官，空虚而不死灭。宋代的山水画反映的是世俗居士开始走向没落的情感和意绪。

宋代的诗词深受道学家思想的影响，是禅宗道化、道儒互补的产物。这一时代的诗词表现为"无我之境"，物我浑然一体，分不清何者为物，何者为我，自然和人达到了高度的和谐。柳宗元的"千山鸟飞绝，万径人踪灭。孤舟蓑笠翁，独钓寒江雪"；陶渊明的"采菊东篱下，悠然见南山"；苏轼的"荷尽已无擎雨盖，菊残唯有傲霜枝"这些作品都是既写景又写性的诗词，性在景中，诗人处于忘情的状态，纯为山水所陶醉，竟到了"忘我"的程度。画面有限，诗情无限。有的作品是作为纯客观的描写，表达出自然对象的生命，使自己的性情融合于对象之中而不自觉，进而获得审美的快感。比如，苏轼在《饮湖上初晴后雨》诗中写道："水光潋滟晴方好，山色空蒙雨亦奇。欲把西湖比西子，淡妆浓抹总相宜。"还有《惠崇春江晚景》中写道的："竹外桃花三两枝，春江水暖鸭先知。蒌蒿满地芦芽短，正是河豚欲上时。"有的则与此不同，要求文学创作自觉地去捕捉和创造那难以形容却动人心魄的情感、意趣、心绪和韵味。这种情感和意绪的抒发、表现，只是由于韵味的蕴藉，才使人产生"近而不浮，远而不尽"的感觉。这种写意多于写景，以"象外之象""景外之景"的"韵外之致"来抒发内在的兴趣、情蕴、意象，属于以表现为特征的"无我之境"，其高妙的"自然"比较多地偏于人的"情性"。例如，苏舜钦的《淮中晚泊犊头》中的抒描："春阴垂野草青青，时有幽花一树明。晚泊孤舟古祠下，满川风雨看潮生。"既写性又写情，从"幽""阴""风雨"这些词语中能感受到其孤寂之意。作者能从极有限的场景、对象、体裁和布局中，写出"性"，又抒发了极为含蓄蕴藉的甚至只知其妙而又无法言说其所以为妙的"意趣""心绪"，把人们的审美感受中的想象、情感、理解等因素引向更为确定的方向。这里更多是主观情感、观念的直接表露，由有限到无限，从画面引发诗情。可谓虚实相生，无画处构成妙境，"此时无声胜有声"，这种以少胜多、以虚胜实的手法，表现了中国艺术的一个重要特色。

在民族矛盾和阶级矛盾日益尖锐、封建王朝走向没落的乱世，艺术的境界不可能只是像士大夫那样"自适""写性"，必然要把激荡在心中的情感诉诸笔端，把艺术作为表情达意的工具。长短句以其发自肺腑的情感、讲究的音律、独特的气势而走向高潮，它表现的是以写情为主的"有我之境"。例如，苏轼的"明月几时有？把酒问青天"，"大江东去，浪淘尽，千古风流人物"；陆游的"壮心未与年俱去，死去犹能做鬼雄"，"胡未灭，鬓先秋。泪空流。此生谁料，心在天山，身老沧州"；秦观的"柔情似水，佳期如梦"，"自在飞花轻似梦，无边雨丝细如愁"；李清照的"寻寻觅觅，冷冷清清，凄凄惨惨戚戚"，"莫道不销魂，帘卷西风，人比黄花瘦"。这些作品无论是豪放的还是婉约的，强调和重视的都是意兴和情绪，是"有我之境"的最好表达。

在社会发生急剧变化的时期，在杂居的社会中，人们的内心受到强烈的冲击，彷徨苦闷、抑郁怅惘，胸中激荡之情必然要通过最恰当的方式表现出来。散曲就是继诗词之后来自民间又非民间的一种新的艺术表达形式，它具有地方色彩和民间风格。元杂剧在当时成为直抒胸臆、表露心声的最好形式。时代的氛围，生活的境遇已使这些文人作者不能像前代诗人那样蕴藉典雅，他们多数以哀婉凄怆的笔调，描绘萧瑟、苍茫、荒凉的江山和悲苦、阴暗、失望的世俗，抒写民族压迫和封建社会走向没落时人们胸中的愤懑与不平。例如马致远的《天净沙·秋思》："枯藤老树昏鸦，小桥流水人家，古道西风瘦马。夕阳西下，断肠人在天涯。"张养浩的《山坡羊·潼关怀古》："峰峦如聚，波涛如怒，山河表里潼关路。望西都，意踌躇，伤心秦汉经行处，宫阙万间都做了土。兴，百姓苦；亡，百姓苦。"这里都流露出作者对人生的怀疑、惆怅和否定的情感，具有消极感伤的浪漫主义色彩。

元代统治者十分爱好戏曲，杂剧成为这一历史时期成就最大的艺术。但蒙古统治者特别轻视文人，把人分为十等，"九儒、十丐"，文人被贬为最低下的地位，并杜绝科举，使读书人失去进身的机会；加之种族的歧视迫害，使很多人悲观失望，有的消极颓废，有的倾向于百姓，投身于杂剧创作，成为下层人民的代言人。创作反映时代。王若虚认为："哀乐之真，发乎性情，此诗之正理也。"只有从肺腑中流露出来的诗篇，才可能臻于浑然天成，才可能出现理想的美的境界。由于这些文人地位低下，在审美观上与广大人民群众相接近，作品中能够反映出被压迫者的思想感情和生活愿望。关汉卿的《窦娥冤》，发出"官吏无心正法，百姓有口难言"的控诉；王实甫的《西厢记》让崔莺莺摆脱封建意识的束缚，从怯弱和顾虑中解放出来；马致远的《汉宫秋》借王昭君的悲剧，表现了汉族受侵略的悲惨命运；白朴的《墙头马上》，借私奔宣扬男女自由结合的合理性。在元杂剧中，最有代表性的是《窦娥冤》，在窦娥被绑赴法场的路上那一段唱词："……为善的受贫穷更短命，造恶的享富贵又寿延。天地也！做得个怕硬欺软，却原来也这般顺水推船！地也，你不分好歹何为地！天也！你错堪贤愚枉做天！哎！只落得两泪涟涟。"窦娥的满腔悲愤其实就是作者关汉卿的心中堡垒，关汉卿借窦娥之口喊出了自己胸中的郁闷之情。此时的作品大都表现的是人间悲剧。在美与丑、善与恶的搏斗中始终贯穿着一种磅礴、昂扬的正义精神，渗透着作者炽烈、深沉的感情，展示给我们的是一种悲剧的壮烈美。这悲剧正是那个时代的真实写照。现实主义和浪漫主义借杂剧这一戏曲形式获得了很好的统一，这时美作为一种理想的概念，已具有极鲜明的民族特性与阶级内容。

元杂剧以及之后的南戏，作为戏曲综合艺术，是从宋、金以前诸多杂项技艺的混合演出中分化出来所形成的一种歌舞结合、唱白相间的表演艺术。它受到了一些传统艺术的影响，经历了一个兼收并蓄、广征博取的过程。由于受说唱艺术的深刻影响，杂剧和南戏在演出形式、结构方法和表现手法等方面，都具有说唱艺术的特征。它使中国戏剧的传统在时空的处理上极为灵活自由，把说唱艺术中叙述故事的方法演变为一种舞台表演的形式。可借出场人物的依次更换，以显示戏剧环境已多次变迁；可借三言两语，一带而过，以显示时间的发展；可借形体动作或歌舞队形的变化，通过幕启幕落的方式，使有限的舞台空间在瞬息间转化出各种不同的情境。这种在时空处理上的灵活性，在戏剧结构和表演形式上，创造出一系列中国戏剧艺术所独具的美学特色。其中虚实结合的舞台处理手法最为突出。凡是在舞台上不可能、也不必要如实出现的事物，都可通过演员的表演活动来创造一定的舞台气氛，让观众在想象中展开广阔的意境，获得想象的空间和审美的愉悦。虚实结合的手法是中国戏曲传统中最具有独特意义的地方。

元杂剧在接受各种传统艺术表现手段时，总是把它们作为既成的形式加以继承，久而久之便趋于公式化，形成了诸如上场念诗、自报家门等各种各样的较为固定的舞台程式。这些程式的形成，经历了一个由不成熟到逐步成熟的发展过程。杂剧全剧四折，四折中变换四种宫调，这又反映了诸宫调的影响。宋、金以来，北方民歌创作旺盛，既有汉族的，又有其他少数民族的。具有语言生动、形式活泼的特点，对北曲产生深刻的影响。元代后期，南戏在接受北杂剧影响后，又在南戏中形成了南北合套。其特点是一支北曲，一支南曲，依次交替出现，合成一套。戏剧的程式化还具体表现在角色分类、打扮和脸谱等方面。杂剧演员逐渐走向专业化，为后世戏曲各行角色进一步的专业分工孕育了条件。涂面化妆使人物性格更加鲜明。为了观看起来更加美观，表演者需要穿"绘画之服"，戏衣的色彩鲜明，身份不同，所画的戏衣图案也有很大区别。戏衣是从历史和现实生活中采集式样，加工制作而成，上面画的是云龙、云鹤、红花、绿叶等纹饰。中国的戏曲服装不是写实的，具有很强的程式性，同脸谱一样，深受民间说唱艺术的影响。这一时期的杂剧和南戏，奠定了整个戏曲舞台艺术的基本发展道路。由此可见，中国民族特色的戏曲形式美，是通过长期的实践、高度提炼以后的美的精华。它熔传统的说唱、表演、音乐、舞蹈等各类艺术形式的美于一炉。作为一门综合艺术，它把中国文艺的抒情特性和线的艺术的本质，发展到一个空前的境地，富有变化的唱腔，千回百转，令人陶醉；衣带缭绕的姿态，轻盈美妙的步态，形如浮云，体现出线的艺术，把静态形式的美转化为唱、念、做、打的动态美，并把它推到了炉火纯青、无与伦比的典范高度。它从历史中汲取精华，从民间吸收养分，通过地区间不断的交融，继续获得创新，不断向前发展着，因而成为所有艺术中色彩最丰富、民族形式特色最鲜明的中国艺术。

第七章　文学源流

第一节　文学的产生

春秋时期各国都有史书，其中以鲁国的《春秋》为代表。春秋末年，还出现了《左传》和《国语》，继承、发扬了《春秋》的现实主义精神和表现手法。《左传》记述史实、刻画形象，以极为高超的表现技巧将中国叙事文推向成熟，成为先秦史传散文的顶峰之作。《国语》以记言辞为主，言辞典雅、精练，通过人物语言描绘情节和人物形象，有较高的文学成就，为后世所推崇。春秋时期，说理散文得到长足发展，出现了《论语》《墨子》和韵散结合的《老子》；《论语》是先秦礼乐德治思想最集中的体现，表达了孔子对现实热切的关怀，它所昭示的儒家思想，成为中国传统文化的基石。其文约旨博，言简意赅，极有韵味。而《墨子》则以小生产者的视角，倡导一种平等、简朴、和平、宗教型的社会生活方式。它发展了文章的逻辑性，文风朴实无华。《老子》针对社会存在的混乱和罪恶，提出了"无为而治"的政治理想，表达了对现实的反省和批判，在中国文化史上产生巨大影响。其文韵散相间，自然变化，不拘一格，很有特色。

战国时代是我国历史上的一次重大变革。随着周朝的衰微，礼乐制度颓然崩溃，各学派的代表人物，出于对社会的责任感和对人生的关怀，著书立说、阐述政见、互相论辩，形成了"百家争鸣"的局面。各个学派从不同的视角，分别探讨了自然、社会、政治、人生、学理等问题。其中影响较大的是儒家的孟轲与荀卿、道家的庄周、法家的韩非和一些纵横家；他们主张各异，但都具有战国时代特有的文化气质。他们能立足现实，很少提及春秋时流行的"天命"等思想。他们不再盲目认同某种既定的秩序，自觉创作精神大为增强。由于诸子的生活经历、文化教养、政治观点、所处环境等不同，文学观念也不尽相同，文章表现出不同的风貌，文学风格便呈现出"百花齐放"的景象。孟子深切关怀社会现实，救世心切，使命感和道义感使他具有强大的人格力量，因而为人为文都极具气势。《孟子》文风至大至刚，又饶有趣味。《荀子》善于譬喻，长于铺排，文风浑厚。庄子为了表达对社会现实的嘲讽，表达玄妙精微的思想，创造性地运用了寓言等文学手法，使文章充满了奇思逸想。韩非子蔑视传统的礼乐德治思想，对现实政治有深刻的认识，其文峻峭犀利，淋漓酣畅。纵横家是战国时代最活跃的政治力量，他们中的大多数人积极参加诸侯国的政治、军事和外交活动，充分运用排比、夸张、寓言、用韵等各种文学手法，使其语言具有煽动性。《战国策》呈现出奇谲恣肆、姿态万方的特色。除诸子外，屈原更是大放异彩；屈原身遭贬谪，报国无门，满腔悲愤，发为诗赋。屈赋句式参差错落，词藻奇伟瑰丽，想象丰富奔放，表现了屈原美好的政治理想和高尚的人格情操。总之，战国时期"百家争鸣"的局面促进了文学的繁荣。

秦始皇统一中国，结束了诸侯纷争的局面，使文学进入了一个新的阶段。然而，中央集权国家建立后，实行极端的文化专制政策，并没有给文学的发展带来生机。由于秦朝存在的时间较短，流传下来的文学作品为数不多。由吕不韦的门客集体撰写的《吕氏春秋》这部著作，体系还较完整，反映了战国末年即将实现统一的历史趋势。李斯是秦代唯一有作品流传下来的文人，他的作品《谏逐客书》纵横议论、逻辑性强、铺陈排比，富有文采。秦汉时期的文学具有不同于先秦文学的新特点，主要表现为创作主体处境的变化。战国时游说于各国之间的人士，聚集到皇帝或诸侯王周围，形成了若干作家群体，他们以歌功颂德或讽喻谏言为己任，成为言语侍从之臣。他们也因而成为汉赋这种新兴文体的作者。

两汉是中国历史上的昌盛时期。汉代统治者吸取了秦朝灭亡的教训，在文化政策上有较大的调整，采取了一系列有利于文学发展的措施，因此在国力增强、社会进步的时代氛围中，文学出现了蓬勃发展的势头。文坛在经历了秦代和汉初的沉寂之后，到西汉文帝和景帝时期再度形成了作家群，而且人才辈出。汉代的官学和私学都以讲授儒家经典五经为主，其中就有《诗经》这部文学作品。在诵读的过程中，师生自然都会受到文学的熏陶，提高文学素养。而且汉代士人阅读范围很广泛，解读辞赋成为风尚。到东汉时期，人们诵读辞赋的兴趣依然很浓厚。诵读辞赋成为一种高雅的活动，是士人文化素养的标志。有许多人从诵读开始走上了文学创作的道路。解读辞赋的社会风尚培养出一代又一代的作家。

汉代文学呈现出多元化的发展趋势。汉代大一统的政治局面，同时影响着汉代文学的创作，汉代文学追求以大为美、铺张扬厉。经济的繁荣、国力的强盛和疆域的扩大，使作家充满了喜悦和豪迈的情怀，在文学创作上视野开阔，运笔洒脱，艺术地再现自己所观照的万事万物。司马迁和司马相如处于不同的创作领域，却有着基本相同的主张，追求恢弘的气势和广大的容量。汉王朝处于历史的上升时期，文人普遍具有朝气蓬勃的进取精神，胸怀强烈的建功立业的愿望，追求人生的不朽。为了实现人生理想，他们可以忍辱负重、赴汤蹈火，甚至牺牲生命。因此，汉代的文学作品中贯穿着积极向上的精神，保持着激扬高昂的格调。西汉王朝是在秦灭亡后，经历短暂的楚汉相争而建立起来的。汉初文学的重要内容就是批判秦朝的暴政、总结其迅速灭亡的教训和对历史进行深刻的反思。例如贾谊的政论、司马相如的《哀二世赋》、司马迁的《史记》等。从西汉末年起，在文人队伍中追求人格独立的精神开始萌生，杨雄、班固、张衡等都尽力摆脱侍从文人和幕僚文人的依附性，努力按照自己的思想从事创作。汉代文人经历了一段屈从、依附之后，又向个性独立回归。汉代文学从一开始就具有浓郁的浪漫色彩，进入东汉以后，其浪漫色彩逐渐减弱，理性精神日益增强。道教的兴起和佛教的传入，并没有动摇和削弱东汉文学的现实性特点，并且在辞赋创作中出现了许多现实性很强的作品，例如班彪的《北征赋》、班昭的《东征赋》等。汉代文学的民间创作和文人创作都呈现出兴旺的景象。但由于受到"罢黜百家，独尊儒术"的政策的影响，汉代文学失去了先秦文学的生动活泼与多姿多彩，形成了凝重呆板的风格。然而，这时的诗歌创作却有了深刻的变化，出现了具有活力的汉代乐府民歌。它开始是在民间流行，继而在文人中显示出不可抗拒的力量。可以说，汉代是中国诗歌史上一个极其重要的时代；因为在这一时代出现了历久不衰的五七言体，使中国诗歌呈现出一种崭新的姿态。

中古时期从魏晋开始，经过南北朝、隋唐五代、宋元，到明朝中叶为止。中国文学各种因素都在这个时期具备并走向成熟：从魏晋开始中国文学进入了自觉时代，并在南北朝完成了这个自觉蜕变的过程；文学语言由深奥转向浅近，发生了划时代的变化；诗、词、曲三种重要的文学体裁，分别在唐、宋、元三朝达到了高峰；文言小说在魏晋南北朝已初具规模，在唐代达到成熟；白话短篇小说在宋元两代已经相当繁荣，白话长篇小说在元末明初已出现了《三国志演义》《水浒传》等作品；文学传媒出现了印刷出版、讲唱、舞台表演等各种新的形式；文学创作的主体和对象包括了宫廷、士林、市井、乡村等各个层面。

第二节　文学的发展

一、魏晋至唐中叶的文学

这一阶段是五七言古体诗的繁荣、发展兴盛并达到鼎盛的阶段，也是五七言近体诗兴起、定型并达到鼎盛的阶段。诗占据着文坛的主导地位。文向诗靠拢，出现了诗化的骈文；赋向诗靠拢，出现了骈赋。诗歌的创作从"三曹""七子"开始，中间有陶渊明、谢灵运、庾信、"四杰"、陈子昂，然后到王维、孟浩然、高适、岑参、李白、杜甫，诗歌创作呈现出一个清晰而完整的轮廓。"建安风骨"和"盛唐气象"这两个诗歌的范式，先后在这个阶段的开始和结尾确立起来。这是一个文学创作趋于个性化的阶段，作家独特的人格与风格得以充分展现。陶渊明、李白、杜甫等均取得了出色的艺术成就，而且都带有鲜明的个性。宫廷在这个阶段的文学创作中起着核心的作用。以宫廷为中心形成若干文学集团，集团内部成员之间相互切磋，提高了文学的技巧。在这个阶段，玄学和佛学渗入文学，使文学呈现出多姿多彩的新面貌。在儒家提倡的文学的教化作用之外，玄学家还提倡真和自然，已成为作家的美学追求。佛教的关于真与空、心性、境界等观念，也促进了文学观念的多样化。

魏晋南北朝文学是从汉末建安开始的。这时的汉朝已名存实亡，政权掌握在曹操手中。在这期间，文学发生了重要变化，出现了许多影响后代的新因素。建安文学包括建安年间和魏朝前期的文学，这时，居于文坛中心地位的是曹氏父子，周围聚集了一大批文学家。他们具有政治理想、政治抱负、务实的精神，还具有通脱的态度、应变的能力，不拘守于儒学，在创作上表现出鲜明的个性：高扬政治理想、反映动乱年代、哀叹人生短暂、悲剧色彩浓郁，形成"建安风骨"的风格。

魏晋易代之时，司马氏掌握了大权，屠杀异己形成恐怖局面。此时是魏晋玄学的开创期，文学的主要代表是两位玄学家：嵇康和阮籍。他们崇尚自然，作品揭露礼教的虚伪，表现出政治高压下的苦闷和抗争。西晋武帝太康前后，即280至289年，文坛呈现出繁荣的局面。在诗歌创作方面，太康诗风虽然丧失了建安诗歌的风力，但在语言的运用上做了许多有益的探索。西晋灭亡后，在南方经历了五个朝代：东晋、宋、齐、梁、陈；在北方经历了十六国和北朝许多的变动，北周平北齐，隋取代北周并平定了南方的陈，最后统一全国，结束了272年的分裂局面。东晋南北朝文学就是在这样一个战乱频仍、南北分裂、朝代更迭的大背景下发展的。西晋末年，在士族谈论玄言的风气下产生了玄言诗。到东晋，玄佛合流，更助长了玄言诗的发展，它活跃在东晋诗坛上长达百年。

宋初由玄言诗转向山水诗，谢灵运是第一个大力写山水诗的诗人。山水诗扩大了诗歌的创作题材，丰富了诗歌的表现技巧，是中国诗歌史上的一大进步。在晋宋易代之际，出现了陶渊明这位伟大的诗人。他能在日常生活中发掘出诗意，开创了田园诗派，并将汉魏古朴的诗风带入更纯熟的境地，将自然提升为美的至境。陶渊明的诗歌创作对后来文学的发展产生了巨大的影响。晋宋之间的文学，更追求艺术形式的华美。宋代的鲍照在七言乐府上有所突破，南北朝民歌给诗坛带来了清新的气息。齐梁两代，诗体发生了重大变革，周颙发现汉语的四声，沈约将四声运用到诗歌的声律上，与谢朓、王融共同创立了"永明体"，力图建立比较严格的、声调和谐的诗歌格律，同时在用事、辞藻、对偶等方面，也做了许多有益的探索，为唐朝近体诗的形成做了必要的准备。"永明体"成为古体诗向近体诗过渡的一种重要形式。梁陈两代，皇帝和太子周围聚集了一批文人，形成了文学集团，从而使文学在一段时间内呈现出一种群体性的风格创作活动的群体参与，一方面导致取材和风格的趋同性，另一方面在相互切磋中可以提高技艺。浮靡轻艳的宫体诗成为这时诗歌创作的主流。南北对峙和文化发展的不平衡，导致南北文风的差异：南方清绮，北方质朴。这一特点在南北朝民歌中有突出的表现。隋统一中国后，南北文化的交流扩大并深入，到盛唐时出现了一个新高峰。

二、唐中叶至南宋末的文学

第二阶段是从唐朝中叶开始的。以天宝末年"安史之乱"的爆发为起点，到南宋灭亡为止。这一阶段文学发生了很大变化。韩愈、柳宗元提倡的古文引起了文学语言和文体的改革；宋代的欧阳修等人承接着韩、柳的主张，完成了这次改革。由"唐宋八大家"共同实现的改革，确定了以后文学模式，在中国文学史上影响相当深远。在经历了盛唐之后，诗歌创作面临着"盛极难继"的局面，诗人在不断地探索，寻找新的创作视角。经过中晚唐诗人白居易、韩愈、李贺、李商隐等的努力，到宋代终于有所突破。中晚唐诗人注重日常生活的描写，诗歌创作中与日常生活相关的人文意象明显增多，这到宋代已成为普遍的风气。杜甫、白居易开创的反映民生疾苦、积极参与政治的传统和深沉的忧患意识，在晚唐曾一度减弱，到了宋代又普遍得到加强。宋代文学出现了新趋势：诗人与学者身份合一，议论成分增加，化俗为雅的美学追求明显。在诗歌创作上，黄庭坚与江西诗派很有代表性。苏轼、杨万里、范成大和陆游等也有各自的特色。唐中叶以后，曲子词迅速兴盛起来，经过五代词人温庭筠、李煜等人，到宋代出现了壮观的景象，并成为宋代文学的代表。当时涌现出许多著名的词家，例如柳永、苏轼、周邦彦、李清照、辛弃疾、姜夔等。唐中叶以后，传奇开始兴盛，它标志着中国小说进入了成熟阶段。在城市文化的大背景下，唐代"市人小说"的兴起和宋代"说话"的兴盛，是这个阶段文学的新发展。

唐朝文学的繁荣，与当时的社会发展存在着密切关系。唐朝强大的国势延续一百多年，直至唐玄宗开元、天宝年间而达到高峰。唐朝建立不久，经济就得以恢复，并迅速发展。国力的强大为文化发展创造了极为有利的环境。而且，唐初统治者对外来文化采取兼容的政策。中外文化的交融在社会上形成一种开放的风气，这对文学的创作具有非常重要的意义。唐代士人对人生普遍持有一种积极进取的态度，国力的日渐强大，为士人展开了宽广的人生之路。除科举之外，还有多种入仕的途径，为寒门士人提供了更多的机会。一批寒门士人进入文坛，使文学走向市井，走向边塞，这对文学的发展具有重大的意义。唐代士人有着恢弘的胸襟和抱负，具有高昂的进取精神。其中不少人往往是自信与狂傲集于一身，例如，李白、杜甫、王翰、高适、岑参、王昌龄、陈子昂等等。唐代士人具有非常强的功名心，到晚唐才有所减弱，"安史之乱"之后虽然有所变化，但总趋势并没有改变。这种积极进取的精神，在文学创作中的表现则是昂扬的情调。

宋代文学基本上是沿着中唐以来的方向发展的。韩愈等人发动的古文运动，在唐末五代一度沉寂之后，到宋代得到了作家的积极响应。在创作中，他们将道统与文统结合起来，使宋代的古文成为具有很强的政治功能并且又具有实用性的文体。诗歌创作注重反映社会现实，题材、风格趋于通俗化，最终形成与唐诗迥异的宋诗。词作为一种新诗体出现了，在宋代，词达到了创作的巅峰。戏弄、说话等通俗文艺也得到迅速发展，逐渐形成了以话本、诸宫调、杂剧、南戏等戏剧样式为代表的通俗叙事文学。从此改变了以往轻视通俗文学的局面，为元明清小说和戏曲的发展奠定了基础。

北宋建立后，对佛教采取了保护、鼓励的措施。在晚唐五代曾经受到打击的各种佛教宗派也重新兴盛起来。禅宗和净土宗在宋代非常流行。由于宋代儒、释、道三种思想都注重从外部事功向注重内心修养转变，因而更有利于在思想的层面上达到有机的融合。北宋中叶，三教合一已成为一种思潮。这种思潮使宋代士大夫的性格显得很独特。宋代士人都有参政的热情，经科举考试而入仕是多数人的人生追求。他们勇于承担社会责任和追求个性自由，而且已把自我人格修养的完善看成是人生的最高目标，一切事功只不过是人格修养的外部表现。他们更多的是向内心寻求个体生命的意义，去追求道德自律的自由。他们还具有很强的传统观念和集体意识，人生态度倾向于理智、平和与淡薄，他们处事更加冷静、理性和脚踏实地。宋代的诗文以平淡美为艺术的极境。宋代文人的审美情趣发生了很大变化。审美情趣的转变，促成了宋代文学从严于雅俗之辨转为以俗为雅。这在诗歌创作中表现得最明显。苏轼、黄庭坚、梅尧臣等都主张"以俗为雅"，这更扩大了诗歌的题材范围，增强了诗歌的表现手段，使得审美视野变得更加广阔。

宋代文学取得了辉煌的成就，在中国文学史上占有重要的地位。宋代作家吸取了唐代古文的经验和教训，使古文更加健康地发展。宋代散文文体也出现了多样化的趋势。在宋代散文中，叙事、议论和抒情功能更加完善，而且融为一体，使散文的使用价值和审美价值更好地结合起来。王安石、曾巩、欧阳修、苏轼等在这方面做得非常出色，出现了《秋声赋》《赤壁赋》等散文名篇。宋代散文的风格丰富多彩，大家们各具独特的风格。从总体上看，简洁明快，呈现出新的艺术境界。宋诗的发展是以唐诗为参照的，宋诗是宋人对生活的深沉思考的文学表现，显得温和、平淡，对后代诗歌也产生了深远的影响。宋词流派众多，名家辈出。柳永、苏轼、晏几道、周邦彦、李清照、辛弃疾、姜夔等，都取得了突出的艺术成就。这时，词的艺术手段日益成熟；在题材内容和风格方面，开拓了广阔领域。有咏物词、咏史词、田园词和送别词等等。无论题材还是风格，后代词人都难以超越。在宋代以后，词并没有完全衰退，直到清代，还呈现出中兴的态势。在两宋时期的北方中国，文学也取得了较高的成就。

三、元初至明中叶的文学

第三阶段从元代开始，延续到明代中叶。元朝是我国历史上第一个由少数民族的统治者建立的统一政权。对汉族地区的占据和统治，具有民族掠夺性质。在政治上，元朝统治者始终奉行民族压迫政策，把国民分为蒙古、色目、汉人和南人四个等级。政府中的军政大权，由蒙古人独揽。由于存在民族对立情绪，阶级压迫深重、官吏的腐败，导致社会动荡不安。元杂剧中的不少作品，都描写贪官污吏对人民的压迫，透露出愤激昂扬的情绪。

元代的历史虽比较短暂，但在中国文学的发展过程中，元代文学却具有划时代的意义。从元代开始，叙事文学第一次占据了文坛的主导地位。作家同下层人民关系更加密切，文学创作赢得了更多的观众和读者，在当时的社会上产生了更加广泛的影响。元代文学以戏曲和散曲为代表，以大都为中心的杂剧和以温州为中心的南戏，共同创造了元代文学的辉煌。这一时期，文学的对象更多地从案头的读者转向勾栏瓦舍里的观众。儒生社会地位的降低，使他们走向社会下层，从事通俗文学的创作，于是出现了关汉卿、王实甫、马致远等一大批不同于正统文人的作家。元代文坛无论是叙事性还是抒情性的文学创作，都体现出自然酣畅之美。

明代文学的发展有曲折、有突进，呈现出一种波浪形的态势。元明之际，社会的动荡，导致人心思治、崇拜英雄的思潮的出现。与此同时，涌现出一批精神上比较解放并富有时代使命的文人。文学作品中蕴含着崇尚雄健的阳刚之美，浸透着作家深沉的忧患意识。在文学创作领域，呈现出一时的繁华景象：《三国志演义》和《水浒传》的编著，南戏的中兴，出现了宋濂、刘基、高启等诗文作家。但这种势头很快就遭到阻遏。明初经济的复苏，生活的相对安定，消除了士人的忧患意识；思想文化上的专制主义和特务统治，增添了创作上的不安全感。这时的知识分子欣赏的是一种平稳和谐、雍容典雅的美，于是，"台阁体"诗歌和讴歌富贵、神仙和道德的戏剧开始出现，文学创作走向御用化、贵族化。明代中叶，随着城市商业经济的繁荣，市民阶层开始壮大，统治集团的日益腐朽，思想控制的松动等，这些因素使文学逐渐走出了沉寂枯滞的局面。

明代流行的传奇，是对元曲的继承和发展。元末明初，出现了两部长篇白话小说：《三国志演义》和《水浒传》，它们的出现，预示着一个长篇小说创作的时代的到来。《三国志演义》是我国第一部长篇章回小说，也是历史演义小说的开山之作。"历史演义"顾名思义：就是用通俗的语言，将以争战兴废和朝代更替为基础的历史题材，组织编写成为完整的故事，以此表明作者的政治思想、道德观念和审美价值取向。这种独特的文学样式受到读者的喜爱。中国历史上的"三国"，是一个风起云涌的时代。陈寿的《三国志》和裴松之的《注》，都包含着无数生动的故事，这为文学家的艺术创造提供了丰富的素材；民间也不断地流传和丰富着三国的故事。在隋代，文艺表演中就已经有"三国"的节目了，到了晚唐，儿童都熟悉三国的故事。在宋代的"说话"中，出现了"说三分"的科目和专业艺人。宋代的话本没有流传下来，从现存早期的三国讲史话本中可以看出，其故事已具有《三国志演义》的轮廓，突出蜀汉一条主线，有大量的民间传说。结构宏伟，故事性强。金元时期，戏剧舞台上演出了大量的三国戏，剧目多以蜀汉人物为中心，具有拥刘反曹的倾向。在情节结构和语言风格等方面，具有浓厚的民间色彩。罗贯中在长期的众多的群众传说和民间艺人创作的基础上，创作了《三国志演义》这部典范作品，近人常简称它为《三国演义》。《三国志演义》用历史演义的独特文学样式，描写了自黄巾起义到西晋统一近百年的历史，塑造了四百多个人物形象。它以儒家的政治道德观念为核心，融合了千百年来广大民众的心理，表现了对于导致天下大乱的昏君贼臣的痛恨和对于创造清平世界的明君良臣的渴慕，把刘备、诸葛亮等人作为美好理想的寄托，把曹操等作为暴政、奸诈的代表，具有明显的拥刘反曹的倾向，在民间流传的故事中同样具有这种倾向。在宋元以来民族矛盾尖锐的时候恢复汉室正是当时汉族人民共同的心愿，作为"汉室宗亲"的仁君刘备被奉为正统，是最能迎合广大民众的善良愿望的。但故事发展的结局却是暴政战胜了仁政，奸邪压倒了忠义。总体上看这是一部悲剧，是一部呼唤民众传统文化精神的杰作。

《水浒传》被称为英雄传奇。在这部作品中所写的宋江起义的故事源于历史的事实。从南宋开始，宋江的故事就在民间广泛流传。元代出现了大批"水浒戏"，对宋江、李逵等人物的刻画比较集中，但没有共同的主题。宋元以来的戏曲作家从中汲取创作的素材，《水浒传》正是在这个基础上产生的。《水浒传》最早叫《忠义水浒传》，小说描写了一批忠义之人，因不能杀尽贪官酷吏忠心报国，被奸臣贪官逼上梁山，而沦为盗寇。在接受招安之后，又被昏君佞臣逼上了绝路的故事。这是作者深感现实不平，发愤谱写的忠义的悲歌。它是一部悲壮的农民起义史诗。宋江是小说中的主角，他是忠义的化身。他的性格是在忠和义的主导下曲折地发展。贪官污吏对他的残酷迫害，逼着他向梁山一步步靠近。上梁山后，他在"替天行道"和"忠义双全"的旗帜下，带领众兄弟救困扶危，惩恶除暴。在接受招安后平定了方腊。在饮了朝廷的毒酒后，还忠心对朝廷。这是一个悲剧，忠义之人反被不忠义的社会所吞噬。小说在歌颂宋江等梁山英雄忠义的同时，深刻揭露了朝廷、贪官酷吏和恶霸豪绅的不忠义。他倚势逞强，无恶不作，小说就是以这个人物为开端展开叙写的。《水浒传》深刻地揭露了封建社会的黑暗，揭示了官逼民反的道理，具有深刻的意义。明代中期，随着城市商业经济的繁荣、市民阶层的壮大、统治集团的日趋腐朽、思想控制的松动、王阳明心学的流行，文学逐步打破了沉寂枯滞的局面。特别是明嘉靖以后，文学由复苏而大踏步地向前迈进，文学本身发生了划时代的变化。主要表现为三个方面：一是随着商业经济的繁荣，市民阶层的壮大以及印刷术的普及，文人的市民化和文学创作的商品化成为一种新的趋势；为适应市民这一新的接受群体的需要，文学作品的内容、题材和趣味，都发生了一系列的变化。除表现正统思想的士大夫文学外，反映市民生活和趣味的文学占据重要地位。《金瓶梅》的出现就是这种种现象的综合反映。二是在王学左派的影响下，创作主体张扬的个性也通过作品以更加鲜明的色彩表现出来；在文学作品中对人的情欲有了更多肯定的描述；对理学禁欲主义进行了强烈的冲击，为禁锢的人生打开了一扇窗户。汤显祖的《牡丹亭》所写的"生者可以死，死可以生"的爱情，就是一种新的呼声。晚明诗文中所表现出来的重视个人性情、模仿市井俗调、追求生活趣味的倾向，也透露出一种新的气息。三是诗文等传统的文体虽然仍有发展，但已没有新因素的出现。而通俗的文体显示出勃勃的生机，其中的小说最富有生命力。这些通俗文学借助印刷出版这个媒体，渗入到社会的各个阶层，产生了非常广泛的影响。

四、明嘉靖初至鸦片战争的文学

从明嘉靖初到鸦片战争是近古期的第一段。明清时代是一个巨大的变化，对汉族士人的影响极其强烈。清代初期和中期的文学创作基本上沿袭着明代中叶以来的趋势。明嘉靖以后，文学创作随着接受对象的市民化、下层化则更加面向现实，创作主体的精神更加高扬，作品突出了个性和人欲的表露。叙事文学的全面成熟，文学语言的通俗化，以及流派意识的自觉，都充分显示了文学正在有力地向着近代化变革。变革的主要标志是：《三国志演义》和《水浒传》的刊刻和风行，《西游记》和《金瓶梅词话》的陆续写定和问世，编著章回体通俗小说热潮的兴起，戏曲方面三大传奇《宝剑记》《浣纱记》《鸣凤记》的问世，传奇体制的定型，昆腔的改革，汤显祖写就的"临川四梦"，戏剧创作被推向了另一高峰。诗文方面，唐宋派、后七子、公安派、竟陵派等都为文学的变革做出了努力。以"三言""二拍"为代表的白话短篇小说的繁荣，以及民间文学的流行和整理，都明显地体现了新时代的特征。

在这一阶段，涌现出文学集团和派别，并产生了争论的局面：在诗文方面有公安派、竟陵派、桐城派、性灵派等的主张和创作；在词的研究上，有浙西词派、阳羡词派、常州词派的主张和创作；在戏曲方面，有吴江派和临川派这两大群体。在不同流派的相互激荡中，涌现出许多杰出的作家，在诗、词方面取得了不可忽视的成就。在戏曲和小说方面，更是收获颇丰，代表性的作品有汤显祖的《牡丹亭》、孔尚任的《桃花扇》、洪昇的《长生殿》。白话长篇小说出现了巅峰之作，例如吴承恩的《西游记》、吴敬梓的《儒林外史》、兰陵笑笑生的《金瓶梅》、曹雪芹的《红楼梦》。蒲松龄的《聊斋志异》将中国文言小说的创作推向了高峰。

《西游记》的成书经历了一个长期积累和演化的过程。它的演化过程是将历史的真实性不断地神化和幻化，最终是以"幻"的形态定型的。玄奘取经是唐代的一个真实的历史事件。贞观三年，为追求佛家真义，他历尽艰辛，花费十七年时间，前往天竺取回梵文经书六百多部。回国后，奉诏口述所见所闻，他的门徒录成《大唐西域记》一书。从宗教的视角描绘种种传说故事、自然现象，难免会带有神秘的色彩。后来，由其弟子撰写的《大唐大慈恩寺三藏法师传》，在赞颂师父、弘扬佛法的过程中，也用了夸张神化的笔调，穿插进一些离奇的故事。于是，玄奘取经的故事在社会上广泛流传，唐朝末年的一些笔记，就记录了玄奘取经的神奇故事。作为一部神魔小说，《西游记》想通过孙悟空的形象，宣扬"三教合一"的心学。心学的基本思想是"求放心""致良知"，指的是受外物迷惑而不放纵的心，回归到良知的自觉境界。作者是把孙悟空当作人心的幻相来刻画的。孙悟空大闹天宫、被压于五行山下、西行取经成正果的三个阶段，分别隐喻了放心、定心和修心的全过程。《西游记》以主要的篇幅描写了孙悟空跟从唐僧师徒历经八十一难，去西天取经。在取经的过程中，孙悟空仍然保持着桀骜不驯的鲜明个性。作品通过刻画一个恣意"放心"的"大圣"，不自觉地赞颂了一种与明代文化思潮相合拍的追求个性和自由的精神。《西游记》在艺术上的最大特色就是以诡异的想象、极度的夸张，突破时空和生死的界限，突破了神、人、物的界限，创造了一个光怪陆离、奇幻无比的境界。

《金瓶梅》是中国文人独立创作的白话长篇小说，这部作品没有经过一个世代积累的过程，被看作是世情小说的开山之作。它写事情不在于一般的描摹，而是着意于暴露。小说的主人公西门庆，是一个小商人，发迹有钱后，勾结衙门，拼命敛财，财产越来越多。他又凭借金钱贿赂官场，打通关节，官位越攀越高。在官商勾结、钱权交易的世界里，他贪赃枉法、肆无忌惮、杀人害命、无恶不作，称霸一方。但最后，西门庆因恣意纵欲，断送了自己的性命。他的贪财好色完全建应在摧残他人人性和残害自己生命的基础上，其结果必然导致人性的扭曲和人生的毁灭。小说中的金、瓶、梅等女性的命运也是如此。《金瓶梅》是一部悲剧，它反映出当时统治集团的腐朽和新兴商人势力的强大，腐朽的必然要死亡，新兴的前途依然渺茫。这一作品令人感到悲哀。

明末天启、崇祯年间，因国事多艰，一部分作家开始告别张扬的个性，而向理性回归，重新强调文学的社会功能，开启了清代文学思潮的转变。总之，明代中期以后，文学地向个性化、世俗化和趣味化方向流动，无论内在精神还是审美形式都体现出这种特色。

明末崇祯十七年，李自成率农民起义军攻陷北京，明朝灭亡。此时，清朝统治集团趁机率军攻入山海关，定都北京。清朝自定都北京开始，经过40年的征服战争，最后统一了中国。为了巩固政权，采取了安定社会、恢复生产的措施，使国势一度增强，社会走向繁荣，出现了盛世的局面。之后随着社会的发展，统治阶级的腐朽，社会矛盾不断加深，又走向了衰落。

清代是中国最后的一代封建王朝，清代文学呈现出一种集中国古代文学之大成的景观。各类文体大都拥有众多的作者，写出了大量的作品，数量之多超过了以往各代。相当多的作者写出了优秀的堪称杰出的传世之作，例如，吴伟业的歌行诗，王士禛的神韵诗，陈维崧的登临怀古词，纳兰性德的出塞悼亡词，汪中的骈文《哀盐船文》，戏曲有洪昇的《长生殿》和孔尚任的《桃花扇》，文言小说蒲松龄的《聊斋志异》，白话章回小说吴敬梓的《儒林外史》和曹雪芹的《红楼梦》。

在明清易代的社会动乱之际，诗歌创作转向伤时忧世。移民诗人悲愤、励志，其他诗人徘徊、观望。清初的诗，总体上看，它继承和发扬了贯穿中国诗史中的缘事而发、有美刺之功、行"兴、观、群、怨"之用的传统精神，同时也继承和发扬了传统审美艺术的特征。例如吴伟业的歌行诗《圆圆曲》《鸳湖曲》，叙事活脱、情韵悠然、词藻华美，开拓出叙事诗的新境界。王士禛的神韵诗，将中国诗歌崇尚含蓄蕴藉的特征推向了极致，为中国诗歌的发展做出了贡献。词在这时也发生了转机，走出了俚俗，归于雅道，成为彷徨苦闷中的文人委婉曲折地抒写心曲的方式。清初文人以骈文为寄托才情的手段，从而揭开了骈文复兴的序幕。戏曲方面，传奇、杂剧都沿着晚明的趋势，创作更加活跃。

清初的小说也顺从明末小说的趋势，从总体上看，小说创作进入独创时期。在众多作者的创作中，终于有人从中感受到了时代的脉搏，领悟到了小说的文学特征，面对现实人生，将平凡的生活变成真实而具有审美意蕴的小说世界。

总体上看，清代前期文学关注国运民生，具有炽烈的责任感和深沉的历史意识，传统文体和已经雅化了的戏曲取得了很高的成就，影响也很深远。清中期，传统文体虽然也很活跃，诗说文论竞相争鸣，但成就和影响远不如小说。

五、鸦片战争至五四运动的文学

近古时期的第二段是从鸦片战争开始的。19世纪中叶的道光年间，中国受到外国列强的侵略。鸦片战争的炮声震撼了当时的华夏大地。从此，中国沦为半殖民地半封建社会，中国历史进入了近代。在这一阶段，中国社会的性质和结构发生了变化，逐渐形成了新的经济成分和阶级成分，在后期出现了资产阶级的政治斗争；西方文化以强劲的势头开始涌入中国，形成对中国固有的传统文化观念的冲击。在中国这片古老的土地上，许多有识之士在向西方寻求新的富国强兵之路的同时，也寻求到了新的文学灵感，成为一代新的作家，龚自珍、黄遵宪、梁启超就是其中的代表。与社会的变化相适应，文学观念和文学创作也发生了变化。救亡图存的意识和求新变于异邦的观念，成为文学的基调。文学被视为社会改良的工具，小说的地位得到充分的肯定。外国翻译作品也逐渐增多，文学的叙事技巧有所更新出现了报刊这种新的媒体。一批作家以报刊传播其作品，写作方法因适应报刊这种形式的需要而有所改变。

文学是社会生活的反映，社会发生了变化，文学创作和文学观念也会发生变化。文学被视为社会改良的工具。救亡图存的意识和求新变异的观念，成为当时文学创作的基调。翻译文学的启示，促进了文学观念的变化。小说的地位在国民中得到了充分肯定，产生了很大的影响。虽然从明清以来已有重视小说戏曲等通俗文学的言论，但把诗词文看作是文学正统的观念并没有根本动摇。维新派从西方国家的历史中看到小说在思想启蒙和社会变革中的作用，把小说从社会文学结构的边缘推到中心地位，提出改良小说和小说界革命的口号，使小说创作更加自觉地为政治服务。这时，西方文学中的悲剧观念也被吸收进来，王国维的《红楼梦评论》就是以悲剧观念对《红楼梦》进行新的诠释的，高扬悲剧文学作品的价值。翻译文学还带来了一些新的文学类型，在小说方面有侦探小说、言情小说、科学小说、政治小说等。19世纪末、20世纪初，中国也陆续出现了这类小说。例如梁启超的《新中国未来记》、吕侠的《中国女侦探》、徐念慈的《新法螺先生谈》等。随着翻译的外国文学作品的不断增多，文学的叙事技巧也有很大的变化。中国传统小说的叙事模式大体是以第三人称的视角讲故事，情节是顺时性发展的，人物刻画以言语行动为主，对环境和心理描写较少。同时翻译文学输入了许多不同的描写手段，例如逆时性的倒叙、第一人称的叙事、环境与心理的描写、人物肖像的具体刻画等。这为中国小说提供了借鉴，不同程度地为中国作家所吸取。

生产技术的发展，也促成了近代文化传媒的进步。具有快速、广泛、高效之称的新型传媒工具的报刊日益发达起来，作家凭借这种新的媒体传播其作品。辛亥革命后，报刊发展迅猛；为适应报刊这种形式的需要，写作方法也有所变化。在古文领域，出现了通俗化的报刊文体。在诗歌领域，提出了"我手写我口"的主张。19 世纪与 20 世纪之交，出现了许多专门的文艺性报刊。文艺报刊开辟了文艺作品发表的园地，促进了创作的繁荣。

近古期的终结划定为五四运动爆发的 1919 年。五四运动作为一次新文化运动，成为划时代的标志，它在文学史上开启了一个新的时期。在五四运动之前，尽管出现了一些带有新思想、新风格的作家，但他们的创作仍然属于古典文学的范畴。只有在五四运动中涌现出来的作家，他们的创作才有了质的变化，成为中国现代文学的先声。五四运动宣告了中国古典文学的终结和现代文学的发端。

中国文学的演进和整个中国文化的演进息息相关。古代的文学家往往兼而为史学家、哲学家、画家，他们的作品里往往渗透着深刻的文化内涵。广阔的文化学视角会带来全新的审美感受。中国文学的演进受到内、外两种因素的影响。推动中国文学演进的外在因素，主要指社会政治、经济和文化的影响，民族矛盾的影响，地理环境的影响等。推动中国文学演进的内在因素是一个很复杂的问题。要考虑到文学发展的不平衡，还要注意到文学演进过程中，一些因素间相辅相成的互动作用。在此，主要介绍影响文学演进的内在因素。

第三节　文学的演进

一、文学发展的不平衡

（一）朝代的不平衡

各个朝代文学所取得的总体成就是不同的，有的朝代相对繁荣些，有的朝代相对平庸些。而各个朝代都有其相对发达的文体，并且具有代表性。比如，汉代的赋、唐代的诗、宋代的词、元代的曲、明清两代的小说。其实，在一个朝代内文学的发展也是不平衡的。像汉、唐、宋、明这些年代较长的朝代，初期的文学比较平庸，经过两代或三代人的努力才达到高潮。有些小朝代倒有可能在某种文体上独树一帜，比如梁、陈两代的诗，南唐和西蜀的词。

（二）地域的不平衡

所谓地域的不平衡，包含两层含义：一是在不同的朝代，各地文学的发展呈现出盛衰的变化。例如，河南、山西两地在唐朝涌现的诗人比较多，而明清两朝则比较少；江西在宋朝涌现的诗人特别多，此前和此后都比较少。二是不同的地域有不同的文体孕育生长，一些文体带有地方特色。例如，《楚辞》带有明显的楚地特色，杂剧带有强烈的北方特色，南戏带有突出的南方特色。中国文学所表现出来的地域性特别突出。

（三）文体发展的不平衡

任何一种文体都有一个从萌生、形成到成熟的过程。文体发展的不平衡，一方面是指各种文体形成和成熟的时代不同，有先有后。诗歌和散文是最早形成的两种文体；大概轮廓是：早在商周时代就有了用文字记载的诗文，到了魏晋南北朝才有了初具规模的小说，唐代中期才有了成熟的小说，到宋金两代，出现了宋杂剧和金院本，标志着中国戏曲的形成。如果细分，骈文是在魏晋以后形成的，词到唐代中叶才形成，白话短篇小说到宋代才形成，白话长篇小说到宋元之际才形成，散曲到元代才形成。中国文学的各种文体裁形成的时间相差数百年甚至一两千年。另一方面，各种文体从萌生、形成再到成熟，其过程的长短也不同。比如，赋的形成过程较短，而小说的形成则经历了一个极其漫长的过程。

二、雅与俗的相互影响

在雅与俗之间，主要是俗对雅的影响和推动，以及由俗到雅的转变。俗雅之间的互动，也推动文学不断向前发展。例如，《诗经》中的"国风"本是民歌，经过孔子的整理，到汉代被儒家奉为经典，加以解释后就变得雅了。产生于长江中下游市井之间的南朝民歌，本是俗文学，却引起了梁陈宫廷文人的兴趣，这样便促成了梁陈宫体诗。词在唐代本是民间通俗的曲子词，在其发展的过程中逐渐变得雅了起来。宋元时期，戏曲开始在市井的勾栏瓦舍中演唱，是适应市民口味的俗文学；后来的文人对这种文学形式加以提高，于是创作出《牡丹亭》《长生殿》《桃花扇》这些高雅的作品。

三、复古与革新的碰撞

复古与革新的互动也是中国文学演进的一条重要途径。复古与革新的碰撞交替，是文学体裁内部的运动，主要表现在诗文领域里。魏晋以后，文学走上了自觉的道路，文学创作不断地进行着自觉或半自觉的革新。刘勰在《文心雕龙·通变》中的论述就涉及复古与革新的问题。由于齐梁以来的诗歌过分追求声色，出现一些弊病，遭到批评。初唐诗人陈子昂大声疾呼恢复汉魏风骨，成为中国文学史上第一次有影响力的复古呼声。它的复古实际上是革新，因为他促成了声色与性情的统一，是盛唐诗歌达到高峰的因素之一。唐代中叶，韩愈、柳宗元又在文的领域内举起复古的旗帜，反对六朝以来盛行的骈文，提倡三代两汉的古文。这次复古实际上也是革新，是在三代两汉古文的基础上建立的一种与"道"合一的新的文学语言和文体。韩、柳之后，古文一度衰落，骈文重新兴起。到宋代，欧阳修、苏轼等人再度提倡写作古文，才确立了古文不可动摇的地位。

四、文与道的离合

文与道的离合，主要指文学与儒家伦理道德、儒家政治理想的关系。在文与道或离或合的过程中，中国文学得以演进。从汉代确立了儒家思想的统治地位以后，文学与儒家思想的关系就一直制约着文学本身的演进。文学或与道离，或与道合，而离合的程度又有所不同。道家思想、佛学思想以及反映市民要求的思想，也先后不同程度地渗透进来，制约、影响着文学的发展。但与儒家思想相契合，出现过许多优秀的作家，如杜甫、韩愈、白居易、陆游等；与儒家思想相脱离，同时也出现过许多优秀作家，如陶渊明、李白、苏轼、曹雪芹等。唐代以后出现过不少围绕着以"明道""贯道""载道"的论述，这些论点与强调独抒性灵、审美娱乐的要求，相互碰撞、相互补充。当市民阶层出现以后，反抗封建伦理道德的思想兴起，在情与理的对立中发出一种新的呼声，这种呼声可以在戏曲和小说中听到。

五、文体的相互渗透

各种文体都有其独特的体制和功能，这便构成了文体之间的界限。一种文体与其他文体相互渗透与交融，吸取其他文体的艺术特点以求得新变，是中国文学演进的一条重要途径。例如，诗和词体制不同，早期的词和诗的功能、风格也不相同。词本是配合音乐以演唱娱人的，词发泄的是诗里不能也不便容纳的感情；诗表达的是政治教化、出处穷达的大题目，两者的界限本是清楚的。可是从苏轼这里开始，以诗为词，赋予词以诗的功能，在相当大的程度上模糊了诗和词的界限。辛弃疾以文为词，使词和文的距离也在一定程度上缩小了。而周邦彦以赋为词，在词所限定的篇幅内极尽铺张之能事，在一定程度上也突破了词和赋的疆域。宋元以后的白话小说，和诗词也有密切的关系。宋代说话一般都有说有唱，那唱词就是诗。有的小说就叫"诗话"或"词话"。中国戏曲里的唱词就是一种诗，唱词是戏曲的一个重要的组成部分。

第八章　诗歌鉴赏

语言艺术是人类运用语言作为表意造型手段来创造美的文化形式。它的最重要的文化源头是古代传说和神话。由传说而到文学的演进中，唱诵传说的民间艺人充当了创作者和传播者的双重身份，贡献极大。正是在原始文学汇集史诗的基础上，诗歌艺术才得到了肥沃土壤的培育，成长为生机盎然的形式。民众和他们的审美导师——民间艺人是艺术的真正母亲。作为中华民族的瑰宝，诗歌记载代代人的心声，它是人们心灵的绝唱。

第一节　诗歌的萌生

一、诗歌的产生

在文学发展史上，诗歌是较早出现的一种文学形式。研究者认为，中国的诗歌是原始人类在从事集体劳动时，依照劳动协作的节奏，因劳动呼声的疾徐而产生的。它产生于文字发明之前，是在人们的劳动和歌舞中逐渐形成和发展起来的。我国最早的诗歌是产生在尧舜时代的《击壤歌》。有文献记载，到了周代，先民们积累了较丰富的乐歌创作经验，诗歌艺术也达到了较高水平。

产生于公元前11世纪的《诗经》，是中国第一部诗歌总集。其中有305篇诗歌，分"风""雅""颂"三类，均可以配乐演唱。"风"是其中的精华，包括15个地方的民歌；"雅"有"大雅"和"小雅"之分，都用于宴会，主要是歌颂从前的英雄和讽刺现实政治；"颂"是统治者祭祀的乐歌，用于祭天地山川、祭祖先、祭神农。《诗经》内容大都具有鲜明的时代感和民性，写作上运用赋、比、兴的表现手法；以四言为主，多用重叠和回环往复的句式，这为后世文学的创作奠定了深厚的人文基础和艺术底蕴。

到了公元前4世纪，战国时期的楚国，以其丰厚的地域文化和人文环境孕育了伟大的诗人屈原。屈原及其弟子宋玉等人创造了一种新的诗体"楚辞"，它发展了诗歌的另一种形式，打破了《诗经》的四言形式，从三、四言，发展到五、七言，句式长短参差错落，并多用"兮"字，是一次诗歌的创新。《楚辞》吸收了神话的浪漫主义精神，开辟了中国文学浪漫主义的创作道路。屈原运用这种独特的形式，创作了《离骚》《九歌》《九章》等不朽诗篇，屈原以其出色的文学成就，成为我国文学史上第一位伟大诗人。《楚辞》

的出现，成为我国诗歌发展道路上的一个里程碑。它标志着中国诗歌从民间集体歌唱发展到诗人独立创作的更高阶段。有人说，《诗经》和《楚辞》是后世诗歌发展的两大源头，两者共同开创了我国古代诗歌现实主义和浪漫主义并驾齐驱、融会发展的优秀传统，对后世文学的发展产生了广泛而深远的影响。

二、诗歌的发展

诗歌发展到了汉代，又出现了一种新的形式——汉乐府诗歌。"乐府"是汉代专门掌管音乐的机构名称，汉乐府民歌是乐府诗的精华。流传至今的有 100 多首，其中多用五言形式写成，一般以五字句、七字句为主体，间杂长短不同的各种句式，体现了诗歌艺术的新发展。由于五字句、七字句在节奏和表现力上具有优势，受到文坛上文人的青睐，也因而成为后来五言、七言古体诗产生的基础。随之经文人的有意模仿，在魏晋时代五、七言诗成为诗歌的主要形式。汉乐府诗歌由于继承了《诗经》民歌的现实主义传统，感于哀乐，缘事而发，通俗易懂，长于叙事；多采用口语化的朴素语言表现人物的性格，因而人物形象生动，感情真挚，富有浓厚的生活气息。其中著名的篇章有《孔雀东南飞》《十五从军征》、《陌上桑》、《羽林郎》等。长篇叙事诗《孔雀东南飞》讲述的是焦仲卿和刘兰芝的凄美的爱情故事；《十五从军征》揭露了战争给人们带来的灾难；《陌上桑》和《羽林郎》表现的是女性不慕富贵的高尚品格。虽然汉乐府中多数是现实主义的描绘，但也不同程度地运用了浪漫主义的表现手法，给沉重的主题附上一抹亮色，给人以慰藉。《孔雀东南飞》的结语就是如此。

东汉末年，文人五言诗日趋成熟，文学进入了自觉时代。五言诗是中国诗歌的主要形式。其实，从民间歌谣到文人写作，五言诗经历了一个漫长的阶段，达到成熟的标志则是《古诗十九首》。《古诗十九首》非一人一时之作，其内容多叙离别、相思之苦和对人生短促的感触；其鲜明的艺术特色是善用比、兴手法，长于抒情。

建安时期，曹操、曹丕、曹植、孔融、陈琳、王粲、徐干、阮瑀、应场、刘桢，继承了汉乐府民歌的现实主义传统，普遍采用五言的形式，"三曹"和"建安七子"第一次掀起了文人诗歌的高潮。他们的诗作总体上反映的是时代动乱和人民疾苦，抒写个人的理想和抱负，感情细腻、抒情浓烈，给人以慷慨悲凉的阳刚之气，后人称之为"建安风骨"。"三曹"是建安文坛的风云人物，其中曹植的文学成就为最高，是当时的代表诗人。他的诗受汉乐府的影响，但更多了一些抒情的成分，富于气势和力量，词藻华丽，善用比喻，形成骨气奇高、词采华茂的艺术风格。曹植的代表作是《赠白马王彪》。

两晋时代的代表诗人是阮籍。他时常用曲折的诗句表达忧国、惧祸、避世之意，他的《咏怀诗》进一步地为抒情的五言诗打下了基础。诗人嵇康的作品则是表达愤世嫉俗，锋芒直指黑暗的社会现实。阮籍和嵇康的诗基本上继承了"建安风骨"的传统。

南北朝时期，是中国诗歌史上的又一个发展时期。这一时期涌现出又一批乐府民歌。这些诗歌不仅反映了新的社会现实，而且创造了新的艺术形式和艺术风格。这一时期的民歌总体特点是篇幅短小，抒情多于叙事。保存下来的有480多首，多为五言四句小诗，而且都是情歌。南朝乐府民歌数量较多，多是谈情说爱的"艳曲"；北朝乐府民歌数量不多，但都是一些名副其实的"战歌"，北朝乐府还创造了七言四句的七绝体，发展了七言古诗和杂言体。北朝乐府中最有名的是长篇叙事诗《木兰诗》。《木兰诗》和《孔雀东南飞》并称为中国诗歌史上的"双璧"；鲍照是南北朝时期最杰出的诗人。他继承和发展了汉魏乐府的传统，创作了大量优秀的五言和七言乐府诗；他的代表作是《拟行路难》18首。诗中运用七言句法，表现了个人的不幸和对社会不平的抗议。南齐永明年间，诗歌创作则注意音调和谐，"声律说"较为流行，于是"永明体"这一形式的诗体盛行开来。这可以说是格律诗产生的开端。

魏晋南北朝时期成就最高的诗人是陶渊明。他的出现给当时的诗坛吹进了一股清新的风。他的诗多写田园生活，风格自然冲淡，对唐代山水田园诗产生了直接的影响。

唐朝初期，出现了律诗和律绝这种具有严密格式限制的新诗体。这种格律诗又叫"近体诗"，它有严格的句数、字数、音律、对仗等方面的格式要求，通常为五言或七言的律诗、绝句。唐朝以前，诗歌创作没有严密格律限制，后来人们把唐朝以前的诗体称为"古体诗"。但其中不包括楚辞和乐府诗这两种风格独特的诗体。唐代是诗歌发展的黄金时代。在近三百年的时间里，出现了五六十个著名的诗人，留下近5万首诗歌。"初唐四杰"以及陈子昂上承汉魏风骨，力扫齐梁宫体颓靡之风，创作出清新健康的诗歌，为唐代诗歌的发展铺平了道路。盛唐时期，出现了两大诗歌流派：山水田园诗派和边塞诗派。前者以王维、孟浩然为代表，后者以高适、岑参为代表。接着出现"诗仙"李白和"诗圣"杜甫。李白的诗感情奔放炽烈，风格豪放飘逸，他继承和发展了中国诗歌的浪漫主义传统，歌颂祖国的大好山河，抒发强烈的主观感受，表达理想和现实的矛盾。杜甫的诗感情内在深沉，风格沉郁顿挫，他继承和发扬了传统的现实主义精神，诗中广泛而深刻地反映了唐朝由盛转衰的时代风貌。中唐时期，唐诗呈现出第二次繁荣。以白居易、元稹为代表的诗人，倡导了新乐府运动。他们主张"文章合为时而著，歌诗合为事而作"，创作了针砭时弊的讽喻诗，如《新乐府》《秦中吟》等。诗人白居易的《长恨歌》和《琵琶行》是古代长篇歌行名篇。晚唐时期，诗人李商隐和杜牧的成就最高，有"小李杜"之誉。李商隐的诗深情绵邈，绮丽婉曲，启迪人生；杜牧的诗咏史怀古，抒情写景，耐人寻味。

诗歌发展到宋代，别具特色。如果说唐诗主情韵，以境胜，那么宋诗则主理致，以意胜。宋诗成就最大的是苏轼和黄庭坚。苏轼的诗说理抒情，启人心智，发展了宋诗好议、散文化的倾向；作为江西诗派的宗主，黄庭坚注重语言的借鉴和创造，崇尚杜甫。南宋诗人中杰出的代表是"中兴四大诗人"：尤袤、陆游、杨万里、范成大，均属江西诗派，而后终能自成一家。爱国诗人陆游有近万首诗作。他的爱国诗篇激励着一代又一代志士仁人。宋朝末年，文天祥、汪元量等也写出了感人肺腑的爱国诗篇。而元好问的诗，内容丰富，感情真挚，意境悲凉。

词是一种配合燕乐歌唱的新诗体。它源于唐朝，盛于宋代。晚唐五代时期，就出现了专门作词的专家和专集。温庭筠的词多写妇女离别相思之情，词藻华丽。他编写的《花间集》中共收 18 位词人的 500 首词，他本人被称为"花间派"。从此，词与诗并行发展。南唐后主李煜的词也具有较高的历史地位，在词中主要抒写自己的人生际遇、故国之思和亡国之痛，缘情而行，质朴自然。他的《虞美人》《浪淘沙》等词用贴切的比喻使感情形象化，真挚动人。每首词都有词调，句式不如诗整齐，参差错落，有长有短，又称长短句。根据每首词的字句多少，词又有小令、中令、长调之分。每首词都有调名，即词调。词调又有单调和双调之分。每调都有一定的句数、字数和韵律。因词调所限定的感情和抒情的需要，词的押韵比诗更显得灵活多变。它长于比兴，注重寄托。因而给人以含蓄委婉，声情并茂之感。

宋代是词的繁荣时期。词，作为一种配乐而歌唱的抒情诗体，在南宋达到高峰。北宋时期，晏殊、欧阳修虽有出色的词作，但并没有脱离花间派的影响，内容上大都表现离愁别绪及花前月下的蜜意柔情、风格柔婉。到柳永创作长调的慢词时，词的规模才发生了显著的变化。到了苏轼，词的题材有了进一步发展，怀古伤今的内容写进词作中，抒写自己的理想抱负，创造了豪迈的风格。还有秦观和周邦彦两个出色的词人，秦观的代表作有《浣溪沙》《鹊桥仙》《踏莎行》等，他善作小令，通过抒情写景传达感伤情绪；周邦彦的代表作有《满庭芳》《过秦楼》《兰陵王》等，他的词深受柳永影响，声律严整，字句精巧，他不仅写词还善作曲，创造了不少新调，对词的发展做出了很大贡献。南北宋之交，出现了著名女词人李清照，她善于炼字炼意，勾勒出清新动人的意境，词作独树一帜，形成了言浅意深的"易安体"。南宋初年，民族矛盾激化，陆游、辛弃疾等许多词人面临国破家亡的危局时，他们都在词中抒写沦亡之恨和收复失地、统一国家的愿望。词在艺术流派方面有"婉约派"和"豪放派"之分。被誉为"爱国词人"的辛弃疾是这一时期的代表人物。受他的影响，陈亮、刘克庄、刘过、刘辰翁等人形成了南宋中期以后声势最大的爱国词派。南宋后期，最著名的词人是姜夔，代表作是《长亭怨慢》。姜夔的词绝大多数是记游咏物之作，注意修辞声律，沿袭了周邦彦的道路，内容欠充实，多为感叹身世的飘零和情场的失意。宋词表现了我国宋代的社会矛盾和社会生活面貌，为我们提供了相当广阔和异常生动的生活的画面。

到了元代，出现了散曲，给诗坛注入了新的活力。与传统的诗词相比，散曲形式更加自由，语言更为活泼，具有俚俗韵味，扩大了表现范围。散曲有小令和套曲之分，小令是单支曲子，套曲是由两支以上属同一宫调的曲子依次连缀而成。前期代表作家有关汉卿、马致远，作品的总体特色是通俗易懂，诙谐泼辣；后期的代表作家有张可久、乔吉，创作风格趋于雅正典丽。元曲中最成功的作品是马致远的《天净沙·秋思》。

到了明代没有杰出的诗人和诗作出现。明朝初期，较有名的诗人有高启、刘基等，他们的诗歌包含社会现实内容。随后，兴起了"台阁体"诗派，诗作内容主要是歌功颂德。

明中期以后，以李梦阳、何景明为首的"前七子"和以李攀龙、王世贞为首的"后七子"，先后发起了复古运动，主张"文必秦汉，诗必盛唐"。因为盲目尊古，一味模拟，而受到有识者的批评。初有以归有光为代表"唐宋派"的矫正，继而有以袁宏道为代表的"公安派"的冲击，之后还有以谭元春为代表的"竟陵派"的出现。"竟陵派"的主张与"公安派"的"独抒性灵，不拘格套"相似，诗作给人以幽深孤峭之感。

清代，大多数作家仍拘泥于拟古主义和形式主义的创作方式。清朝初年，较有影响的是黄宗羲、顾炎武、王夫之等人，他们的诗歌具有强烈的民族感情和爱国思想。清中期以后，考据学风的兴盛，影响到当时诗歌的创作。这时，郑燮的反映民情、袁枚的直抒性情、黄景仁的抒写哀怨的诗作都很有特色。道光、咸丰年间，在内忧外患的严峻形势下，诗人龚自珍以诗歌为武器，揭露社会黑暗，抒发报国之志，因而成为近代诗歌史上第一位诗人。之后出现的黄遵宪，是最早从理论和创作实践上给"诗界革命"开辟道路的杰出诗人。清朝末年，龚自珍的诗歌创作着眼于社会、历史和政治观点来揭露现实，以其先进的思想，打破了清中叶以来诗坛的沉寂，引领近代文学史风气之先。受其影响，后来的黄遵宪、康有为、梁启超等新诗派将诗歌直接用作资产阶级改良运动的宣传载体，成为批判社会现实的工具。

"五四"新文化运动时期，提倡新文学，倡导白话文，诞生了中国现代文学。1917年，胡适在《新青年》上发表了8首白话诗，提出"诗体大解放"的主张，力求诗歌创作不拘格律、不拘平、不拘长短。他的《尝试集》是中国现代文学史上第一部白话新诗集。在新诗诞生的过程中，创作的主力还有刘半农、刘大白、俞平伯、康白情。经过他们的不懈努力，新诗形成了没有固定格律、不拘泥于音韵、不讲雕琢、不尚典雅、只求质朴、只用白话的基本共性。最早出版的新诗集有：胡适的《尝试集》、俞平伯的《冬夜》、康白情的《草儿》、郭沫若的《女神》。其中郭沫若的《女神》具有狂飙突进的"五四"时代精神和鲜明的艺术风格，富有浪漫主义色彩，运用了自由体的形式，将新诗推向新的水平，成为中国现代白话新诗的奠基之作，它是新诗真正取代旧诗的标志。

继郭沫若之后，出现了对新诗做出划时代贡献的大诗人闻一多。在诗歌创作的理论上，他提出诗歌创作要讲求音乐美、绘画美、建筑美的"三美"主张，并在创作中加以实践。他的代表作品是《红烛》和《死水》。他的作品以爱国主义情感贯穿始终，采用浪漫主义的表现手法，善用贴切的比喻增强诗的形象性和艺术感染力，表现"五四"时期积极向上、不断进取的精神风貌。

经过开辟阶段，新诗逐渐走向成熟。它以自由体为主，兼有新格律诗和象征派诗较为完善的形态，形式更加灵活，内容更加丰富，冲破了束缚，走进了崭新的时代。

文学研究会的作家创作了大量的自由体诗，诗作以抒情为主，表现觉醒后的知识分子的苦闷和追求。其中成就较为突出的是朱自清，在诗中表现出积极进取的精神，如《光明》、《匆匆》、《自从》、《毁灭》等诗；表达了踏实求索的愿望，表现了追求理想不渝的坚韧。冰心则受印度大诗人泰戈尔《飞鸟集》的影响，创作了《繁星》和《春水》两部诗集。她的诗多表现母爱、童真和自然之情，满蕴温柔，略带忧愁。冰心的诗被称作"繁星体"。与冰心的创作风格不同，瞿秋白和蒋光慈所写的诗是政治抒情诗，诗中具有鲜明的社会主义色彩，如《中国劳动歌》《太平洋中的恶相》等诗具有阳刚之音，但内容较空泛。爱情诗在新诗的创作中占有相当高的地位，"湖畔诗社"的诗最引人注目。代表诗人是汪静之、应修人、潘漠华、冯雪峰。诗中所描写的爱情大胆和袒露，其间所显现出的质朴和单纯的美最能打动人心。自由体诗的写作较有成就的是冯至，他既写爱情，又写亲情和友情。新月派诗人徐志摩的诗主要表达对光明的追求、对理想的希冀和对现实的不满。在他的创作中占有重要地位的是表现个性解放和追求爱情的诗。感情真挚浓烈，气氛轻盈柔婉，表现手法多变，文字清爽，诗风婉约。他的主要诗集有《志摩的诗》《翡冷翠的一夜》《猛虎集》《云游》。新月派的诗人活跃在中国诗坛的同时，象征派也出现了。象征派的诗，常采用不同于常态的联想、隐喻、幻觉、暗示等手段制造朦胧神秘的色彩。象征派的代表诗人是李金发，他著有《微雨》《为幸福而歌》等诗集。他的诗作反映了"五四"以后一部分知识分子面临茫然的前途时所产生的悲观情绪。因其诗怪诞，而被人称为"诗怪"成绩较突出的象征派诗人还有：穆木天、王独清、冯乃超。20世纪30年代，左翼诗派的代表诗人是殷夫，他是一位重要的政治抒情诗人。他的诗生动描绘了工人运动的重要场面，热情颂扬了无产阶级革命。感情真挚充沛，风格朴实粗犷，代表作品有《血字》《我们的诗》等。左翼诗派的代表团体是中国诗歌会，代表诗人是蒲风。他主张诗歌大众化，面向下层人民，歌唱抗日救亡运动。新月派之后，涌现出描写现代生活中现代情绪的现代诗派。戴望舒是现代诗派的主要诗人。因其1927年发表了《雨巷》一诗而获得"雨巷诗人"的美誉。代表诗集有《我的记忆》《望舒草》等。诗作主要表现知识分子在大革命失败后的幻灭感和孤独感。多采用象征意象，因贴近主观情绪，诗意虽曲折朦胧，但并不晦涩。运用比喻也新鲜贴切，并富有节奏感。七月派是抗战后诗坛上最重要的诗派。代表诗人主要有胡风、艾青、田间、邹荻帆等，他们在创作中占有重要地位的是政治抒情诗。诗中充满爱国主义激情，呼唤人们起来抗争。质朴、粗犷、奔放是七月派诗歌的共同特色。20世纪40年代后半期，在解放区农村出现了民歌体新诗。李季和阮章竞的叙事诗是民歌体新诗的杰出代表。袁水拍的《马凡陀的山歌》，是当时国统区最有影响的政治讽刺诗集。他以市民熟悉的民谣、小调写成，笔调既轻松、诙谐又锐利、泼辣。

1949年新中国成立以后，诗歌创作进入新的发展阶段。新题材、新主题伴随着新生活应运而生。诗人们满怀激情地抒写出歌颂新时代的诗歌，同时也涌现出一批诗坛新人和诗歌新作。例如，邵燕祥的《歌唱北京城》、未央的《祖国，我回来了》、李瑛的《军帽下的眼睛》、公流的《边城短歌》等。诗歌形式也有所创新；例如：信天游、阶梯式、新格律诗等形式的相继出现，使诗歌不断向前发展。

20 世纪 50 年代末 60 年代初，新民歌运动开始兴起，传统民歌得以发展。20 世纪 60 年代，政治抒情诗的代表诗人是郭小川、贺敬之。这一时期，长篇叙事诗获得了丰收，郭小川的《深深的山谷》、李季的《杨高传》、闻捷的《复仇的火焰》、韩起祥的《翻身记》、田间的《赶车传》等都别具特色。但这一时期的诗歌创作也存在着不足。新时期以来，诗坛呈现出百花齐放的新景象。诗歌创作继承了现实主义传统，形式趋于松散自由，风格则千姿百态。20 世纪 70 年代末 80 年代初，涌现出一批青年诗人，如舒婷、顾城、江河等。他们创作的诗表达的是不同寻常的复杂情绪，被人们称为"朦胧诗"。这为诗歌的发展注入了新的活力。20 世纪 80 年代前期，诗歌承担了表达社会情绪的主要职责，它表达了人民的心声，揭露了现实生活中的矛盾。体现这种诗歌观念的代表作品有：李瑛的《一月的哀思》、艾青的《在浪尖上》、白桦的《阳光，谁也不能垄断》、雷抒雁的《小草在歌唱》、骆耕野的《不满》等，同时在艺术观念和方法上表现了创新精神，处于引领潮流的前沿位置。20 世纪 80 年代后期，本土诗歌的分布形态较以前更为复杂。社会发展的商品化趋向，使诗歌在社会文化生活中的地位日见狭窄和窘迫。诗歌群体的生存面临着各种压力。其中更多的人寻求的是艺术精神独立的需要。在 20 世纪 80 年代的诗歌创作过程中，外来影响和本土的现实主义诗歌流脉，成为激活诗歌创造的重要推动力。进入 20 世纪 90 年代，由于社会经济文化的发展，出版业的繁荣，一些诗人开始在公开出版的文学刊物上发表自己的作品，一些诗人出版自己的诗集丛书。还有顺应着变动的社会生活和审美取向，诗人的创作也经历着内在的调整，并逐渐找到了属于自己的创作风格。

三、诗歌的分类与特点

诗歌是一种独特的文学体裁，也是中外文学史上最早出现的文学形式。在古代，人们将不能合乐的作品称为诗，能合乐的称为歌，现代则统称为诗歌。诗歌的最大优势在于，能以凝练、富有节奏和韵律的语言，跳跃式的结构，高度集中地反映生活，抒发作者强烈的思想感情，创造出优美的意境。

（一）诗歌的分类

诗歌体式丰富，种类繁多。从不同的角度划分，有不同的类别。从诗歌反映思想内容的角度划分，有描写古代边塞地区风土人情的边塞诗、抒发男女之间恩爱情思的爱情诗、描写悠闲自得的田园农家生活的田园诗、表现生机勃勃校园生活的校园诗、展示军旅生活的军营诗等等。从诗歌与其他文学样式结合角度划分，有散文诗、童话诗、寓言诗等。主要掌握如下分法：

1. 叙事诗和抒情诗

诗歌从内容上划分，可分为叙事诗和抒情诗两大类。叙事诗有一定的环境背景，有比较完整的情节和人物形象，以叙述事件为主，通过叙述故事反映生活，抒发诗人的情感。它往往是寓情于事、借事抒情。比较典型的叙事诗有《孔雀东南飞》《石壕吏》《王贵与李香香》等。抒情诗以抒发作者由现实生活激发出来的深厚感情为主，注重诗人感情的倾诉，表现对象主要是诗人的生活感受和审美体验。新诗中的绝大多数都是抒情诗。抒情诗代表性的作品有《炉中煤》、《大堰河——我的保姆》、《回延安》等。《诗经》和《楚辞》中的篇章以及近体诗中的律诗和绝句，大都是抒情诗，词和散曲也都可以看成是抒情诗。

2. 格律诗和自由诗

从形式上划分，诗歌可分为格律诗和自由诗。中国古典诗歌包括唐朝以前所形成的古风和唐代以后的律诗、绝句，还包括宋词和元散曲在内。古典诗歌又分为古体诗和近体诗。古体诗主要指唐以前所采用的诗体形式，如《诗经》、《楚辞》、汉乐府、南北朝民歌等，没有固定的格式，不受平仄、音韵等限制；近体诗是从唐代开始逐渐形成和发展起来的，它包括律诗和绝句两种体式，字、句定数，格律严谨。格律诗的语言有一定的规范，在字数、句式、节奏、韵律等方面都有严格的要求。我国古代诗歌中的绝句、律诗、词、曲等都属于格律诗。例如王维的《山居秋暝》、李白的《行路难》、杜甫的《蜀相》、杜牧的《泊秦淮》、李商隐的《锦瑟》等。自由诗虽然注重节奏感，但没有严格的规定，不受格律的限制。自由诗在古代诗歌中虽然能找到渊源，但真正的自由诗却是在"五四"新文化运动中开始形成和发展的。中国的自由诗也叫新诗。新诗形式自由，采用白话体，突破了传统旧诗的束缚。例如郭沫若的《炉中煤》、艾青的《大堰河——我的保姆》、余光中的《乡愁》、舒婷的《致橡树》等。

（二）诗歌的特点

诗歌是一种以精练、形象、富有节奏的语言，饱含着作者强烈的思想感情，高度集中地反映社会生活的文学样式。其主要特点如下：

1. 强烈优美的抒情

诗人郭小川曾说："诗要有感情，没有感情，就没有诗。"诗歌是最富有激情和感情色彩的文学样式，是一种情动于中而形于言的艺术形式。与散文、小说和戏剧等相比较，诗歌的感情更强烈，更鲜明。抒情诗的感情色彩不言而喻，叙事诗中也常采用直接抒发情感的方式；比如白居易的《琵琶行》，诗人的感情渗透在字里行间，发出"同是天涯沦落人"的感慨，催人泪下。没有感情的叙事往往给人以乏味之感，缺乏艺术感染力，不能打动人心。没有情感的诗篇称不上是好诗。以情感人、以情动人是诗歌的最基本、最显著的特征。

诗是主观情感与客观事物的统一。诗中的情感是诗人自身具有的情趣外化的表现，是受外界事物激发而产生的。诗情虽然带有强烈的主观性，但是与现实生活密切相关。优秀的诗人总是把个人的情感与社会联系在一起，使诗中所抒发的情感具有一定的社会意义。例如：杜甫的《茅屋为秋风所破歌》、《三吏》、《三别》等诗篇，渗透着诗人饱经忧患切身感受，同时也反映了忧国忧民的知识分子和深受压迫剥削的广大人民的意愿，具有普遍的社会意义。

2. 精练形象的语言

用语形象是文学语言的共同要求，但诗歌的要求更高。写诗要用形象思维表达，诗歌要通过具体的形象把诗人的思想观念和独特感受表达出来，让读者去品味、去体会。

古今中外的诗人都非常重视炼字，炼词，炼句。中国古典诗歌尤其如此。语言精练，干净利落、意蕴深厚、言简意赅；是诗歌语言上的突出特点。例如，杜甫的《蜀相》："丞相祠堂何处寻，锦官城外柏森森。映阶碧草自春色，隔叶黄鹂空好音。三顾频繁天下计，两朝开济老臣心。出师未捷身先死，长使英雄泪满襟。"前两句借事抒情，颂扬诸葛亮的丰功伟绩，治国平天下的才华和鞠躬尽瘁死而后已的忠贞；三、四句是借景抒情，碧草、黄鹂写景色之美，"自""空"二字写空寂、清冷的感受，既抒发了作者对诸葛亮的缅怀之情，又融入作者对世人遗忘武侯和武侯祠，少来的遗憾；五、六句借事抒情，浸透着作者对诸葛亮的高度评价和赞美，隐含着对刘备与诸葛亮之间君臣相得犹如雨水的和谐关系的无限神往；最后两句诗人发出感叹。诗中的"英雄"是指为国为民的志士仁人，也包括诗人自己；发出"泪满襟"的感叹，寄托着诗人对现实的伤感。全诗用字精当，对仗工整，充分体现出杜甫在声律对仗和锤炼字句等方面独特的成就。这首诗将叙事、写景、议论、抒情融为一体，写景景真、叙事事切、议论中肯、情意真挚。通过对诸葛亮的悼念和赞美，含蓄地表现了作者报国无门的苦闷和当世缺少济世英才的感慨。

选用精当、凝练的字词来表达诗歌的主题和思想感情，往往会收到"妙用一字，全诗生辉"的效果。例如，陆游的诗《关山月》，语言精练，用字精当。"和戎诏下十五年，将军不战空临边"的"空临边"，"笛里谁知壮士心，沙头空照征人骨"的"空照骨"，出现两个"空"字，看似重复，实则曲尽其妙：前者写尽投降派的妥协；后者则准确揭示出守边战士的悲愤心情。这正充分体现出这首诗揭露和斥责南宋统治集团对金屈服议和的罪恶，反映沦陷区人民渴望恢复的迫切心情，表达作者对祖国统一不得实现的无比悲愤这一主题。还有"春风又绿江南岸"的"绿"字，"红杏枝头春意闹"的"闹"字，"云破月来花弄影"的"弄"字，一字选准，诗的境界全出。

含蓄蕴藉，是指不直接表达情感、思想，而是曲折委婉地倾诉，言在此而意在彼，即言外之意。例如王昌龄的《芙蓉楼送辛渐》一诗，表达了诗人与朋友的离别情意，含蓄地反映了自己在政治逆境中的愤懑不平和孤寂心情。"寒雨连江夜入吴，平明送客楚山孤。洛阳亲友如相问，一片冰心在玉壶。"开篇点明送行地点，连江秋雨增添了浓重的离愁。一个"孤"字既写出了秋雨后楚山孤寺的情态，又衬托出诗人此时此地难以言状的孤寂心情。"一片冰心在玉壶"是借喻言志"玉壶"比喻为官廉洁奉公，表露自己虽因谗言遭贬，但仍保持光明坦荡、清正廉洁的高尚情操。这首诗中诗人表达的情感含蓄隐晦，内在的情感显得更加含蓄深沉。

3. 含蓄深远的意境

在文学作品中，形象是把握现实和表现作家、艺术家主体思想感情的一种美学手段，它是根据现实生活各种现象加以使用艺术概括所创造出来的负载着一定思想感情内容、因而富有艺术感染力的具体生动的图画。意象是指诗人的主观情意和外在物象相融合的心象，它是局部的，可以从诗作的具体描述中捕捉。意境是指诗人通过意象的创造和连缀所构成的一种充满诗意的艺术境界；也就是说，是诗中所描绘的客观图景与所表现的思想感情融合一致而形成的一种艺术境界，需从笔墨外去寻找。虚实相生、情景交融、深邃幽远是其审美特征，它能使读者产生想象和联想，如身入其境般地进入到诗人所创造的无限丰富和广阔的艺术空间，在思想感情上受到感染，进而感悟人生的真谛。在中国古典文论中，往往以意境的高下来衡量作品的艺术价值。在诗歌创作中，以含蓄深远的意境表达诗人思想感情的例子不胜枚举。在此仅以王维的《山居秋暝》这首有名的山水诗为例加以说明。"空山新雨后，天气晚来秋。明月松间照，清泉石上流。竹喧归浣女，莲动下渔舟。随意春芳歇，王孙自可留。"诗中描绘了秋日傍晚雨后山林的景色，表现了诗人乐于归隐的生活情趣。诗中写了"空山""天气""明月""清泉""竹喧""莲动"几种景象，这些景象无不包含了作者的独特感受，这就是诗中的意象。一个"空"字意味深长，写尽山林宁静、清幽，点出全诗的基调。"明月"句写静景，雨后空山，松间挂着一轮明月，月色透过松林针叶，显得格外冷清、朦胧，紧扣"空"字，形象地描绘出山村月夜的清幽。"清泉"句写动景，视听结合、以动写静。清澈的泉水在石板上流过，发出潺潺的声响，还是紧扣"空"字，反衬出山村月夜的宁静，突出全诗空寂的基调。"喧"字与"动"字，以洗衣女的欢声笑语和荷叶摇动的沙沙声，反衬出山村月夜的宁静、清幽，使读者在动感中更加感受到山中的空寂。既写景又写人，诗情画意融为一体。写出了诗人内心的恬静，创造了独特的诗的意境。这首诗由几种意象连缀融合而创造出诗的意境，是一种宁静幽深的艺术境界。诗人用充满诗意的秋日图画，来抒写自己对自然景致的欣悦之情，在对自然美的生动描绘中，融入了追求高洁情怀和乐于归隐的生活情趣，体现出"诗中有画"的鲜明特色。使读者与诗人之间能产生共鸣，收到更好的艺术效果。最后由写景转为抒情、由外物指向内心，"可留"与"空"字在意境上达到了和谐统一，揭示了全诗的主旨。

4. 优美和谐的韵律

节奏鲜明、音调和谐、富有音乐感，这是诗歌的语言特点。诗歌的节奏是指诗句的音节有规律地间歇、停顿，以及语音高低、强弱、快慢交替相间的变化。诗歌的韵律是指在诗句中有意识地追求声调的平仄和谐，以及在句末使用韵母相同或相近的字，即押韵。诗歌的节奏能反映诗人情绪的波动，还能与韵律一起使诗歌抑扬顿挫，适于吟诵，悦耳动听，强化表达效果。旧体诗特别讲究韵律，尤其是律诗和词，用韵则有严格的规定。我国唐代形成的近体诗就充分体现了诗歌的音乐美。例如，晚唐诗人杜牧的《泊秦淮》："烟笼寒水月笼沙，夜泊秦淮近酒家。商女不知亡国恨，隔江犹唱后庭花。"这首脍炙人口的七绝，韵律和谐，声调优美，为读者创造了一幅迷蒙冷寂、微露哀伤的秦淮夜泊图，寄寓着无限的悲哀与辛辣的讽刺，饱含着诗人对衰亡历史又将重演的隐忧，真实地再现了晚唐衰败的社会现实。新诗虽无一定的押韵格式，但也要大体押韵，读起来上口。诗词的音乐美集中体现在节奏和韵律上。在《尚书·虞书》和《吕氏春秋·古乐》两部史书中记载了诗、歌、舞同源和三位一体的情况。在远古时代，先人们崇拜图腾，原始部落经常进行巫术礼仪活动，歌舞咒语，如醉如狂，他们认为歌舞咒语具有神法魔力，可以带来本族的兴旺。因此，在他们崇拜图腾的同时，也就自然会崇歌舞。当时的歌、舞、乐三位是一体的，诗、乐也是合而为一的，也就是说，诗、歌、舞是一体的。诗歌的韵律可为诗歌带来两方面的好处：一是加强诗歌的节奏感，收到和谐、整齐的感官审美效果；二是有助于情感的抒发和意境的创造。现代诗人闻一多的《死水》，便具有音乐美、建筑美、绘画美，是一个典型的例子。

第二节　诗歌欣赏

一、诗歌写作要点

为了更好地把握诗歌的美，首先要了解诗歌创作的有关知识。基本的写作知识如下：

（一）创作手法

诗歌两种基本的创作手法是现实主义和浪漫主义。现实主义提倡客观地观察生活，按照生活的本来样式准确、细腻地描写现实，真实地表现典型环境中的典型形象；例如，《诗经》中的"国风"、杜甫的诗、辛弃疾的词等，都是现实主义的杰作。浪漫主义则善于抒发对理想世界的热烈追求；常用热情奔放的语言，瑰丽神奇的想象，大胆的夸张来塑造形象，代表诗人有屈原、李白、郭沫若。

（二）风格流派

由于生活经历、感情气质、艺术修养等的不同，诗人在创作中自然表现出不同的格调、气派和韵味，这就形成了不同的风格流派。例如，现实主义诗人杜甫的诗沉郁顿挫，浪漫主义诗人李白的诗豪放飘逸；李清照的词婉约，苏轼的词豪放等。

（三）抒情方式

抒情方式分为直接抒情和间接抒情。直接抒情即为"直抒胸臆"，它是指作者直接对有关事物表明爱憎态度，不假外物，不加掩饰。最有代表性的是杜甫的《茅屋为秋风所破歌》，诗的最后写道："呜呼！何时眼前突兀见此屋，吾庐独破受冻死亦足！"还有李白的《梦游天姥吟留别》的最后两句诗："安能摧眉折腰事权贵，使我不得开心颜。"前者抒发了诗人的胸襟和理想，充分体现出他舍己救人、九死而无悔的崇高精神，感人至深，可歌可泣；后者节奏铿锵，力透纸背，鲜明而强烈地表达了诗人对那些依仗权势、作威作福的权贵的高度蔑视，体现了诗人对丑恶现实的批判态度和反抗精神，光照全篇。这两句诗没有借助任何事物，而是直接抒发了内心强烈的情感。间接抒情是通过写景、叙事或描绘人物举动来表达感情、展露心迹。通过写景抒情在古代抒情诗词中最为常见。王国维在《人间词话》中曾说："一切景语皆情语也。"说明在诗歌创作中写景与抒情密不可分。例如，孟浩然的《春晓》，首句写春睡的酣畅，次句写景，写出了悦耳的春声，第三句写回忆，最后一句又回到了眼前。由喜春而为惜春，爱极而惜，由惜潇潇春雨，引起诗人对春花的担忧。外在的自然景色与诗人的内心感受浑然天成，诗境与真情谐和无碍，成为最自然的诗篇。在这首诗中，诗人抓住了春天早晨的一刹那，写出了晚春的景色和自己的感受，表现了诗人对于花鸟的热爱，在艺术上给读者留下了广阔的联想空间。真可谓言浅意深，景真情真，清新悠远，韵味无穷。

（四）虚实结合

"实"是指所描写的事物是具体客观、实实在在的，"虚"是指所描写的事物是抽象的。在诗歌创作中，往往是有虚有实，虚实结合，互为映衬。例如，岑参的《走马川行奉送封大夫出师西征》。这首风格奇峻峭拔的边塞诗，开始写边塞恶劣的环境："君不见走马川雪海边，平沙莽莽黄入天。轮台九月风夜吼，一川碎石大如斗，随风满地石乱走。"烘托唐军将士不畏艰险的精神。接着写战争的爆发："匈奴草黄马正肥，金山西见烟尘飞，汉家大将西出师。"然后由实转为虚，透过对行军场面和酷寒情状的想象，运用细节描写，展现了唐军将士艰苦卓绝的战斗豪情："将军金甲夜不脱，半夜军行戈相拨，风头如刀面如割。马毛带雪汗气蒸，五花连钱旋作冰，幕中草檄砚水凝。虏骑闻之应胆慑，料知短兵不敢接，车师西门伫献捷。"合理的想象，寄托着作者对战争的必胜信心。整首诗层次分明，虚实结合，给人以雄浑壮美之感。

（五）语言特色

诗歌的语言呈现出丰富多彩的局面。优秀的诗人都非常重炼句，炼词，有的诗平淡质朴、有的诗清新脱俗、有的诗绚丽、有的诗明快；诗歌语言由作者的思维方式、文学修养和艺术气质等方面所决定。中国古典诗歌的语言特色尤为显著。语言极其精练，干净利落、言简意赅、意蕴深厚。在诗歌语言方面体现出较深厚的文学功底。例如李商隐的《无题》："相见时难别亦难，东风无力百花残。春蚕到死丝方尽，蜡炬成灰泪始干。晓镜但愁云鬓改，夜吟应觉月光寒。此去蓬山无多路，青鸟殷勤为探看。"诗中的"难"字、"改"字，用得精当，别致。人生相聚，会少离多，一个"难"字，道出沉重的力量；叹年华逝去，容颜褪减，一个"改"字全言托出。这首诗刻画了陷入绝境的爱情，诗情迷离变幻，语言之美令读者为之称道。

二、领悟内涵

（一）反复阅读，领会诗中内涵

"诗贵含蓄"。在诗歌创作中，语言上要求用精练的字句表达丰富而深刻的内容，收到"含不尽之意于言外"的效果。那么，阅读者、欣赏者就要反复研读，要透过诗的字面意义，进一步去探究、发掘诗句的内涵。只有这样才能真正把握好诗的基调，达到鉴赏的目的，收到更好的效果。例如，现代诗人戴望舒的《雨巷》，如果只从字面上把握这首诗的内涵，就会显得肤浅，只有进一步发掘其深层含义才能算作真正读懂了这首诗。

诗歌作为一种高度集中反映社会生活的文学样式，它是作者因在现实生活中某种因素的触动有感而发的结果。诗中所表现的喜怒哀乐，与其所处的历史时代以及自身的生活遭际都有着密不可分的关系。因此，要更好地把握诗作丰富的内涵，还要了解诗歌的写作背景，即作者所处的时代。例如，辛弃疾的词《水龙吟·登建康赏心亭》，创作于宋孝宗淳熙元年的秋天，当时他任建康留守叶恒幕府府参议官。辛弃疾生于南宋时代，当时淮河以北的河山都被金人侵占，国难深重，民族矛盾尖锐。他是一位力主抗金、矢志恢复失地的爱国志士，却长期被闲置不得重用。南宋朝廷畏敌如虎，奉行妥协求和的政策以求安于江南，对力主抗金者却予以排斥打击，致使辛弃疾报国无门，悲愤满腔。正是在这种情况下，他登上建康赏心亭，远眺江山，思绪万千，写下了这首抒写爱国情怀的篇章。

（二）了解抒情方式，掌握表现手法

概括地说，抒情方式一般有直接抒情和间接抒情两种方式。直接抒情是直陈喜怒哀乐，例如，陈子昂的《登幽州台歌》："前不见古人，后不见来者。念天地之悠悠，独怆然而涕下！"抒发了天地虽大、知音难觅的孤苦悲痛和岁月无情、时不我待的深重感喟，表达了封建社会中正直而有抱负的士人怀才不遇、遭受压抑的悲愤和孤寂的情怀。间接抒情则是曲折表露心迹，例如李白的《登金陵凤凰台》："凤凰台上凤凰游，凤去台空江自流。吴宫花草埋幽径，晋代衣冠成古丘。三山半落青天外，一水中分白鹭洲。总为浮云能蔽日，长安不见使人愁。"这四句诗分别运用了借传说抒情、借事抒情、借景抒情和借象征手法抒情的方法，全诗诗味浓郁隽永，境界高大阔远，具有强大的艺术感染力。在赏读诗歌的过程中，要结合诗作的具体内容，了解它所使用的抒情方式，这样更有利于对诗歌内容的深层次把握。

在间接抒情中，有借景抒情、借事抒情、借人物动作抒情、借典故抒情等，其中借景抒情在古代抒情诗中占的比例最大。古代诗词中，通过写景以表达情怀的方式主要有：借景寄托、融情于景、因情造景和移情于景。借景寄托是指作者在创作过程中，有些景物被赋予了一定的人文象征意义，例如，月象征团聚，雁象征音信，梅、菊象征高洁，柳象征离别。在描绘这些景物同时，也寄托了作者的某种情怀。例如，柳永的"今宵酒醒何处？杨柳岸，晓风残月"（《雨霖铃》）叙写的是恋人分别时的情景，非常感人。"融

情于景"是指使人将情感寓于笔下的景物之中，让读者去感受、去领会。东晋诗人陶渊明的《归田园居》就是一个典型的例子，描写了质朴宁静的田园风光，其中包蕴了诗人脱离污浊官场，重归自然生活的怡然自得之情，以诗明志；因情造景是指诗人为了抒情的需要，将非写诗时的所见所闻的景物，聚集到一首诗中进行描绘。代表性作品是杜牧的《江南春》，"千里莺啼绿映红，水村山郭酒旗风。南朝四百八十寺，多少楼台烟雨中。"这四句诗，既写出了江南春景的丰富多彩，也写出了它的广阔、深邃和迷离，诗人为了寄寓历史感慨，将不同的景物统摄到一幅画面中，作了高度的艺术概括，深化了作品的思想内涵。移情于景是指诗人在写诗时，将内心已有的既定的情感活动，移注于特定的景物之中。例如杜甫的《春望》中的"感时花溅泪，恨别鸟惊心"。诗人把自己的情感移植到"花"和"鸟"这些意象上，增强了诗作的感染力。

在抒情诗的创作中，可运用比喻、夸张、象征、用典等多种艺术表现手法。比喻可以变抽象为具体，使无形为有形，给人以鲜明生动的艺术感受，它是形象思维的重要手段。例如著名诗人余光中的《乡愁》，把乡愁这种抽象的情绪，通过"邮票""船票""坟墓""海峡"四个具体生动的意象传达给读者，化抽象为具体，感人至深地抒写了诗人对家乡的离愁别绪、对祖国大陆的思念之情。夸张是指夸大或缩小事物原有的形态、规模和程度等，从而增强诗歌的主观感情色彩。诗人李白常采用这种艺术手法。例如"飞流直下三千尺，疑是银河落九天""君不见，高堂明镜悲白发，朝如青丝暮成雪""蜀道之难，难于上青天"。象征是指通过某一特定的具体形象来表现与之相近似的概念、思想或情感。例如，苏轼的《水调歌头·明月几时有》中的"人有悲欢离合，月有阴晴圆缺，此事古难全"。在这里以月亮的"阴晴圆缺"象征着人的悲欢离合。运典是指运用典故抒情言志、表露心迹。诗人在受到客观环境的限制或诗词形式的束缚不便畅所欲言的时候，往往采用经史百家、古人旧事或前人诗词歌赋中的词语来表情达意。最典型的作品是辛弃疾的《水龙吟·登建康赏心亭》，这首词的下片中的"休说鲈鱼堪脍，尽西风，季鹰归未？求田问舍，怕应羞见，刘郎才气。可惜流年，忧愁风雨，树犹如此！"就是用典故抒情言志的；用张翰弃官归乡的故事，表明自己立志报国、耻于归隐；用刘备鄙视许汜的故事，表明自己决不谋求个人私利，以国事为重；用桓温见树感叹的故事，表明自己壮志未酬、年华虚度的忧伤。使事用典，贴切达意，表达了深沉含蓄的情感。用典精当贴切、融会贯通，会收到言简意丰、委婉深沉的艺术效果。

（三）进入意境，体味作者情感

意境是诗人通过语言营造出的一种情景交融、虚实相生并具有强烈感染力的艺术氛围。意境包括"意"和"境"两个方面。"意"是诗中表达的思想感情，"境"是诗中描绘的具体景物和生活画面，意与境相合就构成了诗的意境。优美的意境应是：形象鲜明生动，立意清新高远，感情健康真挚。优美的意境总是景中有情，情中有景的。盛唐时期杰出的诗人王维，工诗善画，兼通音律。"诗中有画""画中有诗"这是苏轼给予他的高度评价。诗是一种语言的艺术，画是一种造型之中的艺术，前者以时间的表现为主，后者以空间的表现为主。诗与画两者融合，会产生更高层次的审美佳作。"空山新雨后，天气晚来秋。明月松间照，清泉石上流"，在读者面前展现的是一阵秋雨过后松林中露出一轮皎洁的明月，月色如洗；一泓清泉从石涧流过，水声悦耳。诗人王维把山中景色的细微之处写得有声有色，仿佛一幅清新、优美的山水图画展现在读者眼前，令人陶醉。杜甫的《绝句》中"两个黄鹂鸣翠柳，一行白鹭上青天"，色彩鲜明，勾勒出一幅赏心悦目的水粉画，营造出一个清新的意境。

中国古典诗词中所追求的最高境界就是情景相生、情景交融。李白的诗《登金陵凤凰台》、范仲淹的词《渔家傲》等许多优秀的诗词都收到了情景相生、情景交融的艺术效果，读者从中能够获得思想上的启迪和艺术上的享受。欣赏诗歌就要进入到它的意境中去。首先要寻找和分析诗的意象，其次要展开想象和联想。例如，唐代张若虚的《春江花月夜》，以"春""江""花""夜"为"象"，以"月"为全诗的主线，抒写了人世间缠绵悱恻的离情别绪，令读者沉浸在其优美境界的同时，能体会到诗人对人情难圆的慨叹和对宇宙永恒、人生短暂的思索这一"意"，能使读者从中感悟更多，收获更多。诗歌的语言精练、含蓄、跳跃，既有字面意思，又有内在含义；其成分可以减少，意义可以隐含，感情可以跳跃。因此，读者必须充分发挥想象和联想，把省略的成分补充出来，把隐含的意义挖掘出来，把跳跃的感情连缀起来。这样才能进入诗的意境中，领会诗歌所表现的丰富的生活内容和深刻的思想内涵。典型例子就是我国古代汉乐府诗《陌上桑》中对美女秦罗敷的描写。罗敷有多美？诗中写道："行者见罗敷，下担捋髭须。少年见罗敷，脱帽著帩头。耕者忘其犁，锄者忘其锄。来归相怨怒，但坐观罗敷。"通过别人看罗敷的神态、动作来渲染她的美丽，采用侧面烘托的手法收到的艺术效果远远超过正面描写，因为它给读者留下了更多想象的空间，彰显出作品的艺术魅力。

三、诗歌作品赏析

（一）《周南·关雎》

1. 文本实录

关关雎鸠，在河之洲，窈窕淑女，君子好逑。参差荇菜，左右流之。窈窕淑女，寤寐求之。求之不得，寤寐思服。悠哉悠哉，辗转反侧。参差荇菜，左右采之。窈窕淑女，琴瑟友之。参差荇菜，左右芼之。窈窕淑女，钟鼓乐之。

2. 鉴赏导引

《关雎》是《诗经》中的首篇，它是一篇产生于两千多年前的古老的民间恋歌。当时人已从神的桎梏下摆脱出来，《关雎》是记叙我国古人美好爱情的第一首诗篇，是形象思维的结晶，是审美的杰作。

这首诗写的是一个男子思慕着美丽贤淑的少女，由于爱恋的深切，这位少女的形象反复出现在他的脑海中，使他不安，并难以忘却。他幻想着终有一天，能与这位少女成为夫妇，过上和谐美满的幸福生活。诗中表达的情感质朴、率真，至今读起来还是那么清新动人。

这首诗分三章。第一章见物起兴，直写自己的爱情和愿望；第二章，以缠绵悱恻之情，直率地写出自己的追慕之心和相思之苦；第三章，展现出欢快、热闹的场面。开篇先以滩头水畔的一对雎鸠鸟的叫声起兴，然后写出自己的一片情思。雎鸠是一种水鸟，古代传说它们形影不离。"关关"是指其一呼一应的相和而鸣。"关关雎鸠，在河之洲"，展现在读者面前的是这样一幅画面：一个青年男子，见到河洲上一对水鸟的相亲相爱，听到它们一唱一和的鸣叫，引起了自己的无限情思，何况他正有一位心爱的姑娘呢！"窈窕淑女，君子好逑"，他向往着那位美丽贤淑的好姑娘，能够成为自己理想的伴侣。第一章只有短短的四句，却通过所听、所看、所思、所想，写得极有层次，包含着丰富的内容。

第二章"参差荇菜，左右流之"，是写主人公所爱恋的是一位河边采荇菜的姑娘，她顺着水流忽而侧身向左，忽而侧身向右地采。"荇菜"是一种水生植物，马蹄形，可食用。"窈窕淑女，寤寐求之"，这位采荇菜的姑娘在水边劳动时的窈窕身影，使他日夜相思，时刻不能忘怀。"求之不得，寤寐思服"，极写他追求、思念的迫切心情。"悠哉悠哉，辗转反侧"，"悠"是长之意，写他长夜绵绵不断的忧思。连用两个"悠"字，加重了感情色彩，思绪万千，相思难耐。这两句深刻地表现出相思之苦已达到长夜不眠的程度。

第三章是写这位怀有相思之苦的男子对未来的设想，是他寤寐以求实现的愿望。"琴瑟友之"，弹琴奏瑟，亲密相爱，比喻两人相会相处时的和谐愉快的气氛；"钟鼓乐之"，敲钟打鼓，喜气洋洋，是指结婚时的热闹场面。这是主人公的美好幻想，他陶醉在预想的成功的喜悦之中。真实地描绘出处于恋爱阶段的年轻人的爱情心理。

《关雎》是一首爱情诗，感情率直、淳朴、健康，它写思慕、写追求、写向往，既深刻细微，又恰到好处。孔子予以高度评价："《关雎》乐而不淫，哀而不伤。"这正是这首诗的魅力之所在。

（二）李白的《宣州谢朓楼饯别校书叔云》

1. 文本实录

弃我去者昨日之日不可留，乱我心者今日之日多烦忧。

长风万里送秋雁，对此可以酣高楼。

蓬莱文章建安骨，中间小谢又清发。

俱怀逸兴壮思飞，欲上青天揽明月。

抽刀断水水更流，举杯消愁愁更愁。

人生在世不称意，明朝散发弄扁舟。

2. 鉴赏导引

自唐玄宗天宝十二年，诗人李白就在宣州一带云游。《宣州谢朓楼饯别校书叔云》是他在宣州谢朓楼上饯别秘书省校书郎、其族叔李云之作。

诗的前两句连用了十一个字的长句，写得波澜起伏，跌宕有致，表达出胸中的郁结之气。"弃我去者昨日之日不可留"，回首往事，岁月不停，时光难驻。"乱我心者今日之日多烦忧"，细思当前，功业未成，心烦意乱。"长风万里送秋雁，对此可以酣高楼"，情绪由低落忽然转为高涨，描写的是即席所见之美丽景色：秋高气爽，长风送雁。由此激发了诗人酣饮高楼的逸兴，境界开阔，神清气畅。"蓬莱文章建安骨，中间小谢又清发"，紧承高楼饯别之事，分写主客双方的才华横溢。先赞美李云的文章风格刚健，再以谢朓自指，写自己诗歌清新秀发。"俱怀逸兴壮思飞，欲上青天揽明月"，则进一步渲染双方的逸兴。"酒酣兴发，二人将上天揽月"，表现出诗人对理想境界的大胆而热切的追求。然而，青天揽月终究属于心驰神往，与现实始终存在距离，于是忧从中来。"抽刀断水水更流，举杯消愁愁更愁"，愁上心头。抽刀断水和举杯浇愁两个动作描写，突出强调诗人极力摆脱精神苦闷的迫切心情和对残酷现实的无奈。心中的苦闷始终无法排遣，最后发出了"人生在世不称意，明朝散发弄扁舟"的慨叹，以愤激之词结束全篇，唯一的出路就是"散发弄扁舟"。这个结论有些消极，但受历史和阶级的局限，李白不可能找到更好的出路。李白的可贵之处在于，尽管精神上经受苦闷的重压，但并没有因此放弃对进步理想的追求。诗中仍充溢着豪迈慷慨的情怀。整首诗在忧愤苦闷中显现出豪迈雄放的气概。

思想感情的瞬息万变和艺术结构的腾挪跌宕在诗中得到了很好的统一。这首诗清新流畅，语言达到了出神入化、炉火纯青的艺术境界，淋漓尽致地表达了诗人李白当时复杂的内心情感，是一首优美的抒情诗。

第九章 散文品读

第一节 散文的写作

中国是一个散文大国。古今的散文大家和作品，享誉很高。新时期以来，我国的散文创作出现了前所未有的好势头，散文创作持续热闹火爆，涌现了一批专事散文的作家，一些学者、诗人、小说家、评论家、艺术家也跻身其中，众多的大学生也喜爱读写散文。"五四"以来的中国散文史，无疑是继先秦、两汉、魏晋、唐宋、明清散文这一座座高峰之后的又一个高峰。它最为重大的意义是企图号召整个民族，彻底地走向人性的解放，树立科学和民主、平等和自由的现代文明观念。多少散文家都通过自己洋溢着独特个性的笔角，在不同的领域之内，从种种不同的视角，程度不等地完成着这个神圣的使命。1998 年 6 月，中国当代散文创作研讨会认为：我国当代散文发展到今天，取得了很大的成绩，发表、出版了一大批优秀的散文，它们坚持对人生的始终关怀，坚持文学应该有益于人心世道，应该净化、美化和慧化人心，艺术上坚持众美并具、雅俗共赏的原则，成为色、香、味俱全的文化品位的精神食粮。同时，当代散文也面临创新与发展的问题。如今的读者对各类散文家及其作品褒贬不一，文坛上存在多种声音，表明散文创作同样是"没有最好，只有更好"；散文作者认识到这一点才能正确对待他人和自己。散文作者应该顺应时代的潮流，关注社会人生，要以自身的人格力量打动读者。散文属于高雅的精神产品，在经济大潮的冲击下，应当有一个清醒的对抗"商品"的精神。散文的开放是精神的开放、境界的开放，对于境界的把握，应比读者高出一个层次。中外散文名家的成功经验证明，散文创作必须讲究风格和形式，没有风格的写作最终会失去创作的个性。学习散文写作有两条途径，其一是从模仿入手，跟在他人后面亦步亦趋。这种没有理论的盲目实践，往往事倍功半。其二是在阅读了一些散文，有了些感性认识，然后学习散文写作理论，使感性认识上升到理性认识的阶段，再阅读名家范文，然后从事写作实践，这样就可以事半功倍。我们应取第二条途径，即：阅读→研究→阅读→写作。

要想写好一篇散文，首先，要明白散文的定义。什么是散文呢？有广义和狭义两种概念。广义的散文，在古代指的是一切不押韵的文章。刘勰在《文心雕龙》的《总术》

篇写道：“今之常言，有‘文’有‘笔’，以为无韵者‘笔’也，有韵者‘文’也。”所谓“笔”，就是指韵文以外的一切记叙性和议论性的文体，这些文体就散文。不过，古代没有“散文”这一个名称；“散文”这个名称是“五四”时期才有的。在现代，广义的散文包括了除去诗歌、小说、戏剧、影视文学之外的一切叙事性、议论性、抒情性的文体，如秦牧在《海阔天空的散文领域》中说，“不属于其他文学体裁，而又具有文学味道的一切篇幅短小的文章，都属于散文的范围”。这样，就有了抒情散文，叙事散文和议论散文等的分类。狭义的散文则专指抒情散文。这是因为随着文体的发展，叙事散文中的通讯特写、传记文学、报告文学等，也已经发展成为独立的文体，各成一类；议论散文则有了专门的名称——杂文，也从散文中分了出来，剩下的只有抒情散文，这就是狭义的散文。我们这里要学习的主要是抒情散文，也涉及叙事散文和其他类型的散文。作者可以根据自己的人生阅历、文化素养和爱好，或写作抒情散文，或作叙事散文，或作文化散文，或作智慧散文，或写游历散文，或作其他类型的散文。

其次，要认清散文的写作特点。散文是一种内容丰富、题材广泛、篇幅短小、体裁多样、形式灵活、文情并茂的文体。在写作上，它有以下六个特点：内容丰富，题材广泛散文的内容涉及自然万物、各色人等、古今中外、政事私情可以说是无所不包、无所不有的。可以写国内外和社会上的矛盾、斗争，写经济建设，写文艺论争，写伦理道德，也可以写文艺随笔，读书笔记，日记书简；既可以是风土人物志、游记和偶感录，也可以是知识小品、文坛轶事；它能够谈天说地，更可以抒情写趣。凡是能给人以思想启迪、美的感受、情操的陶冶，使人开阔视野，丰富知识，心旷神怡的，都可选作散文的题材。散文多是真情实感的产物，那些优秀的篇章，都有思想火花的闪耀，表现着作者对时代和人生的深刻认识与精辟见解。徐迟说：“文学作品，应该有思想。散文也不例外。它要求有特别锐利的思想。即使是抒情散文，也要求有不但是锐利的，而且是特别锐利的思想。不到五百字的《岳阳楼记》，‘先天下之忧而忧，后天下之乐而乐’是一个光辉灿烂的思想。抒情散文固然很多，写到这样的境界就并不很多。然而，这正是散文、抒情散文所应追求的境界。”“凡掷地作金石声的作品差不多总是包含着鲜明的思想、结结实实的思想。有闪光的思想之焦点，飞跃着不灭的思想之火焰的。”（《说散文》）我们读鲁迅的《雪》，可以学到鲁迅从飞雪和雪罗汉身上探索到的美好、光明以及与冷酷现实进行顽强斗争的革命精神；读茅盾的《白杨礼赞》，可以看出茅盾怎样从平凡的白杨树身上联想到北方农民的坚强不屈和英勇豪迈的形象；读袁鹰的《井冈翠竹》，可以领悟作者从普通的毛竹思考到井冈山人民的献身革命与建设的精神品质。秦牧说得好：“思想像一根线串起了生活的珍珠，没有这根线，珍珠只能够弃散在地。”散文的优秀作品还每每是诗意盎然的。杨朔说过：“好的散文就是一首诗。”苏联作家巴乌斯托夫斯基也指出：“真正的散文是充满诗意的，就像苹果饱含着果汁一样。”因此，高尔基对青年作者说：“我们的青年是否也可以试一下，热情地用散文来写人们，使得散文也自然而然地变成为诗。"（引自《回忆高尔基》）杨朔的散文之所以写得那样好，原因之一就是他"总是拿着当诗一样写。"他告诉我们："不要从狭义方面来理解诗意两个字。杏花春雨，固然有诗，铁马金戈的英雄气概，更富有鼓舞人心的诗力。你在斗争，中，劳动中，时常会有些东西触动你的心、使你激昂、使你欢乐、使你忧愁、使你深思；这不是诗又是什么？凡是遇到这样动情的事，我就要反复思索，到后来往往形成我文章里的思想意境。"（《东风第一枝》）他的名篇《荔枝蜜》《茶花赋》《海市》都是诗意盎然之作，既是散文，又是诗篇；短小精悍，自由灵活有人称散文是文艺战线上的"轻骑兵"，就是因为它具有篇章短小精悍、形式灵活自由的特点。我国古代散文的名篇多数是很短的，如韩愈的《马说》150 字，柳宗元的《小石潭记》193 字。现代散文的名篇多数也是很短的，如许地山的《落花生》482 字，茅盾的《白杨礼赞》1074 字。当然，较长的优秀散文也是有的，但它与一般记叙文相比，仍是精悍之作。所以散文写作要求做到短小精悍、以小见大、言近旨远。从形式上来看，散文较其他的文学体裁更为自由活泼、灵活多样。鲁迅在《怎么写》中指出："散文的体裁，其实是大可以随便的。"冰心在《谈散文》中说："散文比较自由"。当然，这里说的"随便""自由"不是毫不经心、信手乱写。自由灵活的散文写作，是"装着随便的涂鸦模样，其实却是用心雕心刻骨的苦心的文章。"（厨川白村：《出了象牙之塔》）散文写作自由、灵活这一特点，在写作上，首先指的是表达方式灵活自如，不局限于某一种表达方法。因而，散文写作可以记人、叙事、状物、写景、抒情、说理、呐喊、怒吼、抨击、赞颂、幽默、讽刺、高歌、浅唱、漫谈、絮语、嬉笑怒骂、妙语解颐，各式各样、应有尽有。其次，写作者可以自由、灵活地选用各种体裁来写，速写、游记、书信、日记、序跋、偶感、随笔、回忆录、读后感，任人选择，因人而异，都能写成佳作；形散神收，博而不杂。宋代大散文家、诗人苏轼在《文说》中说："吾文如万斛泉涌，不择地而出。在平地，滔滔汩汩，虽一日千里无难。及其与山石曲折，随物赋形而不可知也。所可知者，常行于所当行，常止于不可不止，如是而已矣。""形散神不散"，这是许多散文作家的经验之谈。散文必须"散"，必须"博"，也就是说从表面上看，从形式上看，它运笔如风，不拘成法，似乎散漫无章，行文时断时续、时而勾勒描绘、时而倒叙联想、时而感情迸发、时而侃侃议论；既有天文地理，又有伦理人情，这段写甲地，那段却写乙地。但是，它的"神"却是始终不散的，是首尾一贯的，是表现作者一定的思想、感情的。"神收""不杂"，就指的是文章始终紧紧围绕一个中心，贯穿一条红线，做到结构紧凑、层次分明、详略得当、重点突出。例如秦牧的散文《社稷坛抒情》，是既"散"又"博"的，然而，尽管它天上地下、古今中外、包罗万象；却始终围绕着"歌颂赞美养育我们的土地和创造我们伟大民族文化历史的劳动人民"这一主题思想。因此，从形式上说，散文贵"散"，而在构思上、组织上，则散文忌"散"。散文写作具有的这一辩证统一的特点，使得它与其他文体区别开来；直抒胸臆，自具风格文学作品都是带有感情的，但小说、戏剧的作者，往往把自己强烈的感情倾注在人物形象的塑造上，作者对生活的感受、对人物的爱憎褒贬，一般是通过间接的方式表现出来的。而散文则不一样，它常常像诗歌一样，每每用直接抒情的方式抒写胸臆，不仅使读者知其理、晓其事，而且悟其心、感其情；因此，散文要求作者写真情实感。真情是散文的生命，只有直抒胸臆，把真情实感捧给读者，才会赢得读者的喜爱。作家贾平凹在回答"散文创作要不要绝对真实"的问题时说："这个问题争论很多，又都没有一定结论。我个人的体会，还是倾向于'绝对真实'四个字。所谓真实，主要是指在感情以及运用环境和事件上。古人写的散文，题材也是很广泛的，但古人写散文，都是有感而发。今人写散文，多多少少存在着一些为写而写的现象，所以在绝对真实问题上就出现了所谓'理论与实践上的不一致。'也正因为如此，这些散文就写得不那么成功了。当然，作为文学作品应该生活化，生活也应该作品化，散文尤是这样。"（《怎样写好散文》）写作要"文如其人"，散文更是这样。名家都有自己的风格，他们的作品即使不署名，读者也能从风格上看出作者。如鲁迅的散文深刻、精练、峭拔，虽然他写文章经常改换笔名，但是"何家干"的文章，明眼人一看就看出是鲁迅。郭沫若的散文气势浩荡，又清丽、缠绵。茅盾的散文与郭沫若的浩荡相反，表现为深刻而细微。还有：老舍的散文诙谐、冰心的散文慈爱、叶圣陶严谨畅达、方济潇洒俊逸，等等。初学写作者一时不可能形成自己的散文风格，但是必须向这些各有风格的散文作家学习，经过多次的实践、创造，努力形成自己的散文风格；惨淡经营，文采斐然优秀的散文不可能是"掉以轻心"写出来的，它们都是作者惨淡经营、刻意加工的结晶。秦牧指出："一篇小小的散文也许写作时间仅仅是一两个小时，但却要求作家深厚的素养，而且不断扩大和丰富这种素养。把散文当作是'小功夫'，'掉以轻心'的写作态度，是很不利于我们散文创作的繁荣发展的。即使是怎样熟练的名作家，我们也要求他们在写作一篇小文章时，采取'大象搏狮用全力，搏兔也用全力'的态度。"有些散文家提倡散文的"整体美"，也是要求作者在内容和形式上都"惨淡经营"。整篇文章是惨淡经营、刻意加工写成的，它的语言就是精练的，文采斐然的。这是由于作者运用的是散文笔调。那么什么是"散文笔调"呢？可以说，散文笔调一方面表现在它的行文灵活自如，另一方面则表现在它十分讲究文采。散文的文采不仅有华丽的，而且有朴素的。学习散文写作，既要掌握华丽的文采，也要掌握朴素的文采。写得华丽并不容易，写得朴素更难。徐迟的文章是很有文采的，他常用赋的方法兼用比、兴修辞，使得文采华美。但是他说："只有写得朴素了，才能显出真正的文采来。古今大散文家，都是这样写作的。越是大作家，越到成熟之时，越是写得朴素。而文采闪耀在朴素的篇页之上。"我们还要看到，不管是华丽的还是朴素的，散文的富有文采的语言都是从新鲜、活泼的口语中来的，也是对优秀的古代散文创造性的继承，也是作者仔细选择、锤炼和加工的结果。

散文的写作精于立意，"凡文以意为主"。散文的"意"是存在于深厚的生活土壤和浩瀚的生活海洋中的。要获得它，必须依靠我们对生活的深入观察、感受、理解。因此，散文立意只要从生活实际出发，凭着鲜明的感受，锋锐的观察能力，同人民同时代共同跳动的脉搏、深厚的感情、丰富的想象、深沉的思索；就会感到我们生活中洋溢着的诗意。这诗意，就是使我们心灵受到触动的东西，使我们眼前豁然开朗的东西、思想突然升华的东西、感情更为纯洁的东西；它就是诗的灵感。我们要为自己的散文立意就要赶紧捕捉住它。因为这里面有心灵的颤动，思想的闪光。刘白羽说："哪怕是微弱的闪耀也比没有闪耀要好，这才不是一般的照相，这才是文学。"（《早晨的太阳》序）譬如，一个作家去看茶花，品种繁多，美不胜收的茶花引起了他的思索："茶花是美啊。凡是生活中美的事物都是劳动创造的。是谁白天黑夜、积年累月，拿自己的汗水浇着花，像哺育自己儿女一样哺育着花秧，终于培养出这样绝色的好花？应该感谢那为我们美化生活的人。"这就是思想的闪耀，作家十分宝贵它，就及时把这个意思记下来。后来，他听一位花匠介绍一种茶花说："这叫童子面，花期迟，刚打开骨朵，开起来颜色深红，倒是最好看的。"并没有引起思索，但他是记住这种茶花的名称的。过了一会，恰巧一群小孩也来看茶花，这事引起了作家的注意，他看见孩子们一个个仰着鲜红的小脸，甜蜜蜜地笑着，叽叽喳喳叫个不休，心灵猛然一颤，不禁脱口说出："童子面茶花开了。"而花匠听了这话省悟后说："真的呢，再没有比这种童子面更好看的茶花了。"这话使得一个念头突然跳出他的脑海，他说："我得到一幅画的构思。如果用最浓最艳的朱红画一大朵含露乍开的童子面茶花，岂不正可以象征着祖国的面貌？"于是，作家就把看茶花引起的感受、思索写成一篇文情并茂的散文《茶花赋》。这个作家就杨朔。而读者、评论者通过阅读就可以悟出作家写此文的立意：歌颂如花的祖国，歌颂美化祖国的劳动人民。

善于构思，构思是写作者对生活素材进行去粗取精、去伪存真、由此及彼、由表及里的加工、提炼的过程。写作者要在构思中为散文的思想内容寻找尽量完美的艺术形式，使思想性与艺术性达到和谐的统一。因此，构思要解决立意、选材、创造意境、确定体裁、基本手法、布局谋篇等问题。这里着重讲讲确定体裁、寻找线索、创造意境三个问题。

确定体裁。散文的体裁灵活多样。我们有了一个好的意思（思想），并且选取了表现这一意思（思想）的材料，那么就要考虑：是写成书信体，还是写成日记体？是写成随笔，还是写成偶感？是写成游记，还是写成回忆录？确定具体体裁的原则是内容决定形式，形式为内容服务。譬如到苏州旅游之后，你感到要向父母报告一下自己的游踪和观感，你就可以写成书信；你在游玩中遇到一些使你感动的人或事，你就可以写随笔；你在游玩虎丘、狮子林、寒山寺、西园、留园等地之后，觉得寒山寺的钟特别吸引人，并引起你的遐思，你就可以写成如《社稷坛抒情》那样诗意浓郁的抒情文；你如果是旧地重游，吃到苏州某种土特产而忆起往事，则可以偏重于回忆，写成《小米的回忆》那样的回忆式的散文。总之，要根据立意内容来确定表现形式——具体的体裁。寻找线索。散文的材料应该是很"散"的，每一个材料都是一颗珍珠，但这些珍珠互相之间有内在的联系，我们写作者要寻找一根线，用笔作针，将这些散乱的珍珠穿起来，成为一串光彩夺目的珠圈、项链。有哪些东西可以作为线索呢？一是感情线索。我们的感情在生活中发生变化，如由厌恶到喜爱，或从喜欢到厌恶，就可以用这条感情的线索把一些似乎没有关联的材料联结起来。如杨朔写《荔枝蜜》就是利用感情线索，才把儿时记忆、从化疗养、荔枝树林、苏轼诗词、参观蜂场、赞扬蜜蜂、农民劳动和夜晚梦蜂等事串联起来的。二是事物线索。如曹靖华在日常生活中感受到：今天仍然需要发扬延安时期"小米加步枪"的艰苦奋斗精神，于是就搜罗记忆中有关小米的往事，用小米把发生在不同地点、不同时间、不同情况下的事件组合在一起。许多托物咏志的散文也是以物为线索的，如冰心的《樱花赞》。三是人物线索。如写某一个人物在不同时间、不同地点的活动，可以用这个人物作为线索串联起来，也可以用另一个人物把不同时间、不同地点、不同人物、不同内容的事物串联起来。这个人物还可以是写作者本人——"我"。四是思绪线索。如面对某一事物、景物沉思遐想，"精骛八极，心游万仞"，"观古今于须臾，抚四海于一瞬"，"笼天地于形内，挫万物于笔端"。就能通过联想与想象，把有关的材料组织在一起，表达原定的主题思想。如秦牧的《土地》、杨朔的《海市》、贾平凹的《丑石》等。五是景物线索。"一切景语皆情语也"。通过景物描写，在写景中融进写作者的思想感情。如《天山景物记》《西湖即景》。六是行动线索。如游记以游程行踪为线索。刘白羽写《长江三日》就以游程为主线来写，当然，全文还有一条哲理性的思绪线索："战斗—航进—穿过黑夜走向黎明""文无定法"，散文的线索很多，以上六种线索是较为人们常用的。

　　散文的意境是情和景的交融，是意和境的统一，是作者浸透了时代精神的主观感情、意志与自然环境和社会环境的统一。"意是灵魂，境是血肉"。意高则境深，意低则境浅。散文的这种意境应是诗的意境，即所谓"诗情画意"。它是可以捉摸的、可以感受的、是物质的、形象的、但它又是动人心弦的、震颤魂魄的、是精神的、性灵的。如朱自清写《荷塘月色》，全篇着力于"淡淡的情趣"，顺着沿路走来、伫立凝想的线索，通过描绘使小路、荷塘、花姿、月色、树影、雾气、灯光色彩斑斓，可见可感，而叶香、蛙鸣、蝉声。更加上心情的抒写，巧妙的譬喻，创造出一种淡雅、闲静、情景交融的意境。这种优美的意境，正是散文写作者要努力追求、刻意创造的。构思方法可以向前人借鉴，更需自己创新。过去就有一个青年作者发明一种"散文快速构思法"，为《青春》《采石》等刊物的编辑所重视。

　　散文一般篇幅短小，布局有方便的地方，但要布局得好，却因篇幅短小而有其难处。这犹如一座大山上有小堆的乱石，常常无损大山的壮观。但是一个小园中有一堆乱石，就很容易破坏园林之美。因此，散文的布局——结构十分重要。参观苏州园林，从它精巧的建筑布局上，我们可以得到启示，可以借鉴它的园林建筑布局来考虑散文的布局。叶圣陶在《苏州园林》中写道，苏州园林建筑的设计者和匠师们"讲究亭台轩榭的布局，讲究假山池沼的配合，讲究花草树木的映衬，讲究近景远景的层次。总之，一切都要为构成完美的图画而存在，决不容许有欠美伤美的败笔。"作为散文的写作来说，也要这样讲究材料的布局、配合、映衬、层次。苏州园林不讲究对称，但散文布局有时则需讲究对称，或对比。叶圣陶又说："苏州园林在每一个角度都注意图画美。"那么，散文的整体布局要讲究艺术性，它的局部的布局不是同样要讲究艺术性吗？至于布局的具体方法是很多的，前面讲的线索问题也与布局有关。这里可以着重提一下的是：不少散文的布局都要巧设"文眼"，开头往往似谈家常，结尾则加以深化，画龙点睛，"卒章显其志"，并且首尾呼应，通体一贯，有机结合。初学散文写作，不妨学习这种布局的方法。

散文要"散"得起来，除了选材要有技巧之外，就是在叙写上要注意断续的技巧。明于断续，才能使散文的行文上挥洒自如。贾平凹说："记住：越是你知道多的地方，越要不写或者写得很少；空白，这正是你要写的地方呢。"他认为，"讲究了'空白'处理，一是散文可以散起来，断续之，续断之，文能'飞起'，神妙便显也。二是散文可以含蓄起来，古人也讲过：意在笔先，故得举止闲暇，看似胡乱说，骨子里却有分数。"（《怎样写好散文》）我们要多阅读古人优秀的散文作品，学习他人的断续技巧，在写作实践中多次运用之后就必然熟能生巧。

第二节　美文欣赏

一、散文的欣赏

散文的欣赏，不能就作品的情景来就事论事，不能仅仅局限于作品的历史背景。一个优秀的散文作品，决不会囿于自己所属的那个时代，而往往具有超越时代的强大穿透力和辐射力。我们应该从中探求至今仍充满生命力的文化精髓。任何一个散文作品，都是一个活生生的整体。每一局部都与整体有着不可分割的内在联系。要注意立足于整体去阐释局部，从局部去观照整体。

提高欣赏散文的能力的过程，是一项循序渐进的工程，必须掌握要领，诸如把握立意、抓住中心、善抓文眼、按图索骥。明白情物，即景、披事、体物从而悟情、入情、察情、明情，去感受作者的思想感情，进而欣赏作品的内容之美、境界之高、情致之雅、理趣之妙、分析结构，弄清特点、体味情言、仔细回味；注意修辞手法，明白其表达作用。

了解抒情散文的写作技巧，如渲染、铺垫、象征、伏笔、照应、悬念方能把握散文实质。只有潜心研读，持之以恒，欣赏水平才会像"芝麻开花——节节高"。根据散文的特点，欣赏时可从如下几方面入手。

（一）把握立意

　　散文，或叙事，或抒情、或说理。它通过对某个人物某件事情的叙述，对某种风物的描绘，来抒发某种感情，表达某种思想，给人以强烈的感染和深刻的启迪，使之在思想上产生强烈的共鸣，或感情上激起强烈的震荡。有的散文思想比较集中，情感比较明显，有的则比较隐讳；这就要抓住中心、抓住立意。所以我们在欣赏作品时，必须理清作品的材料之间的关系。诸如生活画面、场景、人物、事件、风物等，分析材料之间的内在联系，探索作者感受不断深化的脉络，进而揣摩作品的立意和主旨。散文常常托物寄意，为了使读者具体感受到所寄寓的丰富内涵，作者常常对所写的事物作细致的描绘和精心的刻画，就是所谓的"形得而神自来焉"。我们读文章就要抓住"形"的特点，由"形"见"神"，深入体会文章内容。

（二）善抓文眼，明白情物

　　凡是构思精巧、富有意境或写得含蓄的诗文，往往都有"眼"的安置。欣赏散文时，要全力找出能揭示全篇旨趣和有画龙点睛妙用的"文眼"，以便领会作者为文的缘由与目的。

　　"文眼"的设置因文而异，可以是一个字、一句话、一个细节、一缕情丝，乃至一景一物。并非每篇散文都有必要的"文眼"。抓住了本文的文眼，欣赏佳作就像按图索骥，顺藤摸瓜一样。

　　散文中的"情"，常常是作品中组织人、事、物、景的重要线索，它使作品的结构显得紧凑严密、波澜跌宕。散文抒情的方式也很灵活，或是托物曹隋、或是借景抒情、或是直抒胸臆、或是将感情深藏在字里行间。可以说，一篇优秀散文意境包括情和景（事、物）两种因素，其中情是主要的，景只是手段，写景是为了抒情明理。若离开了情，景就失去了生命力。因此，我们在欣赏散文时要探索散文意境美，可以从即景、披事、体物入手，从而悟情、入情、察情、明情，去感受作者的思想感情，进而欣赏作品的内容之美、境界之高、情致之雅、理趣之妙。

（三）分析结构，体昧情言

　　散文的特点是"形散而神不散"。我们欣赏散文，就要在分析和梳理其组织材料的结构特点，明确其线索的基础上，把握文中的"神"。抓住散文中的线索，便可对作品的思路了然于胸，不仅有助于理解作者的写作意图，而且也是对作者谋篇布局本领的欣赏，从而透过散文的"形散"的表象抓住其传神的精髓，遵循作者的思路，分析文章的立意。

　　散文的语言风格很多。优秀的散文语言都能做到精练准确、朴素自然、清新明快、亲切感人。欣赏散文就要仔细体昧散文的语言之美。体昧其哲理、诗情、画意的美。杰出的散文家的语言都具有各自的风格：鲁迅的散文语言精练深邃、茅盾的散文语言细腻深刻、郭沫若的散文语言气势磅礴、巴金的散文语言朴素优美、朱自清的散文语言清新隽永、冰心的散文语言委婉明丽、孙犁的散文语言质朴、刘白羽的散文语言奔放……一些散文大家的语言，又常常因内容而异，如鲁迅的《记念刘和珍君》的语言锋利如匕首，

《好的故事》的语言绚丽如云锦，《风筝》的语言凝重如深潭。体昧散文的语言风格，就可以对散文的内容体昧地更加深刻。一篇好的散文，语言凝练、优美、又自由灵活、接近口语。要注意展开联想，领会文章的神韵。联想的方式也多种多样，可以有串联式、辐射式、假托式、屏风式等，注意丰富的联想，由此及彼、由浅入深、由实到虚；这样才能体会到文章的神韵，领会到更深刻的道理。

另外还要注意修辞的作用，散文语言比较注重形象、生动。一般多用比喻、拟人、夸张、排比、引用等，这些修辞手法本身具有典型的作用。如比喻的作用是化此为彼、形象生动、想象力丰富；拟人的作用是化物为人、亲切自然、人格化等。

（四）了解情技

了解情技即弄清抒情散文的写作技巧，掌握诸如渲染、铺垫、象征、伏笔、照应、悬念等技巧有利于欣赏散文，把握散文的实质。

总之散文的欣赏要注意艺术构思的匠心，优美意境的创造、诗情文采的铺染、以及是否具有健康的思想内容和生活情趣，给人思想启示和审美享受。

欣赏是批评的基础，批评是欣赏的升华。凡是读散文者，都在欣赏；有的只是欣赏，而不发表高见，即不对作品品头论足；有的说一两句观感，有的则诉诸文字，写出读后感或欣赏文章。所以，欣赏是大众的、普遍的、低层次的文学活动。而批评就不一样了，批评是在欣赏的基础上，对作品作出判断和评价，从而揭示作品的客观价值帮助和提高欣赏者的鉴别能力。不但要肯定优点和成就，而且更重要的是指出缺点和失误。这就需要批评者把读者的欣赏观感集中起来，集思广益，作出正确的判断。因此，批评不但引导读者欣赏，还对作者有益，能帮助作者总结成功与失误，提高创作水平。

二、散文作品赏析

（一）爱尔克的灯光

1. 文本实录

傍晚，我靠着逐渐黯淡的最后的阳光的指引，走过十八年前的故居。这条街、这个建筑物开始在我的眼前隐藏起来，像在躲避一个久别的旧友。但是它们的改变了的面貌于我还是十分亲切。我认识它们，就像认识我自己。还是那样宽的街，宽的房屋。巍峨的门墙代替了太平缸和石狮子，那一对常常做我们坐骑的背脊光滑的雄狮也不知逃进了哪座荒山。然而大门开着，照壁上"长宜子孙"四个字却是原样地嵌在那里，似乎连颜色也不曾被风雨剥蚀。我望着那同样的照壁，我被一种奇异的感情抓住了，我仿佛要在这里看出过去的十九个年头，不，我仿佛要在这里寻找十八年以前的遥远的旧梦。

守门的卫兵用怀疑的眼光看我。他不了解我的心情。他不会认识十八年前的年轻人。他却用眼光驱逐一个人的许多亲密的回忆。

黑暗来了。我的眼睛失掉了一切。于是大门内亮起了灯光。灯光并不曾照亮什么，反而增加了我心上的黑暗。我只得失望地走了。我向着来时的路回去。已经走了四五步，我忽然掉转头，再看那个建筑物。依旧是阴暗中的一线微光。我好像看见一个盛满希望的水碗一下子就落在地上打碎了一般，我痛苦地在心里叫起来。在这条被夜幕覆盖着的近代城市的静寂的街中，我仿佛看见了哈立希岛上的灯光。那应该是姐姐爱尔克点的灯吧。她用这灯光来给她航海的兄弟照路，每夜每夜灯光亮在她的窗前，她一直到死都在等待那个出远门的兄弟回来。最后她带着失望进入坟墓。

街道仍然是清静的。忽然一个熟悉的声音在我耳边轻轻地唱起了这个欧洲的古传说。在这里不会有人歌咏这样的故事。应该是书本在我心上留下的影响。但是这个时候我想起了自己的事情。

十八年前在一个春天的早晨，我离开这个城市、这条街的时候，我也曾有一个姐姐，也曾答应有一天回来看她，跟她谈一些外面的事情。我相信自己的诺言。那时我的姐姐还是一个出阁才只一个多月的新嫁娘，都说她有一个性情温良的丈夫，因此也会有长久的幸福的岁月。

然而人的安排终于被"偶然"破坏了。这应该是一个"意外"。但是这"意外"却毫无怜悯地打击了年轻的心。我离家不过一年半光景，就接到了姐姐的死讯。我的哥哥用了颤抖的哭诉的笔叙说一个善良女性的悲惨的结局，还说起她死后受到的冷落的待遇。从此那个做过她丈夫的所谓温良的人改变了，他往一条丧失人性的路走去。他想往上爬，结果却不停地向下面落，终于到了用鸦片烟延续生命的地步。对于姐姐，她生前我没有好好地爱过她，死后也不曾做过一样纪念她的事。她寂寞地活着，寂寞地死去。死带走了她的一切，这就是在我们那个地方的旧式女子的命运。

我在外面一直跑了十八年。我从没有向人谈过我的姐姐。只有偶尔在梦里我看见了爱尔克的灯光。一年前在上海我常常睁起眼睛做梦。我望着远远的在窗前发亮的灯，我面前横着一片大海，灯光在呼唤我，我恨不得腋下生出翅膀，即刻飞到那边去。沉重的梦压住我的心灵，我好像在跟许多无形的魔鬼手挣扎。我望着那灯光，路是那么远，我又没有翅膀。我只有一个渴望：飞！飞！那些熬煎着心的日子！那些可怕的梦魇！

但是我终于出来了。我越过那堆积着像山一样的十八年的长岁月，回到了生我养我而且让我刻印了无数儿时回忆的地方。我走了很多的路。

十九年，似乎一切全交了，又似乎都没有改变。死了许多人，毁了许多家。许多可爱的生命葬入黄土。接着又有许多新的人继续扮演不必要的悲剧。浪费，浪费，还是那许多不必要的浪费——生命，精力，感情，财富，甚至欢笑和眼泪。我去的时候是这样，回来时看见的还是一样的情形。关在这个小圈子里，我禁不住几次问我自己：难道这十八年全是白费？难道在这许多年中间所改变的就只是装束和名词？我痛苦地搓自己的手，不敢给一个回答。

在这个我永不能忘记的城市里，我度过了五十个傍晚。我花费了自己不少的眼泪和欢笑，也消耗了别人不少的眼泪和欢笑。我匆匆地来，也将匆匆地去。用留恋的眼光看我出生的房屋，这应该是最后的一次了。我的心似乎想在那里寻觅什么。但是我所要的东西绝不会在那里找到。我不会像我的一个姑母或者嫂嫂，设法进到那所已经易了几个主人的公馆，对着园中的老树垂泪，慨叹着一个家族的盛衰。摘吃自己栽种的树上的苦果，这是一个人的本分。我没有跟着那些人走一条路，我当然在这里找不到自己的脚迹。几次走过这个地方，我所看见的还只有那四个字："长宜子孙"。

"长宜子孙"这四个字的年龄比我的不知大了多少。这也该是我祖父留下的东西吧。最近在家里我还读到他的遗嘱。他用空空两手造就了一份家业。到临死还周到地为儿孙安排了舒适的生活。他叮嘱后人保留着他修建的房屋和他辛苦地搜集起来的书画。但是儿孙们回答他的还是同样的字：分和卖。我很奇怪，为什么这样聪明的老人还不明白一个浅显的道理：财富并不"长宜子孙"，倘使不给他们一个生活技能，不向他们指示一条生活道路；"家"这个小圈子只能摧毁年轻心灵的发育成长，倘使不同时让他们睁起眼睛去看广大世界；财富只能毁灭崇高的理想和善良的气质，要是它只消耗在个人的利益上面。

"长宜子孙"，我恨不能削去这四个字！许多可爱的年轻生命被摧践了，许多有为的年轻心灵被囚禁了。许多人在这个小圈子里面憔悴地捱着日子。这就是"家"！"甜蜜的家"！这不是我应该来的地方。爱尔克的灯光不会把我引到这里来的。

于是在一个春天的早晨，依旧是十八年前的那些人把我送到门口，这里面少了几个，也多了几个。还是和那次一样，看不见我姐姐的影子，那次是我没有等待她，这次是我找不到她的坟墓。一个叔父和一个堂兄弟到车站送我，十八年前他们也送过我一段路程。

我高兴地来，痛苦地去。汽车离站时我心里的确充满了留恋。但是清晨的微风，路上的尘土，马达的叫吼，车轮的滚动，和广大田野里一片盛开的菜子花，这一切驱散了我的离愁。我不顾同行者的劝告，把头伸到车窗外面，去呼吸广大天幕下的新鲜空气。我很高兴，自己又一次离开了狭小的家，走向广大的世界中去！

忽然在前面田野里一片绿的蚕豆和黄的菜花中间，我仿佛又看见了一线光，一个亮，这还是我常常看见的灯光。这不会是爱尔克的灯里照出来的，我那个可怜的姐姐已经死去了。这一定是我的心灵的灯，它永远给我指示我应该走的路。

1941 年 3 月在重庆

2. 鉴赏导引

《爱尔克的灯光》是巴金的一篇回忆性散文。1923 年，巴金冲破家庭的牢笼，离开了家乡。18 年后，作者满怀希望重新站在故乡的土地上，但是他失望了，那里仍然黑暗。他思绪万千，再次离开家乡。《爱尔克的灯光》就是记录了作者此次重返家乡的心情。

文章以旧居照壁上"长宜子孙"四个字为中心线索，揭露了封建家庭的罪恶。同时以"灯光"这一线索贯穿作品始终，引发了对姐姐悲剧的叙述和对姐姐的缅怀之情，以及作者追求自己新生的信念。

这篇散文多处运用了象征手法。如"长宜子孙"四个字，既是写实的、也象征着那个禁锢年轻生命的"家"。而象征意义更明显的是灯光：旧居的灯光象征着"家"的阴暗，象征着失望；爱尔克的灯光的象征寓意更为深刻复杂，在姐姐心中，它是照路的灯——为弟弟照路；是希望的灯——盼望航海的弟弟平安归来；又是生活悲剧和希望破灭的灯——一直到姐姐死，弟弟还是没有回来。这充分展示了一个生活在牢笼中的女性所付出的爱和承受的巨大苦难。

文章熔叙事、抒情、议论于一炉，爱与恨、渴望与忧郁、光明与黑暗始终交织在一起，从作者燃烧着的心中流淌出来，情感浓烈，抒情性强，体现了巴金散文的一贯特色。

（二）中国人失掉自信力了吗

1. 文本实录

从公开的文字上看起来：两年以前，我们总自夸着"地大物博"，是事实；不久就不再自夸了，只希望着国联，也是事实；现在是既不夸自己，也不信国联。改为一味求神拜佛，怀古伤今了——却也是事实。

于是有人慨叹曰："中国人失掉自信力了"。

如果单据这一点现象而论，自信其实是早就失掉了的。先前信"地"，信"物"，后来信"国联"，都没有相信过"自己"。假使这也算一种"信"，那也只能说中国人曾经有过"他信力"，自从对国联失望之后，便把这他信力都失掉了。

失掉了他信力，就会疑，一个转身，也许能够只相信了自己，倒是一条新生路，但不幸的是逐渐玄虚起来了。信"地"和"物"，还是切实的东西，国联就渺茫，不过这还可以令人不久就省悟到依赖它的不可靠。一到求神拜佛，可就玄虚之至了，有益或是有害，一时就找不出分明的结果来，它可以令人更长久的麻醉着自己。

中国人现在是在发展着"自欺力"。

"自欺"也并非现在的新东西，现在只不过日见其明显，笼罩了一切罢了。然而，在这笼罩之下，我们有并不失掉自信力的中国人在。

我们从古以来，就有埋头苦干的人，有拼命硬干的人，有为民请命的人，有舍身求法的人……虽是等于为帝王将相作家谱的所谓"正史"，也往往掩不住他们的光耀，这就是中国的脊梁。

这一类的人们，就是现在也何尝少呢？他们有确信，不自欺；他们在前仆后继的战斗，不过一面总在被摧残，被抹杀，消灭于黑暗中，不能为大家所知道罢了。说中国人失掉了自信力，用以指一部分人则可，倘若加于全体，那简直是诬蔑。

要论中国人，必须不被搽在表面的自欺欺人的脂粉所诓骗，却看看他的筋骨和脊梁。自信力的有无，状元宰相的文章是不足为据的，要自己去看地底下。

九月二十五日

2. 鉴赏导引

《中国人失掉自信力了吗》是鲁迅先生写作的一篇文章。本文选自《且介亭杂文》(《鲁迅全集》第 6 卷)，属鲁迅后期杂文。

文章写于"九一八"事变三周年之际，主要是为了反驳当时有些人散布对抗日前途的悲观论调、错误论调，鼓舞当时的民族自信心。文章通过对中国人失掉了自信力论点的驳斥，确立了中国人并没有失掉自信力的观点。

作者冷峻的目光首先注视着现实。文章一开头就列举了三种事实：自夸"地大物博"、寄希望于"国联"、"一味求神拜佛，怀古伤今"，继而很自然地引出本文批驳的论点："中国人失掉自信力了"，随后沿着自信力—他信力—自欺力的发展方向进行层层递进的推理，文笔一波三折，跌宕起伏，始终贯穿着逻辑的力量，最后辩证指出：中国人并没有失掉自信力。文章先破后立、破得有力、立得牢固、驳论与立论相结合，互相映衬。驳论以事实为依据，内含逻辑推理，极其雄辩；立论则直抒胸臆，充满激情；排比句式的运用，更使文章增添了气势；议论与抒情水乳交融，增强了文章的说服力和感染力。

参考文献

[1] 关振华 . 小学语文教学中文学素养实施策略 [J]. 北方文学（下旬），2017（06）:159-161.

[2] 聂春艳 . 提高小学语文课堂教学有效性策略 [J]. 现代交际，2017（09）:153-162.

[3] 张冰 . 基于高中语文教学的文学教育研究 [D]. 南昌：江西师范大学，2016.

[4] 周艳 . 清代家训文学教育与当代语文教育之关系研究 [D]. 昆明：云南师范大学，2016.

[5] 唐秀花 . 多元文化视角下高中语文外国文学作品教学策略研究 [D]. 武汉：华中师范大学，2016.

[6] 杜丽丽 . 中美语文教材的比较研究 [D]. 海口：海南师范大学，2016.

[7] 王雪纯 . 现行苏教版小学语文教材儿童文学作品选编研究 [D]. 聊城：聊城大学，2016.

[8] 初红彬 . 试论朱自清的语文教育思想 [D]. 天津：天津师范大学，2016.

[9] 安明焘 . 思想政治教育中语文素养运用研究 [D]. 天津：天津理工大学，2015.

[10] 龙雯琚 . 从儿童文学教与学的现状探讨小学"真语文"实践 [D]. 武汉：华中师范大学，2015.

[11] 翟方园 . 高中语文古代文学作品民俗文化教学研究 [D]. 贵阳：贵州师范大学，2015.

[12] 刘先萍 . 高中语文教材爱情教育及教学探析 [D]. 西安：陕西师范大学，2015.

[13] 石蓉 . 生态式语文教育初探 [D]. 西安：陕西师范大学，2015.

[14] 程丽丽 . 小学生语文核素养评价研究 [D]. 长春：东北师范大学，2015.

[15] 张久久 . 小学语文教师儿童文学素养研究 [D]. 上海：上海师范大学，2015.

[16] 唐阳红 . 中学语文古典小说教学困境与突破 [D]. 长沙：湖南师范大学，2014.

[17] 孙娜 . 童心的回归与守望 [D]. 杭州：浙江师范大学，2014.

[18] 巴芳 . 长春版初中语文教材外国文学作品教学研究 [D]. 长春：吉林大学，2014.

[19] 马芳 . 中学语文外国文学课堂教学内容与方法研究 [D]. 临汾：山西师范大学，2014.

[20] 谢静 . 苏教版小学语文儿童文学教学研究 [D]. 扬州：扬州大学，2014.

[21] 李惠芳 . 实现儿童文学的小学语文教育价值实践研究 [D]. 福州：福建师范大学，

2013.

[22] 张阿龙 . 小学语文课程视野中的儿童文学及其教学 [D]. 哈尔滨: 哈尔滨师范大学，2013.

[23] 曹春梅 . 高中现代诗教学中的文学思维能力培养研究 [D]. 济南：山东师范大学，2013.

[24] 史洁 . 语文教材文学类文本研究 [D]. 济南：山东师范大学，2013.

[25] 冯彦楠 . 赤峰地区农研中学语文外国作品教学方法初探 [D]. 呼和浩特：内蒙古师范大学，2012.